언테임드 UNTAMED
나는 길들지 않겠다

언테임드
UNTAMED

나는 길들지 않겠다

글레넌 도일 에세이

이진경 옮김

두란

스스로 부활하는 모든 여성들을 위하여.
결코 묻혀버리지 않을 소녀들을 위하여.

그 누구보다 티시를 위하여

차례

치타

2년 전 여름 아내와 나는 딸들을 사파리 공원에 데리고 갔다. 공원을 걷다가 우리는 그곳에서 열리는 이벤트인 '달려라, 치타!'를 광고하는 안내판을 보았다. 우리는 그 이벤트를 관람하기로 했다. 안내판에 적힌 장소로 가자 좋은 자리를 차지하려는 사람들이 우왕좌왕하고 있었다. 모여든 사람들 앞으로 쭉 뻗은 직선 구간이 비어 있었다. 막내 엠마는 더 잘 보려고 아내의 어깨 위에 목말을 탔다.

잠시 후 카키색 조끼를 받쳐 입은, 활기 넘치는 금발의 사육사가 나타났다. 그는 손에 메가폰과 함께 노란 래브라도 레트리버의 목줄을 잡고 있었다. 나는 혼란스러웠다. 동물에 대해 잘 알지는 못하지만 사육사가 아이들에게 이 개를 치타라고 우기기라도 한다면 당장 '달려라, 치타!' 관람권을 환불할 작정이었다.

그가 입을 열었다. "환영합니다, 여러분! 여러분은 우리 동물원의 가족인 치타, 타비타를 만날 거예요. 이 친구가 타비타일까요?"

"아니요오오!" 아이들이 입을 모아 소리를 질렀다.

"이 귀여운 래브라도 레트리버는 미니예요. 타비타의 가장 친한 친구죠. 우린 타비타가 아기 치타였을 때 미니와 만나게 했어요. 그리고 타비타와 미니를 함께 길렀어요. 타비타를 길들이는 데 도움이 되니까요. 미니가 하는 건 뭐든 타비타도 따라 하고 싶어 했어요."

사육사는 자기 뒤편에 주차된 지프차를 향해 몸을 돌렸다. 분홍색 토끼 인형이 차 뒤꽁무니에 낡은 밧줄로 칭칭 묶여 있었다.

그가 물었다. "집에 레트리버가 있는 사람?"

작은 손들이 여기저기서 솟아올랐다.

"누구네 레트리버가 쫓아다니며 놀기를 좋아하지요?"

"우리 개요!" 아이들이 다시 소리를 질렀다.

"그렇군요. 미니도 이 토끼를 쫓는 걸 좋아해요! 그래서 미니가 먼저 '달려라, 치타!' 시범을 보일 거예요. 타비타가 지켜보고 기억할 수 있도록 말이에요. 그다음엔 우리가 숫자를 셀 거예요. 그러면 제가 타비타가 뛰쳐나올 수 있도록 케이지를 열게요. 이 길은 대략 100미터 남짓인데 끝에는 아주 맛있는 스테이크가 타비타를 기다리고 있을 거예요."

사육사는 타비타의 케이지를 덮고 있던 차양을 벗기고, 뛰어나가려고 헐떡이는 미니를 출발선으로 데리고 갔다. 사육사가 지프차를 향해 신호를 보내자 차가 출발했다. 그가 미니의 목줄을 풀어주었고, 우리는 노란 레트리버가 더러운 분홍 토끼를 신나게 쫓아가는 모습을 지켜보았다. 아이들은 팔짝팔짝 뛰며 환호했다. 한낮의 더위에 지친 어른들은 이마에 흐르는 땀을 닦아 내고 있었다.

마침내 타비타가 등장할 차례가 되었다. 우리는 입을 모아 숫자를 세기 시작했다. "5, 4, 3, 2, 1!" 사육사가 케이지의 문을 열자 원래 위치로 돌아와 있던 토끼는 다시 한 번 출발했다. 타비타는 튀어 나갔다. 레이저 같은 눈빛을 표적인 토끼에 집중하고 얼룩무늬가 흐릿해 보일 정도로 빨리 달렸다. 타비타는 몇 초도 되지 않아 결승선을 통과했다. 사육사는 호각을 불고 치타에게 고깃덩이를 던져주었다. 타비타는 오븐 장갑을 낀 것 같은 앞발로 고깃덩이를 흙바닥에 고정하고, 군중들이 박수를 치는 동안 고깃덩이에 고개를 박고 물어뜯었다.

나는 박수를 치지 않았다. 속이 메스꺼웠다. 길들인 타비타가…… 어딘지 낯익은 듯 느껴졌다.

나는 타비타가 동물원의 흙바닥에서 고깃덩이를 뜯어 먹는 모습을 보며 생각했다. *날마다 이 야생 동물은 사람들이 깨끗하게 잘 정리해 둔 좁은 길을 따라 더러운 분홍 토끼를 쫓아 달린다. 좌우를 살피지도 않는다. 그러다 이 빌어먹을 토끼를 물어 채지도 못하고 산만한 구경꾼들이 지켜보는 가운데 주저앉아 가게에서 사온 고깃덩이를 뜯고 있다. 훈련받은 레트리버 미니처럼 사육사의 명령에 순종하면서. 만약 자신의 야생성을 잠시 동안만이라도 기억해 낸다면 사육사들을 갈기갈기 찢어버릴 수도 있다는 사실은 알지 못한 채.*

타비타가 고깃덩이를 모두 먹어치우자 사육사는 울타리를 둘러친 케이지의 문을 열고 안으로 이끌었다. 타비타가 그곳으로 들어가자 뒤에서 문이 닫혔다. 사육사는 다시 메가폰을 잡고는 질문이 있느냐고 물었다. 그러자 9살 정도 됐음직한 여자아이가 손을 들고 물었다. "타비타가 슬퍼하지는 않나요? 야생을 그리워하지 않을까요?"

"미안한데 잘 못 들었어요. 다시 한 번 질문해 줄래요?" 사육사가 말했다.

아이의 엄마가 더 크게 말했다. "타비타가 야생을 그리워하는지 알고 싶어 해요."

사육사가 웃으며 말했다. "아뇨. 타비타는 여기에서 태어났어요. 타비타는 다른 곳을 알지도 못해요. 야생은 한 번도 본 적이 없지요. 여긴 타비타에겐 아주 살기 좋은 곳이에요. 야생에 있는 것보다 여기가 훨씬 더 안전하고요."

치타가 태어날 때부터 동물원에 있었다는 사실을 말하는 동안 큰딸 티시가 나를 쿡쿡 찌르더니 타비타를 가리켰다. 미니나 사육사들과는 떨어져 울타리 안쪽에 있던 타비타의 자세가 달라져 있었다. 고개를 곧추세우고 주변을 살피면서 울타리가 만들어 놓은 경계를 훑고 있었다. 시선을 이리저리 왔다 갔다 하다가 울타리 너머에 있는 어딘가를 응시하며 잠시 고정시켰다. 마치 무언가를 기억해 내려고 하는 것 같았다. 타비타는 제왕처럼 보였다. 조금 무섭기까지 했다.

티시가 속삭였다. "엄마. 치타가 다시 야생으로 돌아간 것 같아."

나는 티시에게 고개를 끄덕이며 타비타가 느릿느릿 걷는 것을 지켜보았다. 나는 타비타에게 묻고 싶었다. "지금 네 내면에서 어떤 일이 일어나고 있는 거니?"

나는 치타가 말하려는 것을 알고 있었다. 이렇게 말하고 싶을 것이다. "내 삶에는 무언가가 빠져 있어. 나는 불안하고 좌절감을 느껴. 그 어떤 것이라도 이보다는 아름다울 것 같아. 나는 울타리 없는 광활한 초원을 상상해. 나는 달리고 사냥하고 죽이고 싶어. 나는 별들이 반짝이는, 먹빛처럼 어둡고 고요한 밤하늘 아래에서 잠들고 싶어. 그 모든 *것이 지금 눈앞에 펼쳐진 것처럼 생생해.*"

그러고 나서 치타는 자신이 알고 있는 유일한 집인 케이지를 둘러보았다. 미소를 띠고 있는 사육사와 지루해하는 관람객들을, 그리고 헐떡이며 껑충거리고 낑낑대는 가장 친한 친구 레트리버 미니를.

치타는 한숨을 쉬고 말할 것이다. "이것도 고마워해야겠지, 여기에서 사는 것도 그런대로 괜찮아. 존재하지도 않는 곳을 갈망한다는 것은 미친 짓이야."

나는 이렇게 말하고 싶다.

타비타, 넌 미치지 않았어.

넌 무시무시한 치타란 말이야.

Part 1

케이지에 갇힌

불꽃

내 세 아이의 아빠와 결혼해서 살던 중 나는 한 여자와 사랑에 빠졌다. 4년 전 일이다.

그로부터 한참 뒤 그가 내게 프러포즈를 하려는 계획을 우리 부모님과 상의하려고 차를 몰고 나가는 모습을 지켜보았다. 그는 그 일요일 아침 무슨 일이 있었는지 내가 모를 줄 알았겠지만 나는 알고 있었다.

그의 차가 다시 돌아오는 소리를 들었을 때 소파에 자리를 잡고 앉아 책을 펼쳐 보고 있었다. 눈은 활자를 쫓고 있었지만 사실은 두근거리는 가슴을 진정시키려고 애써야 했다. 그는 현관문을 지나 곧장 내게로 와서 허리를 굽혀 내 이마에 입을 맞추었다. 그리고 내 머리칼을 손가락으로 쓸어 넘기고는 늘 하던 대로 목에 얼굴을 묻고 깊은숨을 들이쉬었다. 그리고 일어서서 침실로 사라졌다. 나는 커피를 내려주려고 부엌으로 갔다. 그리고 돌아섰을 때 그는 바로 내 앞에서 한쪽 무릎을 꿇고 반지를 들고 있었다. 확신에 찬 그의 눈은 간청하고 있었고, 파란 하늘빛 끝을 알 수 없는 큰 눈에서는 초롱한 빛이 뿜어져 나오고 있었다.

"더는 못 기다리겠어." 그가 말했다. "1분 1초도. 정말 더는 기다릴 수가 없어."

나중에 침대에 나란히 누워 그가 아침에 한 일을 이야기하는 동안 나는 머리를 그의 가슴에 얹고 듣고 있었다. 그는 부모님에게 이렇게 말했다고 했다. "저는 이전에 한 번도 사랑을 경험하지 못한 사람처럼 두 분의 따님과 손주들을 사랑합니다. 이 사람들을 찾고 만나려고 그동안의 삶을 살았던 것 같습니다. 두 분께 이들을 영원히 사랑하고 지켜나갈 것을 약속드립니다." 두려움과 용기로 떨리는 입술을 열어 엄마가 말했다. "애비. 난 딸아이가 열 살이 된 이래로 요즘처럼 생기발랄한 걸 본 적이 없어."

그날 아침 무수한 말들이 오갔지만 엄마의 그 첫마디는 소설 속에서 밑줄을 그어달라고 간청하는 문장처럼 나에게 깊이 새겨졌다.

난 딸아이가 열 살이 된 이래로 요즘처럼 생기발랄한 걸 본 적이 없어.

엄마는 내가 태어난 지 10년 뒤부터 눈 속의 불꽃이 조금씩 희미해져 가는 모습을 지켜보고 있었던 것이다. 그리고 30년이 지나서야 엄마는 그 불꽃이 다시 살아난 것을 목격하였다. 지난 몇 달 동안 나의 전반적인 태도가 바뀌었다. 나는 엄마 앞에서 당당한 제왕처럼 행동했고 심지어 조금은 무섭게 보일 정도로 행동했다.

그날 이후 나는 스스로에게 묻기 시작했다. *열 살 때까지 있었다던 나의 불꽃은 어디로 가버린 것일까? 어떻게 나는 나 자신을 잃어버리게 되었을까?*

고심을 거듭한 끝에 알게 되었다. 열 살은 우리가 어떻게 해야 착한 여자아이와 진정한 남자아이가 되는지를 배울 때다. 열 살이면 아이들은 세상이 요구하는 사람이 되기 위해 자신이 누구인지 감추기 시작한다. 열 살 때쯤 공식적인 길들이기를 내면화하기 시작한다.

열 살 때 세상은 나를 주저앉히고 조용히 하라고 말했고 내가 갇힐 케이지를 손으로 가리켰다.

이것이 네가 표현해도 좋은 감정들이다.
이것이 여자가 지켜야 하는 처신이다.
이것이 네가 추구해야만 하는 몸이다.
이것이 네가 믿어야 하는 것들이다.
이 사람들이 네가 사랑할 수 있는 사람들이다.
저 사람들이 네가 두려워해야 할 사람들이다.
이것이 네가 원하게 될 삶이다.

너 자신을 여기에 맞춰라. 처음에는 불편할 것이다. 그러나 걱정할 필요 없다. 결국 넌 케이지에 갇혀 있다는 사실을 잊게 될 것이다. 머지않아 삶이 이런 것이라 느낄 것이다.

나는 착한 여자아이가 되고 싶었다. 그래서 스스로를 통제하려고 노력했다. 나는 나의 성격, 신체, 믿음, 성적 욕망을 보잘것없는 것으로 만들기 위해 그 속에 들어가 숨을 참기로 했다. 그러자 즉각 심하게 앓게 되었다.

착한 여자아이가 되자 나는 폭식하는 아이가 되었다. 사람은 누구나 항상 숨죽인 채 살 수만은 없다. 폭식은 내가 숨을 쉬는 방식이었다. 나에게 폭식은 순응하기를 거부하는 행위였다. 나는 허기에 탐닉했고 그렇게 나의 분노를 표출했다. 나는 매일 미친 듯이 먹어 치우는 동물과 다름없었다. 그리고 난 다음 변기에 머리를 처박고 게워내고는 했다. 착한 여자아이는 케이지에 맞춤하도록 아주 작은 몸을 유지해야 했기 때문이다. 착한 여자아이는 자신이 굶주려 있다는 표시를 밖으로 드러내지 말아야 했다. 착한 여자들은 굶주려 있지도 않고 화를 내지도 않으며 거칠게 행동해서도 안 되었다. 여자를 인간으로 만든다는 이 모든 것은 착한 여자아이의 이면에 가려진 더러운 비밀이었다.

그때 나는 폭식증이 내가 미쳤다는 증거라고 생각했다. 실제로 고등학교 때 정신병원에 입원했고, 그래서 의심은 확신이 되었다.

그러나 지금 나는 나 자신을 달리 이해한다.

나는 그저 활짝 열린 하늘을 갈망하는, 케이지에 갇힌 여자아이였을 뿐이었다.

나는 미치지 않았다. 빌어먹을! 치타가 바로 나였다.

애비를 보았을 때 나는 내 안의 야생성을 기억해 냈다. 나는 그를 원했다. 그리고 그는 처음으로 원하도록 길들여진 사람이 아닌, 내가 원한 사람이었다. 나는 그를 사랑했고, 처음으로 사랑하도록 틀에 맞춘 사람이 아닌 누군가를 사랑하는 것이었다. 그와 함께 열어가는 삶이 내가 스스로 도달한 최초의 독창적인 생각이었으며, 자유로운 여자로서 내가 내린 최초의 결정이었다. 사랑에 관한 다른 누군가의 관념에 스스로를 맞추어 가느라 왜곡된 채 30년을 살아온 다음에야 나를 위해 만든 옷처럼 딱 맞는 사랑을 마침내 갖게 되었다. 나는 마침내 세상이 내게 원하는 것 대신 내가 원하는 것을 스스로에게 요구했다. 나는 살아 있음을 느꼈다. 자유를 맛보았고 더 많은 것을 원했다.

나는 나의 믿음, 나의 우정, 나의 일, 나의 성적 욕망, 나의 삶 전체를 뚫어져라 응시했고, 물었다. 도대체 어디까지가 나의 생각인가? 나는 진정으로 이러한 것들을 원하는가? 아니면 내가 원하도록 조건화된 것인가? 내가 믿는 것들 가운데 어떤 것이 나 자신이 만들어낸 것인가, 그리고 어떤 것이 조건화된 것인가? 나라는 존재의 어느 정도까지가 내재된 것이며, 또 어느 정도까지가 물려받은 것인가? 내가 보고 말하고 처신하는 방식에서 어디까지가 다른 사람이 나로 하여금 보고 말하고 처신하도록 훈련시킨 것인가? 단지 더러운 분홍 토끼에 불과한 것을 쫓느라고 내 삶 전부를 얼마나 탕진했는가? 세상이 내게 그렇게 되라고 가르친 사람이 되기 전의 나는 도대체 누구인가?

오랜 시간에 걸쳐 나는 케이지에서 걸어 나왔다. 나는 이미 주어진 것이 아닌 새롭게 고안해 낸 새로운 결혼, 새로운 믿음, 새로운 세계관, 새로운 목표, 새로운 가족, 그리고 새로운 정체성을 천천히 세워나갔다. 내가 받은 교리 대신 나의 상상력으로. 길들여진 것이 아닌 나의 야생성으로.

이 책은 내가 어떻게 케이지에 갇혔으며, 어떻게 자유로워졌는지에 관한 이야기다.

사과

열 살인 나. 나는 예수 탄생 가톨릭교회의 후미진 작은 방에 스무 명 남짓 되는 다른 아이들과 함께 앉아 있다. 나는 교리반 학생이다. 부모님은 수요일 저녁마다 하느님에 관해 배우라고 이곳으로 나를 보냈다. 교리반 선생님은 같은 반 친구의 엄마다. 이름은 기억하지 못하지만 그는 낮에는 회계사로 일한다고 몇 차례 우리에게 이야기하곤 했다. 그의 가족에게는 교회를 위해 봉사할 시간이 필요했다. 그래서 자원해서 교회 선물 가게에서 일하려고 했는데 교회는 선물 가게 대신 423호 교실, 5학년 교리반을 맡겼다. 그래서 매주 수요일 오후 6시 30분부터 7시 30분까지 하느님에 관해 아이들에게 가르친다.

그는 의자에 앉고 우리를 카펫에 앉게 한다. 어떻게 하느님이 사람을 만들었는지 이야기할 차례다. 나는 서둘러 앞자리를 차지한다. 내가 어떻게, 왜 만들어졌는지 정말 궁금하다. 나는 선생님이 성경책도 들고 있지 않고 무릎 위에 다른 책을 올려두지도 않았다는 것을 알아차린다. 기억하는 대로 말할 작정인 것이다. 나는 깊은 인상을 받는다.

그가 말문을 연다.

"하느님이 아담을 만들었고, 그를 아름다운 동산에 살게 했어. 하느님에게 아담은 가장 소중한 피조물이었어. 그래서 아담이 해야 할 일은 그저 행복해하는 것이며, 동산을 다스리고 동물들에게 저마다 이름을 지어주는 것뿐이라고 말씀하셨지. 아담의 삶은 거의 완벽했어. 다만 외로움 때문에 힘겨웠지. 아담은 동물들의 이름을 함께 지어줄 짝을 원했어. 그래서 하느님에게 짝이면서 자신을 도와줄 이를 원한다고 말했어. 어느 날 밤 하느님이 아담을 돕고자 이브를 태어나게 했어. 아담의 몸에서 여자가 태어나게 한 거야. 그것이 이브를 여자('남자에게서 나온'이란 의미의 woman―옮긴이)라고 부르는 까닭이란다. 왜냐하면 여자는 남자의 배(the womb of man)에서 나왔기 때문이지. 움-맨(womb-man)."

나는 너무나 놀란 나머지 손을 드는 것조차 잊어버리고 질문을 한다.

"정말이에요? 아담에게서 이브가 나왔다고요? 그런데 사람은 여자의 몸에서 태어나지 않나요? 그렇다면 남자아이도 우먼이라 불러야 하지 않나요? 모든 사람을 우먼이라고 불러야죠?"

선생님이 말한다. "글레넌, 손을 들고 말하렴."

나는 손을 든다. 그는 손을 다시 내리라고 몸짓으로 말한다. 내 옆에 앉아 있는 남자아이가 나를 흘겨본다.

선생님이 말을 계속 이어간다.

"아담과 이브는 행복했어. 그렇게 한동안은 모든 것이 완벽하게 유지됐지. 그런데 하느님이 열매를 먹으면 안 되는 나무가 한 그루 있다고 말씀하셨어. 바로 지혜의 나무야. 이브가 탐내서는 안 되는 유일한 것이었지만 이브는 그래도 그 나무의 열매인 사과를 원했어. 그러던 어느 날 그는 배가 고팠고, 마침내 나무에서 사과를 따서 한 입 베어 먹었어. 그리고 아담에게도 한 입 먹으라고 부추겼지. 아담이 사과를 먹자 이브와 아담은 처음으로 부끄러움을 느꼈어. 하느님을 피해 숨으려고 했어. 그러나 하느님은 모든 것을 보는 분이시기에 무슨 일이 일어났는지 알고 있었어. 하느님은 아담과 이브를 아름다운 동산에서 쫓아냈어. 그리고 그들과 그들이 낳을 자손들에게 저주를 내렸어. 그래서 처음으로 고통이 이 땅 위에 존재하게 되었단다. 이것이 지금도 우리가 여전히 고통을 겪는 이유란다. 왜냐하면 이브의 원죄가 우리 모두에게 있기 때문이야. 그 죄는 우리가 알아야 하는 것보다 더 많은 것을 알기를 원했다는 것이고, 우리가 가진 것에 감사하는 대신 더 많은 것을 원했다는 것이며, 우리가 해야 하는 일 대신 우리가 하고자 하는 일을 했다는 것이란다."

아주 자세한 설명이었다. 나는 더 질문할 것이 없었다.

구강성교

남편이 다른 여자들과 잠자리를 가졌음을 인정한 뒤 나는 남편과 함께 심리치료를 받기 시작했다. 우리는 한 주 동안 있었던 우리 사이의 문제점들을 갈무리해 두었다가 화요일 저녁이면 심리치료사에게 들고 간다. 친구들이 심리치료가 효과가 있는지 내게 물으면 나는 "괜찮은 것 같아. 우린 아직 결혼 생활을 유지하고 있으니까."라고 말한다.

오늘은 심리치료사에게 혼자 만나달라고 요청했다. 사실 하려는 말을 어떻게 털어놓아야 할지 밤새 머릿속으로 연습하느라 지치고 초조한 상태였다.

나는 의자에 가만히 앉아 무릎 위에 손을 올리고 있다. 그는 맞은편 의자에 꼿꼿하게 앉아 있다. 그는 잘 다린 흰색 정장에 세련된 구두를 신었고 화장을 하지 않은 얼굴이다. 그의 뒤쪽 벽의 나무로 짠 책장에는 교과서와 함께 액자에 넣은 학위증들이 콩 줄기가 기어오르듯 들어차 있다. 그의 펜은 무릎 위에 놓인 가죽 장정 공책 위에 자리를 잡고 나를 문자 속에 고정할 준비를 갖추고 있다. 나는 스스로에게 상기시킨다. *차분하게, 그리고 확신을 갖고 어른답게 말하자, 글레넌.*

"선생님께 말하고 싶은 중요한 사실이 있어요. 난 사랑에 빠졌어요. 지독하리만큼 사랑해요. 그 사람 이름은 애비예요."

심리치료사의 입이 내가 알아차릴 수 있을 정도로 딱 벌어진다. 침묵이 영원처럼 이어졌다. 이윽고 심호흡을 하고는 말한다. "알겠어요."

잠시 멈추었다가 다시 말을 시작한다. "글레넌, 그것이 어떤 감정이든 그건 진짜가 아니에요. 그런 감정들이 현실일 리가 없어요. 당신이 여기에서 상상하고 있는 미래가 무엇이든 그것 또한 현실이 아니에요. 아주 위험한 일탈일 뿐이에요. 끝이 좋을 리가 없어요. 멈춰야만 해요."

내가 말하기 시작한다. "선생님은 이해를 못 하시네요. 이건 달라요." 그러고는 이 의자에 앉아 '*이건 달라요.*'라며 주장을 굽히지 않았을 모든 사람에 관해 생각한다.

만약 애비를 만나지 못하게 그가 말리려 든다면 적어도 남편과는 결코 같이 살 수 없다는 말이라도 해둘 필요가 있다.

"저는 남편과 잠자리를 다시 가질 수가 없어요." 내가 말한다. "선생님은 제가 얼마나 힘들게 노력했는지 아시죠. 때때로 용서했다고 생각하기도 해요. 하지만 그 사람이 제 몸 위로 올라오면 다시 증오가 치밀어 올라요. 몇 년이 지난 일이고 나도 사태를 어렵게 만들고 싶지 않기 때문에 눈을 감고 섹스가 끝날 때까지 흘러가는 대로 두려고 노력해요. 그런데 그러다가 우연히 몸속 깊은 곳으로 가라앉아요. 그곳에는 하얗고 뜨거운,

불같이 일어나는 분노가 자리 잡고 있어요. 그 속은 이미 죽어 버린 것 같지만 내 안에 여전히 생명이 조금은 붙어 있고, 그 남아 있는 생명이 섹스를 참을 수 없게 만들어요. 난 섹스를 하는 동안 살아 있는 게 아니에요. 그렇다고 완전히 죽은 것도 아니고요. 그러니 해결책이 없어요. 정말, 더는 그 짓을 못 하겠어요."

눈물이 난다는 사실에 화가 나지만 눈물은 멈추지 않고 흐른다. 이제 나는 간청하기에 이른다. 오, 제발.

두 여자. 하얀 양복 한 벌. 6개의 학위가 담긴 액자. 펼쳐진 공책 한 권과 준비가 된 펜 하나.

이윽고 심리치료사가 말한다. "글레넌. 그럼 섹스 대신 남편에게 구강성교를 해주는 건 어때요? 구강성교가 차라리 낫다고 느끼는 여자들도 많거든요."

경로

앞으로 아이들의 성 정체성이 달라지지 않는 한 나는 아들 하나, 딸 둘의 엄마다.

이 아이들은 샤워가 아이디어들이 가득 찬 곳으로 들어가는 마법의 입구라고 믿고 있다.

최근에 막내가 말했다. "엄마. 온종일 아무 생각 없이 지냈어. 그런데 샤워를 하면 머릿속이 재미있는 일로 가득 차. 머릿속이 물 아니면 그 비슷한 걸로 되어 있나 봐."

"물일 수도 있지." 내가 말했다. "아니면 샤워실이 네가 휴대폰을 내려놓는 유일한 장소이기 때문일 수도 있고. 그래서 거기선 너만의 생각을 들을 수가 있지."

아이가 나를 보며 말했다. "그런가?"

"샤워할 때 네게 일어나는 그런 것 말이야, 아가. 그걸 생각이라고 불러. 구글이 생기기 전에 사람들이 했던 일이야. 생각

이란 마치…… 너 자신의 머리로 구글 검색을 하는 것 같은 거
지."

"아, 그래?" 아이가 말했다. "멋진데."

이렇게 말하는 아이는 한 주에 한 번꼴로 값비싼 내 샴푸를
훔쳐 쓴다. 그래서 얼마 전에도 아이가 10대인 오빠, 언니랑 함
께 사용하는 욕실로 샴푸를 되찾으러 씩씩거리며 간 적이 있었
다. 샤워 커튼을 열어젖히니 욕조 가장자리에 빈 병 열두 개가
놓여 있었다. 오른쪽에 있는 병들은 하나같이 붉고 희고 푸른색
이었다. 왼쪽에 있는 병들은 분홍색 아니면 보라색이었다.

나는 아들 쪽임이 분명한 자리에서 붉은 병을 집어 들었다.
그 병은 길쭉한 직사각형에 크기가 꽤 컸다. 병에 굵게 쓰인 붉
고 희고 파란 글씨가 나를 향해 소리를 질러댔다.

3배 더 큰 용량
당신의 존엄만은 남겨 두고
남자의 향기로 무장하라.
더러움을 차버리고
악취를 박살내라.

나는 생각했다. 도대체 이게 뭐지? 내 아들이 여기서 샤워를
하는 건지, 전쟁을 준비하는 건지?

나는 여자아이들의 가냘프고 반짝이는 분홍 병들 중 하나를
들어 보았다. 그 병에는 나를 향해 짖어대던 군대식 명령문들
대신 필기체로 속삭이듯 흘려 쓴, 뜬금없는 형용사들이 있었다.
매혹적이고 윤기 있고 부드럽고 순수하고 반짝이고 도발적이
며 가볍고 매끄러운. 동사라고는 전혀 찾아볼 수가 없었다. 여

기에는 해야 하는 행동은 없고, 그저 그렇게 보여야 하는 모습들의 목록만 있었다.

샤워를 하는 것이 시간을 거슬러 과거로 돌아가게 만드는 마법의 문이 아니라는 사실을 확인하기 위해 나는 정말 잠시 주변을 둘러보기까지 했다. 당연히 아니었다. 21세기인데도 남자아이들은 여전히 진정한 남자는 크고 거칠고 폭력적이며, 참을성이 없고 여성성에 혐오감을 가지며, 여자와 세상을 정복할 책임이 있는 존재라고 배우고 있었다. 반면 여자아이들은 진정한 여자는 조용하고, 예쁘고 작고 수동적이며, 정복당할 만한 가치가 있을 정도로 욕망의 대상이 되는, 그 무엇이어야만 하는 대상임을 배우고 있었다. 우리가 살고 있는 곳이 바로 이런 곳이다. 우리의 아들과 딸들은 여전히 아침에 옷을 차려입기 전에 그들의 온전한 인간성을 부끄럽게 여기도록 길들여지고 있는 것이다.

우리 아이들은 너무나 커다란 존재다. 대량 생산된 이 딱딱하고 작은 병 속에는 자신을 욱여넣을 수가 없다. 그러나 결국은 어느새 거기에 맞춰진 자신을 발견하게 될 것이다.

북극곰

몇 해 전 딸 티시의 담임선생님이 전화를 했다. 학교에서 모종의 '사건'이 있었다는 것이다. 토의 시간에 야생의 삶에 대해 이야기하던 중 선생님은 빙산이 녹아내리는 바람에 북극곰의 서식지와 먹잇감이 사라져간다고 아이들에게 말했다고 한다. 그리고 전 지구적인 온난화를 보여주는 수많은 사례 중 하나로 죽어가는 북극곰의 사진을 학생들에게 보여주었다고 했다.

다른 유치원 원생들은 아주 슬픈 일이라고 받아들이기는 했지만 우리 모두 짐작하다시피 쉬는 시간을 방해할 정도로 엄청나게 슬프다고는 생각하지 않았다. 그러나 티시는 그렇지 못했다. 수업이 끝나고 다른 아이들이 자리에서 튀어 올라 밖으로 내달릴 때에도 티시는 혼자 입을 멍하니 벌린 채 마비된 것처럼 자리에 꼼짝 않고 앉아 있었다고 한다. 충격을 받은 작은 얼굴은 이렇게 묻는 듯했다는 것이다.

"뭐라고요? 방금 북극곰이 죽어가고 있다고 했어요? *지구가 녹아내리고 있기 때문에요?* 우리가 살고 있는 지구와 같은 지구가요? 선생님이 들려준 정말 끔찍한 이 이야기가 *진짜예요?*"

티시는 결국 밖으로 나가기는 했지만 그날 쉬는 시간 놀이에 참여할 수는 없었다. 다른 아이들이 티시를 벤치에서 일으켜 세워 같이 놀려고 했지만 티시는 눈을 휘둥그레 뜬 채 선생님 옆에 그저 딱 붙어 있었다. 그리고 물었다. "이 사실을 어른들도 알고 있어요? 어른들은 어떻게 할 거래요? 다른 동물들도 힘들게 사나요? 배고픈 북극곰의 엄마는 어디에 있어요?"

이후 한 달 동안 우리 가족의 삶은 북극곰을 중심에 두고 돌아갔다. 우리는 북극곰 포스터들을 사서 티시의 방 벽에 붙였다. "기억하기 위해서야, 엄마. 나는 꼭 기억해 둘 거야." 우리는 온라인으로 네 마리 북극곰을 후원하기로 했다. 우리는 저녁 식사 시간에, 아침 식사 시간에, 차를 타고 오가는 중에, 그리고 파티를 하는 동안에도 북극곰에 대해 이야기했다. 그렇게 쉼 없이 북극곰에 관해 이야기를 하다 보니 몇 주가 지난 다음 더는 참을 수 없을 지경이 되었다. 나는 내 존재의 모든 신경줄에 연결되어 있는 북극곰들이 미워지기 시작했다. 급기야 북극곰이 지구상에 태어난 그날이 원망스러울 지경이 되었다. 나는 아이를 북극곰의 수렁에서 끌어내기 위해 온갖 방법을 시도해 보았다. 달래도 보고 어르기도 했다. 그러다 마침내 거짓말을 하기로 작정했다.

나는 친구에게 '북극의 대통령'인 척하고 '공식적인' 이메일을 보내달라고 부탁했다. 북극의 빙하는 더는 녹지 않으며 모든 북극곰들이 갑작스럽게 괜찮아졌다는 것을 최종적으로 알린다는 내용이었다. 나는 꾸며낸 이메일을 열고는 자기 방에 있던 티시를 불렀다. "어머나, 세상에, 아가! 이리 와봐! 내가 받은 이메일 좀 봐! 정말 좋은 소식이다!" 티시는 조용히 이메일을 읽더니 경멸스럽다는 표정으로 천천히 나를 흘겨봤다. 아이는 예민했고 바보가 아니었기에 이메일이 가짜임을 바로 알아차렸다. 그 후로 북극곰 이야기는 더욱 강력한 형태로 계속 이어졌다.

어느 날 밤 나는 티시를 침대로 밀어 넣고 약속된 땅(모두 잠이 들면 소파에 앉아 군것질거리와 넷플릭스를 끼고는 해가 뜰 때까지 누구도 나를 건드리지도, 말을 걸지도 못하게 할 것이다. 할렐루야!)에 거의 도달한 엄마의 기쁨을 잔뜩 품고 발끝걸음으로 아이의 방에서 나오려고 했다. 문을 닫으려는 순간 뒤에서 티시가 속삭였다. "엄마, 잠깐만."

젠장, 빌어먹을.

"무슨 일이니, 아가?"

"북극곰 말이에요."

오, 이런 젠장. 안 돼.

나는 아이의 침대로 돌아가서 약간 미친 것처럼 빤히 내려다보았다. 티시는 나를 올려다보고 말했다. "엄마, 정말 생각을 멈출 수가 없어. 지금 북극곰이 위험해. 그런데 누구도 관심을 보이질 않잖아. 그럼 다음 차례는? 그다음엔 우리가 그렇게 될 거야."

그리고 아이는 돌아눕더니 마비가 된 것 같은 나를 어두운 방에 홀로 남겨둔 채 잠에 빠져들었다. 나는 아이 옆에 우두커니 서서 눈을 크게 뜨고 팔로 내 몸을 감쌌다. "이런, 세상에. 부우욱그윽곰들!! 우리는 겁에 질린 엄마 북극곰들을 구해야만 해! 안 그러면 다음엔 우리 차례가 될 거야. 도대체 어디서부터 잘못됐지?"

나는 아이를 내려다보며 생각했다. 북극곰 때문에 상심하고 있는 네가 이상한 게 아니었어. 그렇지 않은 나머지 우리들이 미친 거지.

티시는 선생님이 한 말에 관심을 기울였기 때문에 쉬는 시간이 되어도 놀러 나갈 수가 없었다. 북극곰의 소식을 듣자마자 아이는 공포를 느꼈고 잘못되있음을 알았으며 피할 수 없는 결과까지 상상했다. 티시는 예민한데 그것이 이 아이의 가장 강력한 장점이다. '예민하다'의 반대말이 '용감하다'는 아니다. 관심을 기울이길 거부하는 것, 알아차리기를 거부하는 것, 느끼고 알고 상상하기를 거부하는 것이 용감한 것은 아니다. '예민하다'의 반대말은 '둔감하다'이며, 그것은 결코 명예로운 훈장이 아니다.

티시는 감지한다. 세상이 아이의 옆에서 속도를 올리려고 들 때조차 아이는 천천히 자신의 내면에 세상을 담아두고 있다. 잠깐만, 멈춰 봐. 북극곰에 관해 당신이 말한 것…… 그것이 내게 무언가를 느끼게 만들었고 무언가를 염려하게 만들었어. 우리가 그 문제에 잠시 동안 머무를 수 있을까? 내겐 느낌이 와. 질문이 생겼어. 나는 쉬는 시간이라고 해서 놀러 나갈 준비가 아직 되지 않았어.

대부분의 문화권에서는 티시 같은 사람들을 일찍이 알아보고 샤먼, 의술인, 시인, 성직자로 구분하고는 한다. 남들이 듣지 못하는 것, 보지 못하는 것, 느끼지 못하는 것 들을 듣고 보고 느낄 수 있기 때문에 그 사람들은 괴짜이긴 하지만 공동체의 생존에 결정적인 존재였다. 그러한 문화는 소수의 예민함에 의존한다. 먼저 감지하지 못한다면 어떤 것도 치유할 수 없기 때문이다.

그러나 우리 사회는 티시 같은—나 같은—사람들이 불편할 정도로 확장과 권력과 효율성의 방향으로 미친 듯 기울어져 가고 있다. 우리의 세상이 천천히 가라앉고 있다. 우리가 타이타닉호의 뱃머리에서 "빙산이다! 빙산이다!"라며 울부짖는데도 대부분의 사람들은 갑판 아래에서 "귀찮게 하지 마! 우린 계속 춤을 추고 싶단 말이야!" 하고 대꾸할 따름이다. 사실 망가진 세상에 적절하게 반응하려고 고심하기보다는 티시 같은 사람들을 제정신이 아니라고 치부하는 편이 한결 쉽다.

내 어린 딸은 망가지지 않았다. 딸아이는 선지자다. 나도 아이와 함께 멈출 수 있을 만큼, 아이에게 무엇을 느끼고 있는지 물을 수 있을 만큼, 아이가 알게 된 것을 귀 기울여 들을 수 있을 만큼 현명해지고 싶다.

개표 조작

고등학교 졸업반 때의 일이다. 그때까지 나는 한 번도 학교 축제 준비위원으로 선발된 적이 없었다.

축제 준비위원들은 학년에서 가장 인기 있는 학생들 10명으로 구성된다. 이들은 멋지게 차려입고 축제 행렬에 무개차를 타고 등장하며, 휴식 시간에는 운동장을 행진하고, 강당에 들어올 때에도 어깨띠를 두르고 행진한다. 홈커밍은 그야말로 패션쇼를 방불케 한다. 뽑히지 못한 나머지 우리들은 어두컴컴한 자리에서 무대를 걷는 축제 준비위원들을 선망의 시선으로 지켜보기만 한다.

선생님이 영어 수업 시간에 투표용지를 건네주며 위원으로 뽑고 싶은 학생들에게 투표하라고 설명한다. 해마다 우리는 똑같은 열 명의 선택된 아이들에게 투표한다. 다들 그들이 누구인지 알고 있다. 태어날 때부터 알고 있었던 게 아닌가 싶을 지경이다. 선택된 아이들은 복도에서든 운동장에서든 백화점에서든 우리 마음속에서든 폐쇄적인 원—마치 태양처럼—을 이루며 함께 서 있다. 우리는 대놓고 그들을 바라보지도 못하는데, 그것은 정말 쉽지 않은 일이다. 왜냐하면 그들은 빛나는 머릿결과 유혹적이고 경쾌하며 아름다운 몸매뿐 아니라 우리가 그렇게 되었으면 하는 모든 것을 갖추고 있기 때문이다. 그들은 다른 아이들을 괴롭히지 않는다. 누군가를 괴롭히는 건 훨씬 더 많은 관심, 훨씬 더 많은 노력을 기울여야 할 수 있는 일이다. 그들은 괴롭힘 같은 것과 거리가 멀면서도 그보다 더했다. 그들의 일이란 나머지 우리들을 무시하는 것이며, 우리의 일은 그들이 정해놓은 기준에 미치지 못하는 자신을 스스로 얕잡아 보는 것이다. 우리의 존재는 그들을 선택된 아이들로 만들고, 그들의 존재는 우리를 비참하게 만든다. 그런데 우리는 해마다 그들에게 표를 던진다. 왜냐하면 각자의 책상이라는 아주 은밀한 공간에서조차 모종의 규칙이 우리를 통제하기 때문이다. *선택된 이들에게 투표하라. 그들은 완벽하게 우리가 나아갈 방향을 제시하고 있으며, 그들은 우리 모두가 그렇게 되었으면 하는 아이들이다. 그러니 선택되어야 한다. 좋은 게 서로에게 좋은 거다.*

비록 내가 선택받은 아이는 아니지만 선택받은 아이들이 반사하는 빛은 나에게까지 영향을 미친다. 그들은 나를 파티에 종종 초대하고, 그럴 때마다 나는 간다. 그러나 파티에 가도 그들은 내게 거의 말을 걸지 않는다. 생각해 보면 그들은 자신이 선택되었음을 느끼기 위해 선택되지 못한 아이들을 필요로 하고 그 때문에 나를 초대한 것이 아닐까 싶다. 선택에는 대조가 필요하다. 그래서 운동장에서 원을 만들며 서 있으면서도 나를 그 안으로 불러들인다. 그러나 그곳에서도 내게 말을 걸지는 않는다. 나는 끔찍하게 불편하다. 그 원 안에서 소외감을 느끼며 스스로가 우스꽝스럽다고 느낀다. 그러나 원 안에서 실제로 일어나는 일은 중요하지 않다고 거듭 되새긴다. 중요한 것은 원 바깥에 있는 사람들이 원 안에서 무슨 일이 일어날지 짐작하는 것이다. 중요한 것은 실제로 존재하는 것이 아니라 다른 사람들이 실제라고 믿게 만드는 것이다. 중요한 것은 안에서 내가 어떻게 느끼는가가 아니라 바깥에서 내가 어떻게 느끼는 것처럼 보이는가이다. 내가 어떻게 느끼는 것처럼 보이는가가 다른 사람들이 나에 관해 어떻게 느끼는가를 결정한다. 중요한 것은 다른 사람들이 나를 어떻게 보느냐. 그래서 나는 선택된 사람이라는 듯 행동한다.

9월 중순이 되면 축제를 준비하는 시끌벅적한 분위기가 극에 달한다. 우리는 막 투표를 마쳤다. 선발된 사람들이 누구인지 6교시에 발표할 것이다. 나는 학생회 임원인데 우리에게 맡겨진 일은 표를 세는 것이다. 내가 득표수를 표시하고 친구 리사가 투표함에서 한 번에 한 장씩 투표용지를 꺼낸다. 리사는 같은 이름들을 반복해서 외친다. 티나. 켈리. 제시, 티나, 켈리, 제시, 수잔. 제시, 수잔. 티나, 티나, 티나. 그리고 글레넌. 한두 차례 더⋯⋯. 글레넌, 글레넌. 리사가 나를 본다. 눈을 크게 뜨며 미소를 짓는다. 그 눈길을 외면했지만 가슴이 두근거린다. *제기랄. 사람들이 나를 선택된 아이라고 생각하다니.* 투표함이 거의 비어가는 것이 보였다. 나는 당선에 근접하고 있으니 내심 선택되었으면 하고 바란다. *해낼 수 있어. 단 두 표만 더 얻으면 된다.* 리사를 쳐다본다. 이번에는 리사가 나의 눈길을 외면한다. 나는 연필로 내 이름 옆에 두 표를 더 표시한다. 눈금 하나. 눈금 둘. 리사와 나는 표를 합한다. 내가 학교 축제의 준비위원으로 뽑힌다.

이제 마흔네 살이 되더라도 어느 자리에서에서건 학교 축제 준비위원이었다고 뻐길 수 있는 여자가 된 것이다. 다른 아이들 역시―고등학생답게!―믿을 수 없다는 듯 눈을 치켜뜨기야 하겠지만 이내 받아들일 것이다. 아. 넌 선택받은 준비위원이었구나. 선택은 일찍 이루어진다. 우리가 어른이 되고 훨씬 더 많은 것, 훨씬 더 괜찮은 것들을 알게 되더라도 선택되었다는 그 사실에는 변함이 없다. 한번 선택된 사람은 영원히 선택된 사람이다.

나는 약물 중독, 섹스, 방종 그리고 우울증에 관해 10년 이상 공개적으로 글을 쓰고 발언했다. 그럼에도 부끄러움을 모르는 것은 나의 정신적 관행 같은 것이다. 그러나 고등학교 시절 투표 부정을 저질렀다는 사실은 내 아내를 포함하여 누구에게도 고백한 적이 없다. 그러다 결국 이 이야기를 쓰고 나서야 그에게 말했더니 그는 멈칫거리며 물었다.

"확실해, 자기? 정말 그걸 말해야겠냐고?"

내가 이 이야기를 용서할 수 없다고 생각하게 된 것은 절망 때문이다. 너무나 간절하게 원하는 것이기 때문이다. 선택받은 아이가 될 수 없다면 그걸 원하지 않는 척해야만 한다. 그러기는커녕 너무나 어리석게도 그 집단의 일원이 되려고 부정까지 저지른다는 것은 끔찍하게도 어리석은 짓이다. 그런데 내가 그랬다.

나는 선택받은 아이가 되기 위해 선거를 조작했다. 나는 날씬해지기 위해 변기에 머리를 처박고 16년을 보냈다. 기분이 좋아지려고 10년 동안 멍한 상태로 술을 마셨다. 만져주기를 바라며 낄낄거리면서 나쁜 남자들과 잠자리를 가졌다. 온순해지려고 노력하면서 피가 날 정도로 혀를 깨물었다. 나는 그게 젊은이의 권리이기나 한 듯 수많은 약물에 탐닉했다. 나는 순수해지기 위해 노력하면서 수십 년 동안 스스로를 부정했다.

알고리즘

남편이 거듭 바람을 피웠다는 사실을 알고 난 다음 여러 달이 지났지만 여전히 계속 살아야 할지 헤어져야 할지 알 수가 없었다. 심지어 소파에 있는 새 쿠션을 그대로 둘 것인지 다른 곳으로 치울 것인지조차 알 수 없었다. 나는 끔찍할 정도로 우유부단한 여자였다. 내가 얼마나 갈팡지팡하고 있는지 아이들 학교의 상담사에게 말하자 그가 말했다.

"아이들을 혼란스럽게 만드는 것은 힘든 결정을 내리는 것이 아니라 어떤 결정도 내리지 못하는 거예요. 아이들도 이 문제가 어느 쪽으로 진행될지 알 필요가 있어요."

내가 말했다. "그래요. 그렇지만 내가 알기 전까지는 아이들도 알 수가 없겠죠."

그가 말했다. "알 수 있는 방법을 찾아봐야겠네요."

그때만 해도 내가 그 방법을 알아내려면 다른 사람의 의견을 구하거나 조사를 하는 수밖에 없었다. 나는 의견을 묻기 시작했다. 내가 어찌했으면 좋을지 알고 있기를 바라며 친구들 여럿에게 전화를 걸었다. 다음으로 자료를 찾으며 조사했다. 내가 어찌했으면 좋을지 전문가들은 알고 있으리라 기대하며. 외도, 이혼 그리고 부모의 이혼을 겪는 아이들에 관해 찾을 수 있는 모든 자료들을 찾아 읽었다. 여론 조사와 그동안 나온 연구 결과를 검토했지만 그 어느 것도 거의 미쳐버릴 정도로 결론을 제시하지 않았다.

결국 나는 인터넷으로 눈을 돌렸다. 모르는 사람들, 토론방에 죽치고 있는 사람들, 자동 응답 봇 등 이들 보이지 않는 결합체가 하나밖에 없는 거칠고 값진 내 삶을 어찌해야 좋을지 혹시나 알고 있을까 샅샅이 뒤졌다. 침대에 엎드려 아이스크림을 입 속에 퍼 넣으며 구글 검색창에 타이핑을 하며 어떻게 하면 해답을 찾을 수 있을지 물은 것은 새벽 3시쯤이었다.

남편이 바람둥이긴 하지만 아이들에게는 정말 괜찮은 아빠라면 어떻게 해야 할까요?

수집

열일곱 살 된 아들 체이스와 친구들이 거실에서 영화를 보고 있다. 나는 자기들끼리 있게 놔두려고 노력하긴 했지만 쉽지 않았다. 대부분의 10대들은 자신의 엄마가 고리타분하다고 생각한다는 것을 이해는 하지만 한편 나만큼은 예외라고 확신하고 있었다.

나는 문간에 서서 안을 훔쳐본다. 남자아이들은 소파를 전부 차지하고 있고 여자아이들은 바닥에 있는 작고 아기자기한 방석 위에 앉아 있다. 내 어린 딸들은 자기보다 나이 많은 여자아이들의 발치에서 조용히 예배라도 보듯 앉아 있다.

아들이 나를 보고는 어색하게 웃어 보인다. "안녕 엄마."

거기에 계속 있을 핑곗거리가 필요한 나머지 내가 묻는다. "배고프지 않니?"

다음은 느린 화면이 펼쳐지는 듯 전개되었다.

남자아이들은 하나같이 텔레비전에 눈을 고정한 그대로 말한다. "**예!**"

여자아이들은 처음에는 조용하다. 그러다 텔레비전 화면에서 눈을 돌려 다른 여자아이들의 얼굴을 훑어본다. 각자 *친구들의 얼굴을 보며 자신이 배가 고픈지를* 알아내고자 한다. 모종의 텔레파시가 그들 사이에 오간다. 그들은 지금 투표를 하고 있다. 찬성할지 반대할지 의견을 모으는 중이다.

어찌어찌하여 이 여자아이들은 코에 주근깨가 있고 머리를 뒤로 땋은 대변인을 임명한다.

그 아이가 친구들의 얼굴에서 눈을 돌려 나를 본다. 아이는 예의 바르게 웃으며 말한다. "우린 괜찮아요. 고맙습니다."

남자아이들은 자신의 내면을 확인한다. 여자아이들은 자신의 외부를 확인한다.

우리는 어떻게 해야 남의 기분에 맞추는가를 배움과 동시에 자신을 알 수 있는 방법을 잊어버렸다.

이것이 우리가 허기진 채 살아가는 까닭이다.

규칙

내 친구 애슐리는 얼마 전 더운 실내에서 하는 핫 요가 수업을 처음으로 받았다. 그는 방으로 들어가 매트를 펴고 앉아서 수업을 기다렸다.

"그곳은 말도 못하게 더웠어." 그가 내게 말했다.

젊고 자신만만한 강사가 마침내 방으로 걸어왔다. 애슐리는 이미 땀을 뻘뻘 흘리고 있었다. 강사는 입을 열었다. "곧 시작할 거예요. 여러분들은 무척 덥다고 느낄 거예요. 그렇다고 이 방을 나갈 수는 없어요. 어떤 느낌이 들더라도 강하게 버텨야 해요. 포기하면 안 돼요. 이게 오늘 할 일이에요."

수업이 시작되고 몇 분 지나지도 않아 사방 벽들이 애슐리를 향해 좁혀오기 시작했다. 어지러웠고 토할 것 같았다. 숨 쉬기가 점점 힘겨워졌다. 눈앞이 몇 번이나 흔들리더니 짧은 순간이었지만 깜깜해졌다. 그는 문을 보면서 간절하게 그곳을 향해 달려 나가고 싶었다. 과호흡에 가까운 끔찍한 상태로 눈물을 참으면서 90분 가까이를 견뎌야 했다. 결국 그는 그 방을 떠나지 않았다.

강사가 수업이 끝났다며 문을 열자마자 애슐리는 매트에서 튀어 올라 복도로 달려 나갔다. 화장실을 찾을 때까지 입을 손으로 틀어막아야 했다. 그는 화장실 문을 열어젖히고 세면대와 벽과 바닥 어디든 가리지 않고 토해냈다.

무릎을 꿇고 손을 바닥에 댄 채 토한 것을 휴지로 닦아내며 애슐리는 생각했다.

내게 문제가 있는 건가? 왜 고통을 참고 있었지? 문이 잠겨 있는 것도 아닌데.

용

아주 어렸을 때 대모에게서 생일 선물로 스노볼을 받았다. 작고 둥근, 손바닥만 한 수정 구슬이었다. 그 가운데에는 반짝이는 비늘, 밝은 초록색 눈, 그리고 불타는 듯한 날개를 가진 붉은 용이 자리 잡고 있었다. 처음 선물을 집으로 가져와서는 침대 옆의 야간조명등 아래에 두었다. 그러다 밤에 깨서 보니 눈이 휘둥그레질 만큼 무서웠다. 용은 어둠 속에서 내게 너무 가까이 놓여 있었다. 그래서 어느 날 밤 침대에서 일어나 스노볼을 방에서 가장 높은 선반 위로 옮겨 놓았다.

이따금씩 낮에만 의자 위에 올라가 선반에서 스노볼을 꺼내 보았다. 몇 번 흔든 다음 가만히 두면 눈송이들이 소용돌이쳤다. 그 눈송이들이 잠잠해지면 스노볼의 가운데에 불타는 듯한 붉은 용이 선명하게 나타났고, 그러면 나는 서늘한 전율을 느끼고는 했다. 용은 마법을 부리는 듯 무서웠고, 항상 그곳에서 움직이지 않고 기다리는 듯했다.

내 친구 메건은 10년을 알코올과 약물 중독으로 지낸 끝에 최근 5년 맑은 정신을 유지하고 있다. 이제 그는 도대체 자신에게 무슨 일이 일어난 것인지, 그렇게 강인했던 자신의 삶에 어떻게 중독이 덮치게 되었는지를 알기 위해 애쓰는 중이다.

메건은 결혼식 날 통로 끝에서 자신을 기다리고 있는 남자와 결혼하고 싶지 않다는 것을 알면서도 교회 뒤쪽에 앉아 있었다. 그는 마음속 깊이 이미 그 사실을 알고 있었다.

그럼에도 어쨌든 그 남자와 결혼했다. 왜냐하면 그는 35살이었고, 결혼은 자신에게 예정된 일이었기 때문이다. 그리고 결혼을 취소한다면 많은 사람들이 실망할 것이었기 때문이었다. 대신 자기 자신 하나만 실망시키기로 했다. 그는 "그러겠습니다." 하고 말은 했지만 그의 내면은 "그러고 싶지 않습니다."라고 말하고 있었다. 그러고는 이후 10년 동안 자신이 알고 있던 것—스스로를 배신했고, 자신의 삶이 스스로에 대한 배신을 멈춰야만 비로소 시작된다는 사실—을 모른 척하려고 애쓰면서 보냈다. 그 유일한 방법은 탕진하며 보내는 것이었고 그 상태에서 깨어나지 않는 것이었다. 그래서 그는 신혼 때부터 과음을 하기 시작했다. 그리고 술을 마시면 마실수록 자신의 내면에 존재하는 용과는 더욱 멀어져 간다는 것을 느꼈다. 결국 술과 마약이 심각한 문제를 일으켰는데 그것이 오히려 자신의 진짜 문제를 더는 고민할 필요가 없게 해주었기에 편리하기도 했다.

우리는 스노볼과 같은 존재다. 우리는 눈송이가 가라앉지 않는다고 확신하면서 시간, 에너지, 말, 돈 등이 만들어내는 소용돌이 속에서 소진하고 있다. 그 결과 우리는 내면의 불같은—견고하고 움직이지 않는—진실과 결코 대면하지 않는다.

관계는 끝난다. 술이 결국 이긴다. 약은 허리가 아파서 먹는 거라는 핑곗거리가 더는 통하지 않는다. 그는 결코 다시 돌아오지 않을 것이다. 책이 저절로 써질 리는 없다. 옮겨가는 것만이 유일한 방법이다. 이 일을 때려치우는 것이 내 삶을 구해줄 것이다. 이것은 학대다. 너는 결코 그를 애도하지 않았다. 우리가 사랑을 나눈 지도 6개월이 흘렀다. 자신을 미워하며 평생을 보내는 것은 결코 삶이라고 할 수가 없다.

우리는 스스로를 계속 흔들어야만 한다. 잠잠해지기라도 하면 우리의 중심에 용이 나타나기 때문이다.

아이들이 아기였던 어느 날 밤, 나는 욕조에서 시집을 읽고 있었다. 거기에서 깊이 감추어둔 비밀에 관한, 그리고 어떻게 우리 모두가 비밀을 가지고 있는가에 관한 "비밀스러운 삶"이란 시를 읽었다. 나는 생각했다. 술을 끊은 뒤부터 내겐 비밀이랄 게 없어. 더 이상 비밀을 지킬 필요도 없고. 기분이 그런대로 괜찮았다. 그래도 읽어나갔다.

> 비밀은 그대가 가장 굳건히 지켜야 할 것
> 만약 통치자가 그대는
> 오직 단 한 가지만 지켜내라고 말한다면
> 그 밖의 모든 것은 자신들의 몫이라고 말한다면……
> 그대가 그 비밀에 너무 가까이 다가간다면
> 비밀은 뿜어져 나오는 것
> 상처를 입게 되리

나는 읽기를 멈추고 생각했다. *아, 잠깐만.*

비밀 한 가지가 있다.

심지어 내 여동생에게조차 말하지 않았던 한 가지.

뿜어져 나오는 나의 비밀은 내가 남자보다 여자에게 훨씬 더 매력을 느끼고 끌린다는 것이다. 나의 비밀은 내가 여자와 사랑을 나누고, 여자를 껴안고, 여자에게 의지하며, 여자와 함께 살고 죽게끔 만들어진 것은 아닌가 하는 의심이다.

그러면서 생각했다. *정말 이상하지. 그럴 리가 없어. 넌 남편도 있고 아이도 셋이나 있어. 네 인생은 이만하면 충분하잖아.*

욕조에서 나와 머리를 말리면서도 나는 스스로에게 말했다. *어쩌면 다른 삶을 살고 있는 것은 아닐까?*

흥미롭지 않은가?

내가 하나 이상의 삶을 가지고 있기나 하단 말인가.

팔

나는 공항 탑승구 가까운, 차가운 플라스틱 의자에 앉아 여행 가방을 응시하며 커피를 마신다. 쏩쏩하기만 할 뿐 밍밍하다. 탑승구 창문 너머 비행기를 본다. 내년에는 몇 번이나 비행기를 타게 될까? 100번? 나란 존재 역시 쏩쏩하고 밍밍하다.

이 비행기는 나를 시카고의 오헤어로 데려다 줄 것이고, 그 곳에서 내 성(사실 남편의 성)이 적힌 팻말을 들고 있는 운전기 사를 찾을 것이다. 나는 손을 들어 보인다. 그러면 운전기사는 자신이 기다렸던 사람이 양복을 차려입은 키 큰 남자가 아니라 트레이닝 바지를 입은 작은 여자라는 사실을 발견하고 깜짝 놀 란 표정을 짓는다. 운전기사는 전미도서전시회가 열리는 팔머 호텔로 나를 데려다 준다. 그곳에서 나는 대강당 무대에 서게 될 것이다. 그리고 몇백 명의 사서들에게 곧 출간될 회고록 『사 랑의 전사Love Warrior』에 관해 말할 것이다.

『사랑의 전사』—우리 가족의 극적인 파탄과 고통스러운 회복의 이야기—는 그해 가장 중요한 책들 가운데 한 권이 될 것이라 예상하고 있다. 나는 그 책을 무대 위에서, 또 여러 매체들을 통해 계속 적극적으로 홍보해 나갈 것이다.

나는 이러한 일들을 내가 어떻게 느끼는지 알아내려고 노력하고 있다. 두려움? 흥분? 부끄러움? 어느 하나로 딱 집어 규정할 수가 없다. 내게 주어진 7분 동안 객석을 가득 메운 낯선 사람들에게 내 삶에서 가장 내밀하고 복잡한 경험을 어떻게 설명해야 할지 염려하면서 비행기를 응시한다. 나는 책을 썼고, 이제는 내가 쓴 그 책을 홍보해야 한다. 이미 쓴 글에 대해 또 무언가를 말해야 한다면 작가가 된다는 것은 무슨 의미가 있을까? 화가들도 자신의 그림을 설명하기 위해 또 다른 그림을 그려 보여줘야 할까?

나는 이전에도 이 공항 탑승구의 출발선에 서 있었던 적이 있다. 3년 전 첫 번째 책을 출간했고, 내가 평생 짊어지고 있었던 음식과 알코올 중독을 어떻게 아들, 남편 그리고 글쓰기와 맞바꾸었는지, 그 이후로 얼마나 행복해졌는지를 이야기하려고 이 나라 곳곳을 돌아다녔다. 나는 이 나라 전역을 돌며 강단에 서서 희망이 필요한 여자들에게 책의 메시지를 반복해서 들려줬다. *계속 나아가라. 삶은 힘겹지만 당신은 전사다. 언젠가는 당신 또한 내가 그러했듯 모든 것을 한꺼번에 되찾게 될 것이다.*

첫 번째 책의 잉크가 마르고 난 직후 나는 심리치료사의 사무실에 앉아 결혼한 이후 계속 다른 여자와 잠자리를 가졌다는 남편의 고백을 들었다.

그가 "다른 여자들이 있었습니다."라고 말할 때 나는 숨이 막

혔다. 다시 숨을 들이마실 때 공기에서는 찝찔한 소금 냄새가 났다. 그가 자신의 손을 내려다보며 용서를 구했다. 무능한 듯 말을 더듬는 모습이 나를 큰 소리로 웃게 만들었다. 나의 웃음 소리가 두 남자들—남편과 그의 심리치료사—을 눈에 띄게 불편하게 만들었다. 그들이 불편해하자 오히려 내가 강해진 느낌이 들었다. 나는 나가는 문을 보았다. 뿜어져 나온 아드레날린이 그 문을 통과해 나를 그 건물 밖으로, 주차장을 가로질러 내 미니밴이 있는 곳으로 데려다주었다.

운전석에 잠시 앉아 있었다. 그리고 내가 남편의 배신을 알게 되었다고 해서 상심하여 절망에 빠지는 아내는 될 수 없음을 깨달았다. 나는 플롯이 뒤죽박죽이 된 사실에 작가로서 분노를 느끼고 있었다. 방금 누군가가 자신의 이야기를 망쳐버렸는데 어떤 작가가 분개하지 않을까?

나는 남편에게 화가 났고 나 자신에게도 혐오감을 느꼈다. 그래도 한 걸음 물러서서 생각하자 그나마 이 이야기의 다른 인물들은 정해진 대로 행동할 것이며, 애초 구상한 것처럼 플롯이 진행되리라는 것을 믿을 수 있었다. 그러나 한 인물이 마음껏 분탕질을 칠 수 있을 만큼 창조적인 통제권을 맡김으로써 나 자신의 미래와 아이들을 위태롭게 만들었다는 사실은 여전히 그대로였다. 얼마나 멍청했던가. *결코 반복되어서는 안 돼.* 나는 이제부터 모든 통제권을 되찾아 새롭게 시작할 것이다. 이건 내 이야기이며, 나의 가족의 이야기이다. 이야기를 어떻게 끝맺을지도 내가 결정할 것이다. 나는 내가 받은 이 똥 덩어리를 금으로 바꾸어내고 말 테다.

나는 낱말, 문장, 글, 책 들로 주도권을 되찾을 것이다. 나는 이야기의 결말—치유되고 하나로 뭉친 가족—을 염두에 두고 시작하였다. 그런데 이제는 거기서부터 거꾸로 작동시켜야 한다. 분노, 고통, 치료, 자기 발견, 용서, 꺼림칙한 신뢰 그리고 궁극적으로 새로운 친밀감과 구원이 있어야 할 것이다. 나는 다음 몇 년을 살아보고 일어난 대로 쓸 것인지 아니면 다음 몇 년을 먼저 쓴 후 그대로 일어나게 만들지 알지 못한다. 그러나 그것이 무엇이든 중요하지 않다. 중요한 것은 이야기가 결국 어두운 사랑 이야기—배신과 용서, 고통과 구원, 상처와 치유를 담은—라는 것이다. 책에서도 가정에서도. 인생에 완전히 졌다.

앤 패칫^{Ann Patchett}의 『진실과 아름다움^{Truth & Beauty}』에 이런 대목이 있다. 한 독자가 탁자에서 사인을 하고 있는 루시에게 다가와 묻는다. "이 모든 것을 어떻게 다 기억하나요?"

그가 말한다. "기억 못 해요. 쓰는 거죠."

『사랑의 전사』가 완성되었을 때 나는 초고를 크레이그에게 건네며 말했다. "여기 있어. 이게 모든 것의 의미야. 난 모든 것을 의미 있는 것으로 만들었어. 우린 전쟁에서 이겼어. 우리 가족이 해냈다고. 우리 이야기는 결국은 사랑 이야기야. 고마워할 건 없어."

이제 전쟁은 끝났고 나는 집으로 돌아가고 싶다. 그러나 집은 그저 '이젠 어쩌란 말인가? 우린 뭘 이겨냈지?' 의아해하면서 나와 크레이크가 서로를 냉혹하게 응시하는 황폐한 참호일 따름이다.

나는 여동생에게 전화를 걸어 시카고에서 열기로 한 책의 출간기념회를 취소할 수 있는지 묻는다. 나는 괜찮을 거라는 대답을 듣고 싶다. 그는 이렇게 말한다. "취소할 수는 있지만 문제가 커질 거야. 언니가 약속한 일이잖아."

그래서 내가 하기로 되어 있는 일을 하기로 한다. 곁에서 보면 그저 긴장해서 경직되어 있는 듯이 보일 것이라 상상한다. 내면에서는 나의 녹아내린 자아가 고체로 변화되는 것 같은 느낌이 든다. 물에서 얼음으로. *글레넌, 자리에서 일어나.* 어쨌든 해야 할 일이다. 나는 스스로도 확실히 믿지 못하는 이야기를 하려고 비행기를 탄다.

다 잘될 거야. 진짜 삶이 아닌 만들어낸 이야기인 것처럼 말하면 되지 않을까. 나는 중간에 턱 걸려 있는 것이 아니라 끝을 지나온 척할 것이다. 진실을 말하겠지만 삐딱하게 말할 것이다. 나 자신을 딱 필요한 만큼만 비난할 것. 가장 동정적인 시각으로 그를 드러낼 것. 나의 폭식증에 불감증을 첨부하고, 그의 외도에도 마찬가지. 나는 어떻게 외도가 나의 자기반성을 이끌어냈는지, 어떻게 자기반성이 용서를, 고통이 구원을 이끌어냈는지 말할 것이다. 결정은 사람들이 하도록 할 것이다. 물론 그래야지. 그렇게 하면 결국 여기에 도달하게 될 것이다. *그래. 그 모든 것은 정확히 이런 식으로 일어나게 되어 있었어. 그것 역시 내가 결정하게 될 것이다.*

우리 삶의 도덕적인 변곡점은 의미를 향해 구부러진다. 만약 우리가 빌어먹을 온 힘을 다해서 그쪽으로 구부린다면 그렇게 될 것이다.

나는 시카고에 도착해 행사가 열리는 팔머 호텔에서 책 홍보 담당자를 만난다. 이번 주는 문학특별주간이며, 그는 정신없이 바쁠 것이다. 강당으로 가서 곧 출간될 책들을 진열하기 전에 우리는 열 명 남짓 되는 다른 작가들과 서로 인사를 나누게 될 연회장으로 간다. 이 저녁 식사 일정은 불과 몇 시간 전에 알게 되었기에 내성적인 나의 경계 수준은 노란색에서 붉은색으로 격상되었다.

작가들이 저녁을 먹기로 되어 있는 곳은 긴 회의 탁자 두 개를 이어 붙여 사각형으로 만들어서 아주 작다. 그래서 사람들은 앉는 대신 서성거리며 대화를 나눈다. 나를 알지도 못하는 사람들과 함께 서성거리게 만든 것은 도대체 누구 머리에서 나온 아이디어란 말인가. 나는 사람들과 섞이지 않고 음료 탁자로 가 얼음물을 마신다. 유명한 작가가 내게 다가와 자신을 소개한다. 그는 묻는다. "글레넌 작가시죠? 얘기 나누고 싶었어요. 당신은 기독교인이죠?"

예, 그래요.

"내 새 책이 종교적인 체험을 하고 나서 기독교인이 되는 여자에 관한 내용이에요. 믿어지나요? 기독교인이라니! 실제 일어난 일이죠! 난 독자들이 어떻게 반응할지 모르겠어요. 사람들이 그 이야기를 진지하게 받아들일까요? 당신 생각은 어때요? 사람들이 당신 이야기는 진지하게 받아들일 거라 느끼나요?"

나는 내가 생각해 낼 수 있는 가장 진지한 말을 내던지고 자리를 피한다.

탁자를 본다. 젠장, 지정석이 아니다. 조지 손더스^{George Saunders}가 탁자 끝에 조용히 앉아 있다. 신사적이고 친절해 보여 그의 옆에 앉고 싶긴 하지만 그는 남자인데 나는 남자들과 어떻게 대화를 할지 모른다. 탁자 끝에 차분한 분위기에 에너지를 뿜고 있는 젊은 여자가 있다. 나는 그 옆에 앉는다. 그는 처음 어린이 책을 출간한 20대 작가다. 나는 주최 측이 우리의 책들을 탁자 위에 두었더라면 얼마나 근사했을까 생각한다. 그렇게 하면 조용히 책을 읽는 것만으로도 서로를 알 수 있었을 텐데. 이런 생각을 하며 옆에 앉은 여자에게 몇 가지 질문을 한다. 우리는 빵에 버터를 바른다. 샐러드가 제공된다. 내가 드레싱에 손을 뻗었을 때 어린이 책 아가씨가 문 쪽을 본다. 나도 그쪽을 본다.

아무도 없었던 곳에 홀연 한 여자가 서 있다. 그는 문 전체, 방 전체, 우주 전체를 차지하고 있다. 짧은 머리에 위쪽에만 은발 염색을 하고, 옆머리는 밀어버렸다. 긴 트렌치코트, 붉은 스카프에 반쯤 머금은 따뜻한 미소, 차가운 강철 같은 자신감을 장착하고 있다. 그는 실내를 훑어보며 잠시 동안 그곳에 꼿꼿하게 서 있다. 나는 그를 응시하며 내 삶 전체를 되짚어 본다.

나의 전 존재가 그를 보고 이렇게 말한다.

저기 그가 있다.

그리고 나는 내 몸조차 통제하지 못한다. 일어서서 두 팔을 넓게 벌린다.

그가 어딘가를 살피다가 머리를 옆으로 돌리고 눈을 크게 뜨고는 나를 향해 웃는다.

제기랄. 빌어먹을. 내가 왜 일어선 거지? 왜 팔을 활짝 벌린 거지? 오, 맙소사. 내가 뭘 하고 있는 거지?

나는 털썩 자리에 앉는다.

그가 탁자를 빙 돌아 걸어오며 모두와 악수를 나눈다. 내게 다가왔을 때 나는 다시 일어서서 방향을 틀어 그를 마주 본다.

"전 애비라고 해요." 그가 말한다.

나는 안아도 되느냐고 묻는다. 왜냐하면 지금이 유일한 기회일지도 모르기에. 그는 웃으며 팔을 활짝 벌린다. 그에게선 파우더를 바른 듯한 코트의 울과 섬유 유연제가 섞인 냄새, 향수와 공기 같은, 들판 같은, 쨍한 하늘 같은, 아기, 여자, 남자, 그리고 전 세계와 같은—앞으로 내게 집 냄새가 될—냄새가 풍겼다.

탁자 맨 가장자리에 유일한 빈자리가 있어서 그는 나를 떠나 그 자리로 걸어간다. 나중에 그는 뭘 먹지도 말을 하지도 못했다고 내게 말할 것이다. 그의 모든 에너지를 나를 보지 않으려고 전전긍긍하는 데에 다 써버렸기 때문이라고. 나 역시 그랬다.

저녁 식사가 끝나자 사람들이 모여서 대화를 나눈다. 맙소사, 더욱 번잡하게 서성거리고 이제 실내는 폭동이 일어난 듯하다. 나는 화장실에 피신해서 잠시 혼자만의 시간을 보낸다. 화장실에서 나왔더니 그가 화장실 문을 보며 기다리는 듯이 복도에서 있다. 그는 내게 따라오라는 손짓을 해 보인다. 나는 그가 말을 건 사람이 나인 게 분명한지 알기 위해 뒤를 돌아본다. 그가 웃는다. 그가 웃는다.

이제 연회장으로 가야 할 시간이다. 우리는 어쩌다 보니 무리로부터 떨어져 나온다. 우리 앞뒤로 1미터 정도 거리에 사람들이 있지만 여기 우리가 있고, 걷기만 하지만 함께 있다. 나는 재미있는 사람으로 보이고 싶어 미칠 지경이다. 그러나 그는 아주 멋지고, 나는 어떻게 해야 멋져 보이는지를 모른다. 내 인생의 어떤 날에도 나는 멋졌던 적이 없었다. 나는 이미 셔츠 안에서 따뜻한—뜨겁게 타오르는—땀을 흘리고 있다.

그가 말을 시작한다. *감사합니다, 하느님.* 그는 곧 출간될 그의 책에 관해 말한다. "하지만 지금은 상황이 어려워요. 아마 들었을 거예요."

"뭘요? 난 듣지 못했어요. 뭘 어디에서 들었다는 거죠?"

그가 말한다. "아마 뉴스겠죠. ESPN?"

"음, 아뇨. 난 ESPN 뉴스는 보지 않아요." 내가 말한다.

그가 처음에는 천천히, 그러다 갑자기 한꺼번에 쏟아내듯 말한다.

"전 축구선수예요. 축구선수였죠. 이제 막 은퇴했어요. 지금은 내가 누구인지 잘 모르겠어요. 지난달에 음주운전을 했어요. 그게 모든 뉴스에 보도가 되었죠. 며칠을 뉴스 자막이 내 사진과 함께 뜨는 걸 봐야만 했어요. 내가 그런 짓을 했다는 게 믿어지지 않았어요. 지난 몇 년 동안은 사실 방향을 잃고 우울하게 지냈는데. 그런데 그런 일이……. 내가 망쳤어요. 명예를 지키고 싶었는데 내가 그동안 쌓아온 모든 걸 망쳐버렸어요. 나는 많은 사람들을 실망시켰어요. 여자팀 전체의 얼굴에 먹칠을 한 셈이죠. 사람들은 내가 일종의 영웅적인 운동선수로 보낸 삶에 대해 책을 쓰기를 원하지만 계속 생각을 하게 돼요. 만약 내가 정직하다면? 내가 내 삶에 관해 진실을 써야 한다면?"

나는 그 때문에 슬퍼진다. 그러나 그로 인해 전율한다. 함께 있는 4분 동안 그는 내가 가장 잘 알고 있는 세 가지 주제, 술, 글쓰기 그리고 부끄러움에 관해 묻고 있다. *이건 내가 전문가다.* 나도 이 문제들을 가지고 있었다. 젠장.

나는 그의 팔에 손을 올려놓는다. 전기가 흐른다. 나는 손을 거둬들이고 이렇게 말할 만큼 정신을 차린다. "내 말 잘 들어요. 글로 쓴다면 당신의 팔 길이만큼 줄줄 늘어놓을 얘기가 내게도 있어요. 나라면 그 모든 걸 쓸 거예요. 솔직해질 거고요. 스포츠 세계에 관해서는 잘 모르지만 현실 속 이 곳은 진실한 사람을 좋아한다는 것은 알아요."

그가 걷다가 멈춰 서고 나 또한 선다. 그리고 방향을 돌려 나를 똑바로 바라본다. 그가 무언가 말하려는 듯하다. 나는 숨을 멈춘다. 그러다 그가 방향을 돌려 다시 계속 걸어간다. 그제서야 나도 숨을 쉬며 걷기 시작한다. 우리는 연회장으로 들어가 무수히 진열되어 있는 둥근 탁자, 흰 탁자보, 10미터 높이의 천장, 크리스털로 만든 샹들리에 아래로 다른 작가들을 따라간다.

우리는 마침내 연단에 도착해 계단을 오르고 우리가 나란히 앉게 되었음을 알게 된다. 우리는 자리로 걸어간다. 그리고 도착했을 때 그가 내 의자 뒤에 손을 갖다 댄다. 그는 나를 위해 의자를 빼줄지 말지 망설인다. 마침내 그가 의자를 빼준다. "고마워요."라고 내가 말한다.

우리는 앉는다. 애비 옆에 앉은 작가가 어디에서 왔느냐고 그에게 묻는다.

"포틀랜드에 살아요." 애비가 대답한다.

작가가 말한다. "아, 전 포틀랜드 정말 좋아해요."

애비가 말한다. "그렇군요."

그가 "그렇군요."라고 말하는 방식에 담긴 무언가가 나로 하여금 아주아주 열심히 듣게 만든다.

"얼마나 오래 거기서 살지는 모르겠네요. 우린 가족이 살기엔 딱 좋은 장소일 거라 생각했기 때문에 얼마 전 이사를 했거든요."

그가 이렇게 말하는 것만 봐도 '우리'란 말에 특별한 의미가 없다는 것을 알 수 있다. 나는 이어지는 질문들로부터 그를 구해주고 싶어 이렇게 말한다. "아, 우리 같은 사람은 포틀랜드에서 살 수가 없어요. 우리의 내면은 포틀랜드를 지향하지만 겉으로는 햇볕을 필요로 하거든요."

나는 내가 내뱉은 말에 즉각 당황한다. 포틀랜드를 지향한다고? 이 말은 도대체 무슨 뜻이지? 우리 같은 사람이라고? 왜 우리라고 했지? 우리? 우리라고 함부로 말하는 건 지독히도 뻔뻔한 게 아닌가. 우리라니.

우리. 우리. 우리.

그가 눈을 크게 뜬 채 나를 보고는 웃는다. 마음이 바뀐다. 무슨 뜻인지는 모르지만 내가 그렇게 말한 것이 기쁘다. 나는 하늘이 이 여자를 저렇게 웃게 만들려고 내가 아무 말이나 하게 했다고 결론짓는다.

행사가 시작된다. 내 차례가 되어 단상으로 걸어가 연설을 한다. 나는 준비한 원고를 절반 남짓 무시하고는 애비가 들었으면 하는, 부끄러움과 자유에 관한 이야기를 한다. 내 눈은 내 앞에 있는 수백 명의 사람들을 보지만 머리로는 내 옆에 앉아 있던 그만을 생각한다. 강연을 마치고 나는 자리에 앉자 애비가 나를 본다. 그의 눈가가 붉게 물들어 있다.

강연이 끝나고 사람들이 우리 탁자로 오기 시작한다. 애비 앞에는 족히 50명도 넘는 사람들이 줄을 지어 서 있다. 그는 나를 보고 책에 사인을 해달라고 청한다. 그렇게 한다. 그러고 나서 그는 군중을 향해 시선을 돌리고 웃고 사인하고 짧은 대화를 나누기 시작한다. 그는 편안하고 자신만만하며 우아하다. 그는 이런 일에 익숙하다.

아까 저녁 식사 자리에 애비를 뒤따라 들어오던 곱슬머리 여자가 우리 탁자로 다가온다. 나와 이야기를 나누려고 한다. 나는 웃으며 그쪽으로 얼굴을 돌린다. 그는 가능한 한 아주 가까이 내게 기대어 속삭인다. "미안해요. 초면에 실례지만 이 말은 꼭 하고 싶어요. 전 친동생처럼 애비를 정말 잘 알아요. 그런데 지난 몇 시간 동안 여기에서 무슨 일이 있었는지는 몰라도 애비는 완전히 딴사람이 되었어요. 정말 애비가 삶에서 당신을 필요로 하는 게 아닌가 하고 느껴요. 어떤 식으로든 말이에요. 정말 희한하죠. 미안해요." 여자는 허둥대고 있고, 눈에는 눈물이 가득 고여 있다. 그는 내게 명함을 건네준다. 나는 나의 대답이 그에게 중요하다는 것을 알아차린다.

나는 말한다. "알겠어요. 그래요. 괜찮아요."

출판사에서 온 친구 다이너가 함께 가려고 나를 기다리고 있다. 나는 애비 쪽을 본다. 여전히 40명 남짓한 팬들이 사인을 받기 위해 줄을 서 있다.

나는 애비를 떠나는 것이 슬프지 않다. 그에 관해 곰곰이 생각할 수 있다는 사실 때문에 그를 떠나는 것에 흥분을 느낀다. 나는 평생 이렇게 살아 있음을 느낀 적이 없었음을 깨달았기 때문에 떠나는 것에도 흥분을 느낀다. 이제 나는 그저 세상 속으로 걸어 나가고 싶어진다. 그리고 생생하게 모든 것을 느끼며 여기저기를 걷고 싶다. 나는 정말 갑작스럽지만 새로운 사람이 되어 새로운 삶을 시작하고 싶다.

나는 "안녕, 애비."라고 말한다. 세상에나. 내가 그의 이름을 말하다니. *애비.* 나는 그래도 괜찮은지 아니면 내 속에서 퍼지고 있는 충격파를 보내는 이 말을 사용하려면 허락을 받았어야 했는지 궁금하다. 그가 나를 향해 미소를 짓고는 손을 흔든다. 그는 기대에 찬 것처럼 보인다. 그의 얼굴은 언젠가 내가 대답하게 될 질문을 담고 있다.

다이너와 나는 연회장을 나와 웅장한 복도를 함께 걷는다. 그가 나를 멈춰 세우더니 묻는다. "잘한 것 같아?"

나는 말한다. "그럼, 대단했지."

다이너가 말한다. "내 생각도 그래. 넌 정말 대단했어. 뭔가 달라 보였어."

"내 강연을 말한 거였어? 난 오늘 밤 전부를 말한 거야. 기묘한 느낌을 받았어. 애비와 내가 어떤 고리로 연결된 것 같아."

다이너가 내 팔을 잡고는 말했다. "네가 그렇게 말하다니 믿을 수가 없네. 정말 믿을 수가 없어. 하느님께 맹세컨대 나도 그걸 느꼈거든. 연회장 한쪽에서 둘 사이에 엄청 중요한 뭔가가 일어나고 있는 것 같았어. 이건 정말 엄청난 일이야."

나는 그를 빤히 쳐다보며 말했다. "맞아. 그래. 오늘 밤 내내…… 우리 사이에 연결…… 그건 마치……."

다이너가 나를 빤히 보더니 말했다. "너희 둘은 마치 전생에 함께 살았던 것 같았어."

Part 2

열쇠

떨어뜨린 열쇠들

작은 여자
모두를 위해 집을 짓네
그는
안다네
현명한 사람이라면
달이 높이 뜨기 전에
몸을 숨겨야 한다는 것을
밤새 계속해서 열쇠를 떨어뜨리네
소란스럽게 날뛰는
아름다운
죄수들을 위하여

—하피즈Hafiz*

* 하피즈(1315~1390). 지금의 이란 시라즈에서 태어난 페르시아 시인
이다. 이란 사람들의 일상생활 깊숙이 문학적 영향을 미치고 있는 중
동의 대표적인 작가다.

나는 완전히 나 자신을 놓아버린 적은 없었다. 불꽃은 항상 내 속에서 이글거리고 있었다. 그러나 한동안 지옥 같은 삶을 살았다는 것만은 분명하다. 어린 시절의 폭식증은 결국 알코올 중독과 약물 남용으로 악화되었고, 거의 16년 동안을 무감각한 상태로 보냈다. 그러다 스물여섯 살에 임신을 했고 술을 끊었다. 술을 끊고 나서야 나는 나의 야생성을 기억해 내기 시작했다.

그 이후의 삶은 대략 이런 식이었다. 나는 여자라면 마땅히 해야 할 삶의 방식들을 만들어가기 시작했다. 좋은 아내, 엄마, 딸, 기독교인, 시민, 작가, 여자가 되었다. 아이가 학교에 가져 갈 도시락을 만들고, 회고록을 쓰고, 공항을 부리나케 오가고, 이웃들과 소소한 대화를 나누면서도 대외적으로 나에게 주어 진 역할을 수행했다. 그러는 동안에도 내 안에서 뭔가 부글거리며 끓어오르는 것을 느꼈다. 그것은 내 피부 밑 *바로 거기*에서 쉼 없이 으르렁거리는 천둥소리와도 같았다. 기쁨, 고통, 분노, 갈망과 너무 깊어서 데일 것 같은 사랑, 그리고 세상에 대한 연민으로 만들어진 천둥은 항상 부글거리며 끓고 있어 언제 넘칠지 알 수 없었다.

나는 내 안에 있는 그 무언가가 두려웠다. 그것이 내가 만들어온 사랑스러운 모든 삶을 산산조각 내버릴 정도로 강력하다고 느꼈다. 발코니에 서서도 '*만약 내가 뛰어내린다면?*' 하는 생각이 드는데 어떻게 안전하다 할 수 있겠는가.

괜찮아. 나는 스스로에게 말했다. 내면을 계속 감춰두기만 하면 나와 내 사람들을 안전하게 지켜낼 수 있을 거야.

그것이 얼마나 간단한 일인지 놀랄 지경이었다. 나의 내면에서는 천둥이 으르렁거리고 부글부글 끓고 붉고 샛노란 불길이 가득 차올랐지만 내가 해야만 하는 것은 웃으며 고개를 끄덕이는 것이었다. 그러면 세상은 나를 쉽게 한들거리는 푸른색으로 여길 것이었다. 때때로 피부를 가림막으로 사용하는 사람이 나 말고도 있지 않을까 생각했다. 어쩌면 우리 모두는 괜찮은 척 애쓰고 있지만 사실 피부로 가리고 있는 불이 아닐까?

나의 비등점은 애비가 그 출입구에 들어서는 순간 폭발했다. 나는 그를 보았고, 더는 나를 그대로 억제할 수가 없었다. 나는 통제력을 상실했다. 고통과 사랑과 갈망이란 불이 활활 타올랐고, 금빛 천둥의 부글거림이 나를 채우고 나를 일으켜 세웠으며, 내가 팔을 넓게 벌리며 주장하게 만들었다. *저기에. 그가. 있다.*

그날 일어난 일이 동화 속 마법은 아닐까 오랫동안 생각했다. 한때는 *저기에 그가 있다*는 말이 하늘에서 뚝 떨어진 소리처럼 들렸다. 지금 나는 *저기에 그가 있다*는 말이 나의 내면에서 터져 나왔음을 알고 있다. 오랫동안 끓고 있었던 그 야생의 날뛰는 소란스러움이 그때 마침내 언어로 바뀌었다. 나를 끌어올린 것은 바로 나였다. 열 살 때 내가 가두어버린 여자아이, 세상이 내게 어떤 사람이 되라고 요구하기 전에 나였던 여자아이. 그가 말했다. *여기 내가 있다. 이제 내가 나설 차례다.*

아이였을 때 나는 아이로서 당연히 느낄 법한 감정을 느꼈고, 내가 하고 싶은 대로 했으며, 상상의 나래를 마음껏 폈다. 부끄러움에 길들기 전까지는 야생의 존재였다. 너무 지나치지 않은가 하는 두려움 때문에 내 감정을 숨기고 무감각하게 만들기 전까지는. 자신의 직관을 믿는 대신 다른 사람들의 충고를 따르기 전까지는. 내 상상력이 우스꽝스럽고 내 욕망이 이기적이라고 믿기 전까지는. 다른 사람들의 기대, 문화적인 의무들, 제도적인 복종이란 케이지에 스스로 갇혀버리기 전까지는. 내가 되어야만 하는 것이 되기 위해 나의 본질을 파묻어버리기 전까지는. 나는 어떻게 남의 비위를 맞추는지를 배우자마자 자신을 잃어버렸다.

금주는 나의 고통스러운 부활이었다. 그것은 나를 다시 야생으로 귀환하게 만들었다. 그것은 오래 잊고 있었던 기억이었다. 내면에서 부글거리고 꿈틀거린다고 느꼈던 뜨거운 충동을 불러일으키는 천둥이 바로 나였음을 깨달았다. 나의 관심을 끌려고 애쓰며 기억해 달라고 간청하며 스스로의 존재를 내세우고 있었다. *나는 아직 여기에 있다.*

그래서 나는 마침내 자물쇠를 열고 그를 풀어주었다. 나의 아름답게 날뛰는 진실한 야생의 자아를 해방시켰다. 그 위력에 관한 한 내가 옳았다. 그 힘은 당시 나의 삶이 감당하기에는 너무 컸다. 그래서 나는 그동안의 가짜 같던 삶을 산산이 부숴버렸다.

그리고 나는 나 자신의 삶을 다시 세워나갔다.

나는 다른 사람들을 편안하게 해주기 위해 스스로 의심하고 숨기고 버려야 한다고 길들었던, 나 자신의 그 부분들을 다시 되살려냈다.

나의 감정.

나의 직관.

나의 상상력.

나의 용기.

그것이 자유의 문을 여는 열쇠들이다.

그것이 바로 *우리의 본질*이다.

우리는 자신을 풀어줄 수 있을 만큼 용감한가?

우리는 자신을 자유롭게 할 수 있을 만큼 용감한가?

마침내 우리는 울타리를 박차고 걸어 나와 우리 자신에게, 사람들에게, 세상을 향해 말할 것이다. *여기 내가 있다.*

느끼다

첫 번째 열쇠: 그 모든 것을 느껴라

금주한 지 6일째 되는 날 나는 다섯 번째로 치유 모임에 나갔다. 나는 종이컵에 담긴 커피를 흘리지 않으려고, 그리고 내 감정이 피부 바깥으로 새어나가지 않도록 애쓰면서 차가운 플라스틱 의자에 떨며 앉아 있었다. 중독된 채 보낸 16년 동안 그 무엇도 나를 건드릴 수 없다는 빌어먹을 확신에 차 있었는데 갑작스럽게 세상의 모든 것이 나를 건드리고 있었다. 나는 신경줄이 노출되어 있었다. 모든 곳이 아팠다.

나는 내가 얼마나 상처를 받았는지 누군가에게 말하기 부끄러웠지만 모임에 나온 사람들에게 설명해 보기로 마음먹었다. 그들은 진심으로 내가 믿게 된 최초의 사람들이었다. 왜냐하면 이들은 최초로 온전한 진실을 내게 들려준 사람들이었기 때문이다. 그들은 자신의 내면을 내게 보여주었고, 나도 그들에게 나의 내면을 보여주었다. 나는 이렇게 말했다. "나는 글레넌입니다. 엿새 동안 술을 끊었습니다. 지금 기분은 아주 끔찍해요. 이 끔찍한 느낌이야말로 애초에 술을 마시기 시작한 이유라고 생각합니다. 지금 나는 내게 일어난 나쁜 일이 술 때문이 아닐 수도 있다는 생각을 해요. 잘못은 그 이면에 있었어요. 바로 나 자신이었습니다. 다른 사람에게는 살아가는 게 저만큼 힘들지는 않은 것 같았어요. 삶에는 미처 내가 알지 못하는 비밀이 있기라도 한 것 같은 느낌이었어요. 전부 내 잘못 같아요. 들어주셔서 고마워요."

모임이 끝난 뒤 한 여자가 걸어와 내 옆에 앉았다. 그러고 웃으며 말했다. "생각을 나눠줘서 고마워요. 한 가지 이야기해 주고 싶어요. 처음 여기 왔을 때 누군가가 내게 해준 것처럼요. 당신이 느끼는 모든 것을 있는 그대로 느껴도 괜찮아요. 지금 다시 사람이 되어가는 중이에요. 삶을 그르치고 있는 게 아니에요. 제대로 하고 있는 거예요. 당신이 놓치고 있는 비밀이 있다면 옳다고 생각하는 대로 하기가 참 어렵다는 거예요. 당신의 모든 감정을 느낀다는 것은 정말 힘들어요. 그렇지만 그게 감정이 존재하는 이유겠죠. 그 감정들은 느끼기 위해 있는 거잖아요. 그 어떤 감정이라도요. 심지어 힘겨운 감정들조차 그래요. 비밀은 당신이 지금 제대로 하고 있다는 것이고, 제대로 하고 있기 때문에 가끔은 상처를 입기도 한다는 거예요."

여자가 모든 감정들을 느껴야 한다고 말하기 전까지 나는 몰랐다. 나는 내가 모든 감정을 느끼도록 되어 있는지 몰랐다. 나는 행복을 느껴야 한다고 생각했다. 나는 행복만이 느낄 법한 감정이고, 고통은 바로잡아야 할 감정이며, 마비시키고 굴절시키고 감추고 무시해야 한다고 생각했다. 삶이 힘겨워질 때는 내가 어딘가 잘못된 곳으로 가고 있기 때문이라고 생각했다. 나는 고통은 약점이고 *받아들여야 할* 것이라 생각했다. 그러나 내가 그것을 더 많이 받아들일수록 음식과 술도 더 많이 먹어치워야만 했다는 게 문제였다.

그날—두려움에 떨던, 임신을 하고 엿새 동안 금주 중이었던, 흐릿한 형광등과 끔찍한 맛의 커피가 있는 교회 지하실에서 한 다정한 여자가 온전한 인간은 행복감만이 아니라 모든 감정을 느껴야 한다고 계시를 내렸던 날—나는 나 자신에게로 돌아오는 첫걸음을 내디뎠다. 그날 이후 나는 모든 감정을 느끼기 위한 연습을 시작했다. 여기에 시간과 에너지를 쏟는 것이 나를 조금 덜 효율적으로 만들고, 조금 더 불편하게 만들고, 조금 덜 유쾌하게 만들지라도 나는 그 모든 것을 느끼는 것이 나의 권리이며 책임이라고 고집했다.

지난 18년 동안 나는 고통에 대해 두 가지를 배웠다.

첫째. 나는 모든 것을 느낄 수 있고 살아남을 수 있다.

내가 죽어버릴 줄 알았지만 아니었다. *더는 견딜 수가 없다고* 스스로에게 말할 때마다 내가 틀렸다. 진실은 내가 그 모든 것을 받아들일 수 있었고, 그렇게 했다는 것이다. 그리고 살아남았다. 거듭 거듭 살아남음으로써 나는 나 자신을, 다른 사람들을, 삶을 덜 두려워하게 되었다. 나는 고통으로부터 결코 벗어날 수가 없지만 고통의 두려움으로부터는 자유로울 수 있음을 배웠다. 그것으로 충분했다. 나는 마침내 나를 태워버릴 수 있을 만큼 타오르는 불에 다가가는 것을 더는 피하지 않게 되었다. 그리고 내가 불타는 숲과 같다는 것을 배웠다. 고통의 불길은 나를 소진시키지 못할 것이다. 나는 불타고 불타면서 살아갈 수 있다. 나는 불길 속에서 살아갈 수 있다. 나는 불에 타지 않는다.

둘째. 나는 고통을 통해 내가 꿈꾸는 사람이 될 수 있다.

나는 영원히 거듭 거듭 더욱 진실하고 더욱 아름다운 사람이 되고자 여기에 존재한다. 살아 있다는 것은 영원한 혁명의 상태 속에 존재하는 것이다. 내가 좋든 싫든 고통은 그 혁명의 연료다. 내가 꿈꾸는 미래의 여자가 되는 데 필요한 모든 것은 지금의 고통스러운 감정들 속에 존재한다. 삶은 연금술이며, 여러 정서들은 나를 황금으로 바꾸어줄 불이다. 하루에도 수백만 번 불을 꺼버리는 것에 저항할 수만 있다면 계속해서 자아를 형성해 갈 것이다. 저항한다면—내가 나 자신의 감정의 불구덩이 속에 앉아 있을 수 있다면—나는 계속 새롭게 형성되어 갈 것이다.

소비문화는 고통에서 벗어날 방법을 돈으로 살 수 있다고 우리에게 약속한다. 우리가 슬프고 화가 나는 까닭은 인간이 상처받는 존재이기 때문이 아니라 주방 조리대, 탄탄한 허벅지, 새 청바지를 갖지 못했기 때문이라 주장한다. 이것은 경제를 운영하는 현명한 방법이기는 하지만 삶을 영위하는 방법은 아니다. 소비는 우리를 산만하고 바쁘고 무감각하게 만든다. 그리고 무감각은 우리 자아의 형성을 가로막는다.

이것이 모든 위대한 영혼의 스승들이 우리에게 인간다움과 고통에 관해 똑같은 이야기를 들려주는 이유다. 피하지 마라. 당신은 발전하고 스스로를 형성해 나가야 할 필요가 있다. 그렇게 형성되기 위해 당신은 존재한다.

깨달음을 얻기 전 인간이 겪는 모든 고통을 경험하기 위해 안락한 삶을 버려야 했던 부처처럼.

약속의 땅을 보기 전 광야에서 40년을 방황했던 모세처럼.

"삶은 고통입니다, 전하. 달리 말하는 사람이 있다면 그는 무

언가를 팔려는 것입니다."라고 말한 『프린세스 브라이드』(1973
년 출간된 미국 작가 윌리엄 골드먼의 판타지 로맨스소설로 1987년 롭
라이너에 의해 영화화되었다.—옮긴이)에 나오는 웨슬리^{Westley}의 대
사처럼.

자신이 짊어질 십자가를 향해 곧장 걸어간 예수처럼.

처음에는 고통이, 그다음에는 기다림이, 그런 다음 비로소 일
어서는 것이다. 우리가 겪는 모든 고통은 스스로를 먼저 십자가
에 맡기지 않은 채 부활에 이르고자 할 때 생겨난다.

당신의 이야기를 직접 통과하지 않고서는 영광이란 없다.

고통은 비극이 아니다. 고통은 마법이다. 괴로움은 비극이다.
괴로움은 우리가 고통을 회피한 결과 우리가 자아 형성을 놓칠
때 일어나는 것이다. 너무나 두려운 나머지 스스로의 발전을 놓
쳐버리는 것이야말로 내가 피할 수 있는 것이며 피해야만 하는
것이다. 나 자신에 대한 믿음이 거의 없었기에 나는 거듭 불같
은 감정에서 벗어나 무감각해지거나 숨어버리거나 나름의 방
식으로 소비하고 말았다. 그래서 나의 목표는 나 자신을 포기하
지 않고 유지해 가는 것이다. 자아 형성 과정에 필수적인 고통
을 감당할 수 있을 만큼 충분히 강하다고 믿는 것이다. 왜냐하
면 고통보다 더 지옥같이 두려운 것은 형성해 내지도 못한 채
내 인생 전체를 살아가는 것이기 때문이다. 모든 감정을 느끼는
것보다 더욱더 나를 두렵게 만드는 것은 그 모든 것을 잃어버
리는 것이다.

요즘은 고통이 찾아올 때 이를 받아들이는 두 사람의 내가
있다.

비참해지고 두려워하는 내가 있고, 호기심을 갖고 흥분하는
내가 있다. 두 번째의 나는 자기학대를 즐기는 사람이 아니라

현명한 사람이다. 두 번째의 나는 기억한다. 삶에서 다음에 무엇이 다가올지는 알 수 없을지라도 극복하는 과정을 거치면 반드시 다음이 온다는 것을. 나는 고통과 기다림이 여기에 있을 때 그다음에 회복이 온다는 것을 안다. 나는 고통이 금세 지나가기를 바라기도 하지만 다른 한편 고통이 끝날 때까지 기다릴 줄도 안다. 왜냐하면 회복을 믿기에 충분할 만큼 고통을 겪었기 때문이다. 그리고 내일 내가 형성될 사람이 누구인지 예측할 수도 없고 특정할 수도 없기 때문에 미래의 내가 되기 위해 오늘의 모든 배움을 필요로 한다.

나는 화장실 거울에 메모를 붙여놓고 있다.

모든 것을 느껴라.

이 말은 내가 18년 전의 삶을 되찾긴 했지만 매 순간 스스로를 자유롭게 하고 새로워지게 함으로써 매일 스스로 부활하겠다는 다짐을 상기시킨다. 재가 될 때까지 불태우고 새롭게 일어서자. 이것이 내가 매일 되새기는 말이다.

알다

두 번째 열쇠: 가만히 있어, 그럼 알게 돼

몇 해 전 아주 이른 아침인데도 잠을 이루지 못하고 있었다. 새벽 3시, 나는 숨쉬기를 갈망하는 물에 빠진 여자처럼 눈을 부릅뜨고 흔들리고 허우적거리며 해답을 찾으려 하고 있었다. 막 구글 검색창에 다음과 같은 말을 타이핑한 참이었다.

남편이 바람둥이긴 하지만 아이들에게는 정말 괜찮은 아빠라면 어떻게 해야 할까요?

나는 이 질문을 뚫어져라 보며 생각했다. 아, 내 삶이 정말 바닥을 치고 있구나. 지금 난 삶에서 가장 중요한 결정을 내리기 위해 인터넷에 묻고 있어. 왜 자신보다 지구에 사는 모르는 사람들을 더 믿는 거지? 나란 존재는 *제기랄 어디에 가버린 거야?* 언제부터 접촉이 끊어진 걸까?

여하튼 나는 차례차례 여러 글들을 열어보았다. 실망스럽게도 모두들 각자 다른 충고를 하고 있었다. 종교 전문가들은 바람직한 기독교인이라면 그냥 살라고 했다. 페미니스트들은 강한 여자라면 남자를 버리고 떠나라고 주장했다. 육아에 초점을 맞춘 글들은 좋은 엄마라면 무엇이 아이들에게 최선인지만 생각하라고 설교를 늘어놓았다. 이 모든 의견들은 정말 말 그대로 모두를 만족시킬 수 없음을 의미했다. 다행이기도 했다. 세상 사람들을 만족시키기가 불가능하다는 것을 마침내 알았을 때 여자는 자기 자신을 만족시키는 방법을 자유롭게 배울 수 있다.

나는 모순적인 의견들을 살펴보고 생각했다. 이 문제를 다루는 *객관적으로 옳거나 그릇된 방식이 존재한다면 왜 이 사람들이 이처럼 다양한 생각들을 가졌을까?* 나는 불현듯 깨달았다. *옳고 그름, 선과 악, 해야 할 일과 해서는 안 될 일은 틀림없이 자연스러운 것이 아니다. 그것은 진짜가 아니다. 그저 문화적으로 구성된 것이며, 자의적이며, 제도를 유지하기 위해 만들어낸, 끊임없이 변화해 가는 울타리일 따름이다.* 모든 가족, 문화, 종교, 옳고 그름의 관념들은 대중을 무리 속에 가두는 채찍이며, 짖어대는 양치기 개라는 생각이 들었다. 그것은 사람들을 가두는 케이지인 것이다.

계속해서 '옳은' 일을 해나간다면 그것은 내 삶이 아닌 다른 누군가의 지시를 계속해서 따르는 셈이며 내 삶을 허비하는 것이라는 결론에 이르렀다. 나는 내 것이 아닌 삶을 내 삶으로 여기며 살고 싶지는 않았다. 길들여진 대로가 아니라 자유로운 여자로서 내 영혼으로부터 스스로 결정을 내리고 싶었다. 그러나 어떻게 해야 그럴 수 있는지 모른다는 것이 문제였다.

몇 주 뒤 친구에게서 카드를 받았다. 카드에는 굵은 대문자로 검은 글씨가 쓰여 있었다.

가만히 있어 봐. 그럼 알게 돼.

예전에도 여러 차례 이 문장을 읽은 적이 있다. 그러나 이번에는 새롭게 다가왔다. "친구들에게 의견을 물어. 그럼 알게 될 거야.", "전문가가 쓴 책을 읽어. 그럼 알게 될 거야." 혹은 "인터넷을 뒤져봐. 그럼 알게 될 거야."라고 말하지 않았다. 그 카드는 다른 접근법을 제시하고 있었다. 그대로. 멈춰.

움직이지말고말하지도말고찾아다니지도말고혼란스러워하지도말고발버둥치지도마라.

아무것도 하지 않는다면 알게 될 것이다.

마술적인 넌센스 같지만 위기에 처한 여자들은 절망적인 선택을 하기도 하는 법이다. 나는 실험을 해보기로 했다. 아이들을 모두 학교로 보낸 후 옷장 속에 들어가 수건 위에 앉아 눈을 감고 숨 쉬는 것 말고는 아무것도 하지 않았다. 처음에는 10분이 10시간처럼 길게 느껴졌다. 나는 매 순간마다 시간이 얼마나 흘렀나 보려고 휴대전화를 열어보았다. 머릿속으로 시장 볼 품목을 정하기도 하고 거실을 어떻게 꾸밀지 생각하기도 했다. 그 바닥에 앉아 내가 유일하게 '알아낸' 듯한 것은 배가 고프고, 몸이 쑤시고, 갑자기 빨래를 미친 듯이 개고 싶고, 냉장고를 다시 정리하고 싶다는 것이었다. 나는 해독 과정에 돌입한 중독자 같았다. 툭하면 그만두고 싶은 유혹을 느꼈지만 스스로에게 엄격해지기로 했다. 글레넌, 자아를 발견하는 데 쓰는 하루 10분은 결코 긴 시간이 아니야. 열쇠를 찾느라고 80분을 흘려보낸 적도 있잖아.

몇 주가 지난 뒤 나는 옷장에서 보내는 시간 동안 더 낮게 스스로를 내려놓고 있음을 느끼기 시작했다. 무수한 훈련을 한 뒤 더 유연하게 스트레칭을 할 수 있게 된 체조선수처럼 말이다. 그러다 마침내 이전에는 결코 알지 못했던 내면의 새로운 차원을 발견할 만큼 깊이 가라앉았다. 낮고 깊고 고요하며, 미동도 없는 아래. 거기에는 소리가 없다. 내 목소리조차도. 그 아래에서 들을 수 있는 것이라고는 내 숨소리뿐이다. 나는 마치 물에 빠져 구조를 요청하면서 숨을 들이마시고자 수면 위로 나가려고 허우적거리는 것과 같은 상태였다. 그러나 자신을 구하기 위해 실제로 해야 하는 일은 가만히 가라앉게 두는 것이었다. 우리가 사람들에게 "진정해."라고 말하는 까닭도 여기에 있음을 불현듯 깨달았다. 몰아치고 철썩이는 파도 아래에는 전적으로 고요하고 맑은 곳이 존재하기 때문이었다.

이 깊은 곳에도 여전히 혼돈이 존재하고 있지만 나는 표면에서는 알 수 없었던 무언가를 그곳에서 감지할 수 있었다. 그곳은 정말 자신의 피가 도는 것을 듣고 느낄 수 있다는 덴마크의 침묵의 방—세상에서 가장 조용한 곳—같았다. 깊은 곳, 그곳에서 나의 내부를 순환하는 무언가를 감지할 수 있었다. 그것은 어떤 *앎*이었다.

이 깊이로 내려가면 혼란스러운 표면에서는 몰랐던 것을 알 수 있다. 여기 바닥에서 내 삶에 관해—말로든 추상적인 이미지로든—질문을 던지면 무언가가 슬쩍 나의 옆구리를 건드리는 것을 감지한다. 그 건드림은 나를 그다음의 옳은 일로 이끌고, 내가 조용히 그 건드림을 알아차리면 다시 나를 채운다. 그 앎은 따뜻한 금빛 액체처럼 혈관을 채운 뒤 점차 안정감과 확신을 느낄 정도로 견고해진다.

내가 배운 것은—비록 말하기 두렵지만—신이 나의 내면, 이 깊이에 살고 있다는 것이다. 신의 현존과 인도를 알아차릴 때 신은 따스한 금빛 액체로 나를 넘치게 하여 축복해 주신다.

매일 나는 옷장으로 들어가 티셔츠와 청바지가 어지럽게 널려 있는 바닥에 주저앉아 가라앉는 연습을 했다. 그러면 앎이 깊은 바닥 속에 있는 나를 찾아와 툭 건드리며 다음 옳은 일로 나를 밀어주고는 했다. 한 번에 한 가지씩. 그것이 내가 다음에 무엇을 해야 할지 깨닫는 방법이 되었다. 그것이 더욱 명확하고 단단하게 그리고 흔들림 없이 내 삶을 통과해 나아가기 시작하는 방법이었다.

1년 뒤 나는 일터에서 긴 탁자에 앉아 회의를 하는 중이었다. 우리는 결정이 필요한 중요한 안건을 논의하고 있었고, 팀의 구성원들은 내가 결정을 내려주기를 기다리고 있었다. 나는 확신에 찬 결정을 할 수가 없었다. 나는 답을 구하던 예전의 방식으로 즉 다른 사람들의 수용, 허락, 그리고 동의를 구하려 외부를 살피는 예전의 낡은 방식으로 주춤주춤 물러서고 있었다. 그러다 흘낏 보니 문 옆의 비품을 넣어두는 벽장이 눈에 들어왔다. 나는 새로운 앎의 방식을 기억해 냈다.

몇 분간 벽장 속에 있어도 괜찮겠느냐고 물으면 팀원들이 어떻게 생각할지 염려스러웠다. 대신 나는 탁자에 그대로 앉아 심호흡을 하고 눈을 크게 뜨고는 내면을 향해 가라앉으려고 애썼다. 제대로 작동했다. 무언가 툭 건드리는 것을 느꼈고 그것을 느끼자마자 따뜻한 금빛 액체가 몸을 가득 채웠다. 나는 다시 표면 위로 떠올라 웃으며 말했다. "어찌 해야 할지 알았어요." 나는 조용히 그리고 확신에 차서 우리가 찾고자 했던 결정들을 사람들에게 말했다. 방 안의 혼란은 잦아들었다. 모두가 안도의 숨을 내쉬고 즉각 차분해지는 듯했다. 우리는 다음 논의로 옮겨 갔다.

신이 벽장 밖으로 나왔으므로, 이제 나는 어디서든 신과 마주할 수 있게 되었다.

이제 나는 오직 나 자신의 앎이 이끌어낸 지시만 따른다. 공적인 일이든 개인적인 것이든 혹은 가족 문제든 결정─중요하든 사소하든 결정이라면 모두─을 내려야 할 때마다, 불확실성이 높아질 때마다 나는 가라앉는다. 나는 말들, 두려움, 기대, 조건 그리고 충고 등이 소용돌이치는 파도 아래로 침잠한다. 그리고 앎을 느낀다. 나는 하루에도 수천 번씩 침잠한다. 그렇게해야만 한다. 왜냐하면 앎은 결코 5개년 계획처럼 한꺼번에 모습을 드러내지 않기 때문이다. 내게 앎은 사랑스럽고 장난기 많은 안내자인 듯 느껴진다. 앎이 바로 다음에 해야 할 옳은 일만을 드러내는 까닭은 내가 거듭 앎으로 되돌아오기를 원하기 때문이며, 내 삶과 나란히 하기를 원하기 때문이다. 나는 지금 이 앎과의 관계를 발전시켜 나가고 있다. 우리는 서로를 신뢰하는 법을 배우고 있다.

내가 이렇게 이야기하자 아내는 눈을 크게 뜨고 묻는다. "그 아래에서 당신 자신과 그저 이야기만 나누지 않았어?" 그럴지도 모른다. 만약 내가 그 깊은 곳에서 찾은 것이 바로 나 자신이라면─만약 내가 알게 된 것이 신과 교감하는 것이 아니라 나 자신과 교감하는 것이라면─만약 믿어야 한다고 알게 된 존재가 신이 아니라 나 자신이라면─그리고 남은 삶을 위해 내가 길을 잃더라도 다시 어디에서 어떻게 스스로를 찾아야 할지를 정확하게 알고 있다면─그래도 괜찮다. 그렇다 해도 분명 기적이라 부르기에 충분하다.

왜 우리는 앎을 *어떻게* 불러낼 것인가를 이야기하지 않고, 불러낸 앎이 *무엇인지*에 대해 염려하는가? 나는 자신의 내면에서 이 단계를 발견하고 거기에 의지하여 살아가는 많은 사람들을 알고 있다. 어떤 사람은 그 앎을 신이나 지혜 혹은 직관이라 부르거나 혹은 원천이나 가장 내밀한 자아라고 부른다. 내게는 아주 심각한 신앙 문제와 씨름하는 친구가 있다. 그 친구는 앎을 세바스찬이라고 부른다. 어떤 다른 이름으로 부르더라도 신은 똑같이 기적이며 구원이다. 우리가 앎을 무엇으로 부르는가는 중요하지 않다. 중요한 것은―만약 우리가 삶 속에서 운행하는 단 하나의 별로 살고자 한다면―우리가 그 존재를 부른다는 *사실*이다.

나는 일어서기 위해서는 먼저 가라앉아야만 한다는 것을 배웠다. 외부의 인정 대신에 내면의 지혜를 찾고 의지해야 한다. 그것이 다른 누군가의 삶을 살지 않도록 나를 구해준다. 또한 수많은 시간과 에너지 낭비로부터 나를 구해준다. 나는 한 번에 한 가지씩 앎이 알려주는 그다음의 일을 할 따름이다. 나는 먼저 허락을 구하지 않는다. 그것이 삶을 살아가는 어른스러운 방식이다. 가장 바람직한 부분은 이렇다. 앎은 언어를 초월한다. 그래서 내게는 이를 다른 사람이 이해할 수 있도록 번역할 언어가 없다. 그 자체를 내게 설명하는 데 언어를 사용하지 않기 때문에 나는 나 자신을 세상에 설명하기 위해 언어를 사용하지 않는다. 한 번에 한 가지씩 다음의 옳은 일, 허락을 구하거나 설명을 제시하지 않는 것. 이것이 한 여자가 할 수 있는 가장 혁명적인 방식이다. 이런 삶의 방식은 짜릿하다.

지금에서야 나는 내가 어찌 살아야 하는지 이 세상 어느 누구도 모른다는 것을 이해한다. 전문가들은 모른다. 목사들, 심리치료사들, 잡지, 작가들, 부모, 친구, 그들도 역시 모른다. 나를 가장 사랑하는 사람들조차. 왜냐하면 그 누구도 내가 살아내고자 하는 이 삶을 나의 재능, 나의 도전, 나의 과거, 나의 사람들과 함께 살아본 적이 없으며 살지 않기 때문이다. 모든 삶은 전례가 없는 실험이다. 이 인생은 오직 나 혼자만의 것이다. 그래서 나는 그들이 결코 가본 적도 없는 길을 어떻게 가야 할지 다른 사람에게 묻지 않기로 했다. 어디에도 지도는 없다. 우리 모두가 개척자들이다.

나는 이 두 번째 열쇠를 손목에 문신으로 새겼다.

침잠하라

문신은 고요 속에 가만히 앉아 있으면 항상 무엇을 해야 할지 알게 된다는 사실을 매일 상기시켜 준다. 해답은 절대 저 바깥에 있지 않다. 해답은 나의 호흡처럼 가까이 있으며 나의 심장 박동처럼 꾸준하다. 나는 그저 허둥대기를 멈추고 표면 아래로 가라앉아 툭 건드리는 느낌과 금빛 액체를 느끼기만 하면 된다. 그러자면 그다음의 옳은 일이 아무리 비논리적이고 무서울지라도 그것을 믿어야만 한다. 왜냐하면 내적 앎을 따르는 것이 더 일관되고 용감하고 정확할수록 외적 삶이 훨씬 더 간결하고 아름다워지기 때문이다. 나 자신의 앎에 따라 살면 살수록 내 삶은 더욱더 나 자신의 것이 되며 두려움도 줄어든다. 나는 앎이 어디든 나와 함께 갈 것임을 믿는다. 내게 다음의 일을 한 번에 한 가지씩 툭 알려주며 항상 집으로 가는 길을 알려줄 것이다.

아는 방법:

불확실한 순간이 생겨난다.

심호흡을 하고 내면을 향해 침잠한다.

앎을 느끼도록 집중한다.

앎이 툭 밀어내는 그다음의 일을 하라.

그냥 하라. (설명하지 말고.)

이를 영원히 반복하라.

(남은 당신 삶을 위해 앎과 행함 사이의 거리를 계속 좁혀라.)

상상하다

세 번째 열쇠: 거침없이 상상하라

스물여섯 살의 어느 날, 나는 양성으로 나온 임신테스트기를 손에 든 채 더러운 욕실 바닥에 망연자실 앉아 있었다. 작고 푸른 선을 뚫어져라 보며 생각했다. *망했다. 이럴 리가 없어. 지구상에서 이보다 더 최악의 엄마는 없어.* 나는 16년 동안 하루에도 몇 번씩 폭식을 하고 토하면서 보냈다. 7년 동안 밤마다 정신을 놓기 위해 술을 마셔댔다. 나는 간과 신용, 범죄 기록, 치아의 에나멜, 그리고 모든 인간관계를 망가뜨렸다. 지끈거리는 두통, 바닥을 뒹구는 맥주병, 텅 빈 통장 잔고, 반지 하나 없는 떨리는 손가락들, 그 모든 것들이 소리를 질러댔다. *안 돼. 넌 아니야.*

그러나 한편 내 속의 다른 누군가가 속삭였다. *그래. 바로 나야.*

모든 부인할 수 없는 증거와 달리 나는 술을 끊은 모범적인 어머니를 상상할 수 있었다.

그래서 나는 술을 끊었고 엄마가, 아내가, 작가가 되었다.

14년이 빠르게 흘러갔다. 나는 지금 마흔 살이다. 정리해 보면 내게는 개 두 마리, 남편, 그리고 아빠를 아주 좋아하는 세 아이들이 있다. 나는 전통적인 가족과 기독교에 부분적으로 기반을 두고 있으며 명성이 치솟고 있는 작가라는 직업도 가지고 있다. 그리고 결혼 생활의 구원에 관한, 몹시 기대되는 새로운 책의 출간을 앞두고 있었다. 그 출간 행사장에 한 여자가 걸어 들어왔고, 그를 보자마자 미친 듯이 사랑에 빠진다. 나의 상황, 두려움, 종교, 경력 등 모든 것들이 아우성을 친다. *아니야. 그 사람은 안 돼.*

그러나 여전히, 내 안의 어떤 것이 속삭였다. *맞아. 바로 그야.*

내 안의 어떤 것이란 나의 상상력이다.

모든 부인할 수 없는 증거에도 불구하고 나는 애비의 짝으로 나를 상상할 수 있었다. 나를 온전히 바라보고, 나를 알고, 나를 소중히 대하는 그런 사랑을 상상할 수 있었다.

현실은 눈에 보일 정도로 코앞에 펼쳐져 있었다.

그러나 느낄 수 있는 진실은 바로 내 속에 있었다.

내 속에서 부풀어 오르고 밀어올리고 우기고 있다. 당신이 지금 살고 있는 삶보다 훨씬 실질적이고 진실한 의미를 지닌 삶이 있다. 그러나 그것을 갖기 위해서는 스스로를 단련시켜야만 할 것이다. 내면에 상상하고 있는 것을 겉으로 창조해 내야만 할 것이다. 오로지 당신만이 그것을 끄집어낼 수 있다. 그리고 그것은 당신의 모든 것을 대가로 요구할 것이다.

나는 믿음으로 사는 법을 배웠다. 그것은 남자들이 다른 사람들을 통제함으로써 권력을 유지하기 위해 오래전에 둘러친, 흔들리지 않는 믿음이나 독단으로 산다는 뜻이 아니다. 내 믿음은 이제 더는 종교와 관계가 없다. 내게 믿음으로 산다는 것은 말이나 결정들이 겉으로 드러날 수 있도록 내 안에서 부풀어 오르고 터져 나오는 것들을 허용하는 것이다. 왜냐하면 내게 신이란 외부에 있는 존재가 아니기 때문이다. 신은 불이고 충동이며 내 안에서 부풀어 오르고 터져 나오려는 따뜻한 금빛 액체다.

사실 내가 가장 좋아하는 이상적인 믿음은 *세상의 보이지 않는 질서 속에 존재하는 믿음*이다.

세상에는 두 가지 질서가 있다.

첫 번째는 뉴스나 거리에서 매일 우리 앞에 펼쳐지는 눈에 보이는 질서다. 이 보이는 질서 속에서는 폭력이 지배하고, 아이들이 학교에서 총격을 당하고, 전쟁광들이 번성하고, 이 세상 1퍼센트가 우리가 가진 모든 것의 절반을 통제하고 착복하고 있다. 우리는 이런 세상의 질서를 현실이라고 부른다. 이것이 '세상이 존재하는 방식'이다. 이것이 우리가 봐왔던 것들이며 지금도 볼 수 있는 것들이다. 그러나 우리의 내부에 있는 무언가는 그것을 거부한다. 우리는 본능적으로 알고 있다. 이것이 원래 마땅해 존재해야만 하는 세상의 질서는 아니다. 이것이 세상이 존재하는 방식일 리가 없다. 우리는 더 바람직하고 더 진실하며 더 야생적인 방식이 존재함을 알고 있다.

더 바람직한 방식은 우리 안의 *보이지 않는 질서*다. 그 질서는 더욱 진실하고 더욱 아름다운 세상에 관한 상상 속에 존재한다. 그 세상에서는 모든 아이들이 충분히 먹고, 우리는 더 이상 서로를 죽이지 않으며, 어머니들이 아기를 등에 업고 사막을 건너지 않아도 된다. 더 나은 이 아이디어는 유대인들이 샬롬이라고 부르는 세상이며, 불교도들이 깨달음이라고 부르는 것이며, 무슬림들이 살람이라고 부르는 것이며, 불가지론자들이 평화라고 부르는 것이며, 기독교인들이 천국이라 부르는 것이다. 그 세상은 저 *바깥*에 있는 것이 아니다. 아직은 아니지만 *여기*에서 희망처럼 부풀어 오르는 것이다. 우리의 피부를 뚫고 나오려고 솟구치며, 모든 것이 지금보다는 더 아름다워야 한다고 주장한다. 만약 우리가 죽은 뒤에나 "천국에 가기"를 기다리는 대신 우리 안의 천국을 발견하고 지금 여기 그러한 세상을 만들고자 한다면 세상은 그렇게 될 수 있다. 만약 우리가 우리 안에서 끓어오르는, 보이지 않는 질서의 비전을 우리의 삶, 가정 그리고 국가에서 볼 수 있도록 만들기 위해 노력한다면 우리는 현실을 훨씬 더 아름답게 만들어나갈 것이다. 지상이 천국이 될 것이다. 우리가 상상해 온 것이 물질적 세상 속에 존재하게 될 것이다.

타비타.
치타는 케이지 안에서 태어났다. 치타가 유일하게 알고 있는 보이는 질서는 울타리와 더러운 분홍 토끼, 그리고 희미하고 지루한 환호 등이다. 타비타는 야생을 모른다. 그러나 타비타는 *야생*을 알고 있었다. 그 세상은 타비타의 안에 있었다. 타비타는 무자비한 직감으로 보이지 않는 질서의 압박을 느꼈다. 타비타처럼 우리 역시 가장 깊은 곳에 존재하는 진실을 보지는 못하지만 상상할 수 있다. 상상력은 현실을 피해 달아나는 곳에 있는 것이 아니라 현실을 기억해 내는 곳에 존재한다. 우리가 삶, 가족, 세상을 위한 원래의 계획을 알고자 한다면 우리 앞에 놓여 있는 현실이 아니라 내면에 존재하는 것과 상의해야만 한다.

상상력은 개인적이지만 전 세계적으로 혁명을 시작하는 방법이다.

"나는 꿈이 있습니다."라고 마틴 루터 킹 주니어^{Martin Luther} King Jr.가 말했다.

"꿈꾼다는 것은 계획한다는 것이다."라고 글로리아 스타이넘 Gloria Steinem이 말했다.

우리의 문화를 앞으로 진전시키기 위해 혁명가들은 자신들 내면의 보이지 않는 질서에서 나온 것을 말하고 계획해야만 했다. 보이는 질서를 만들 때 배제되었던 우리 같은 사람들에게는 상상을 촉발시키는 것이야말로 우리를 배제하기 위해 만들어진 세상 너머를 볼 수 있는 유일한 방법이다. 현실을 만들 때 그 일부가 아니었던 사람들이 그저 가능성을 위해서만 현실을 논의한다면 현실은 결코 달라지지 않을 것이다. 그렇게 되면 우리는 자신이 앉을 탁자를 만드는 대신 그들의 탁자에 자리를 차지하기 위해 계속 싸우고 경쟁할 수 밖에 없다. 우리는 자신을 위한 거대한 텐트를 바깥에 설치하는 대신 그들이 만든 유리 천장을 머리로 계속 찧어댈 것이다. 이 세상을 함께 창조한 사람들로서 우리의 정당한 자리를 차지하지 않는다면 이 세상이 만든 케이지 속에 갇히게 될 것이다.

우리 모두는 이전에는 결코 존재하지 않았던 것―존재 방식, 가족, 이상, 예술, 공동체 등 전례 없는 새로운 것―을 이끌어내기 위해 태어났다. 우리는 스스로를 완전히 드러내기 위해 여기에 존재한다. 우리는 자기 자신과 이상, 생각, 꿈 들을 세상에 펼치기 위해 여기에 존재한다. 우리는 우리 존재의 본질과 깊은 내면에서 이끌어낸 것으로 이 세상을 영원히 바꾸기 위해 여기에 존재한다. 그러니 우리는 보이는 질서 속에 꿰어 맞추느라 스스로를 왜곡할 필요가 없다. 우리는 스스로를 해방시켜야 하며 눈앞에 있는 세상이 새로운 질서로 재편되는 것을 지켜보아야 한다.

내가 하는 일은 여성들의 이야기를 귀 기울여 경청하는 것이다. 내가 가장 많이 듣는 이야기는 여성들이 자신의 삶, 관계 그리고 세상이 지금보다는 훨씬 더 아름다워야 하지 않나 하는 아프고도 무거운 의구심을 품고 있다는 것이다.

그들은 묻는다. "결혼 생활이라면 이보다는 더 사랑이 있어야 하지 않나요? 종교 생활이 이보다는 더 생생하고 다정해야 하지 않나요? 일이 더 의미 있어야 하고, 공동체는 더 연결되어 있어야 하는 것 아닌가요? 내가 우리 아이들에게 남겨줄 세상은 덜 야만적이어야 하지 않을까요? 이 모든 것이 지금보다는 더 아름다워야 하지 않나요?"

이들 질문을 하는 여성들은 타비타를 떠올리게 한다. 그들은 만족하지 못하며 자기 삶의 주변을 서성거린다. 이러한 질문들은 내게 깊은 흥미를 자아낸다. 왜냐하면 불만족은 상상력의 투덜거림이기 때문이다. 불만족은 당신의 상상력이 당신을 포기하지 않았다는 증거다. 그것은 여전히 뚫고 나오려 하며 부글거리고 "이건 아니야."라고 속삭임으로써 당신의 관심을 끌려고 노력하고 있다.

"이건 아니야."는 아주 중요한 단계다.

그러나 우리가 원하는 것이 아님을 안다는 것이 우리가 원하는 것이 무엇인지를 아는 것은 아니다.

그렇다면 어떻게 해야 '이건 아니야' 대신 '바로 이거야'로 진전될 수 있을까? 어떻게 우리는 불만족스러운 느낌에서 새로운 삶과 새로운 세상을 창조하는 방향으로 옮겨갈 수 있을까? 달리 말하면 어떻게 해야 우리는 주입된 삶 대신 우리의 상상력으로 삶을 살아갈 수 있을까?

언어는 내가 가장 좋아하는 도구다. 그래서 나는 그들 앞에 놓여 있는 세상과 그들 내면에 깃들어 있는 세상 사이에 다리를 놓도록 돕기 위해 언어를 사용한다. 나는 우리가 상상력의 소리를 듣고자 한다면 먼저 그것을 이해할 수 있는 언어로 말해야 한다는 것을 알고 있다.

만약 세상이 우리에게 이래야 한다고 말하기 전에 스스로 알고자 한다면―.

만약 우리가 이 장소에 놓이기 전에 우리가 가고자 했던 곳이 어디인지를 알고자 한다면―.

만약 통제 대신 자유를 맛보고자 한다면―.

우리는 영혼의 모국어를 다시 배워야만 한다.

내게 여성들이 주입된 언어로 글을 써 올 때―*바람직하다와 해야 한다, 옳고 그르다* 같은 단어를 사용할 때―나는 상상력의 언어로 되돌려주는 말을 하기 위해 노력한다.

우리는 모두 이중 언어 사용자들이다. 우리는 주입된 언어로 말하지만 우리가 타고난 모국어는 상상력의 언어다. 주입된 언어―*해야 한다와 해서는 안 된다, 옳다 그르다, 좋다 나쁘다*―를 사용할 때 우리의 정신은 활성화될 것이다. 그러나 그것이 우리의 목표는 아니다. 왜냐하면 우리의 정신은 훈련으로 말미암아 왜곡되어 있기 때문이다. 훈련받은 것을 극복하기 위해 우리는 상상력을 활성화시킬 필요가 있다. 우리의 훈련받은 정신은 핑계를 만들어낸다. 반면 상상력은 이야기꾼들이다. 따라서 자신에게 무엇이 옳고 무엇이 그른지를 묻는 대신 이렇게 물어야만 한다.

무엇이 아름답고 무엇이 진실인가?

그러면 상상력이 내면에서 솟아오를 것이다. 이 시간이 지난 뒤 마침내 그렇게 물어봐 준 것에 감사하며 우리에게 이야기를 들려줄 것이다.

클레어가 최근 나에게 메일을 보냈다. 그는 변호사다. 그리고 알코올 중독자의 딸이다. 그가 내게 메일을 보내기 위해 앉았을 때는 잠에서 막 깬 참이었다. 그는 밤마다 "바닥까지 비워버린" 와인 병 때문에 몽롱한 상태였다. 그는 대부분의 시간을 무감각하거나 멍하거나 부끄러워하며 보낸다고 썼다. "글레넌, 나는 내 인생을 낭비하고 있는 것처럼 느낍니다."라고 썼다. "어떻게 해야 할까요?"

나는 답장을 보냈다. "클레어, 당신이 상상할 수 있는, 삶에 관한 가장 진실하고 아름다운 이야기는 뭔가요?"

사샤는 자신의 결혼 생활에 관해 내게 편지를 썼다. 그는 자신의 아버지처럼 무뚝뚝하고 냉정한 남자와 결혼을 했다. 사샤는 엄마가 아빠의 사랑을 얻기 위해 그랬던 것처럼 남편의 사랑을 얻기 위해 허둥거리며 대부분의 나날들을 보냈다. 그는 "나는 지쳤고 외로워요. 이렇게 사는 것이 맞나요?"라고 썼다.

나는 답장했다. "사샤, 당신이 상상할 수 있는, 결혼 생활에 관한 가장 진실하고 아름다운 이야기를 내게 들려줄 수 있나요?"

유치원 교사였던 서른네 살의 다니엘이 최근 내게 편지를 보냈다. 그는 낮이고 밤이고 자신의 품에서 천천히 죽어가고 있는 일곱 살 된 아들을 지켜보며 보낸다고 했다. 그의 첫째 아들 역시 3년 전에 같은 병으로 떠나보내는 고통을 겪었다. 밤낮으로 그는 아들의 침대 옆에 앉아—아이를 먹이고, 노래를 불러주고, 달래며—있다. "나는 망가졌어요, 글레넌. 무엇을 해야 할지 모르겠어요."라고 썼다.

나는 답장을 했다. "다니엘, 당신이 엄마와 아이들에 관해 상상할 수 있는 가장 진실하고 아름다운 이야기는 뭔가요?"

이들 모두 내게 답장을 해주었다. 클레어는 결코 자신을 포기하지 않았던 여자에 관한, 삶을 정면으로 마주하고 자신과 주변 사람들 그리고 자신의 삶에 영향을 미쳤던 여자에 관한 이야기를 썼다. 그는 치료를 시작했고 술독에 빠지게 만들었던 모든 고통이 수면 위로 떠올라도 다시는 술을 마시지 않았다. 몇 달 후 자신의 새로운 존재 방식이 예전보다 훨씬 더 힘들지만 그 어려움은 바람직한 어려움이라고 전하는 편지를 보내왔다. 그는 더 이상 자신의 삶을 잃어버리지 않는다. 거울 속 자신을 볼 때 더 이상 눈길을 돌릴 필요가 없다. 그는 지금 자신의 눈을 깊이 들여다볼 수 있는 여성이 되었다.

사샤는 상상할 수 있는 가장 진실하고 가장 아름다운 결혼 생활에 관한 이야기를 여러 날 썼다. 그리고 그것을 내게 보내기 위한 용기를 끌어모으는 데 또 일주일 남짓 걸렸다. 왜냐하면 누군가가 자신의 내면을 들추어 보는 것이 두려웠기 때문이다. 결국 그는 그것을 출력하여 남편의 베개 옆에 두었다. 그러나 남편이 3주 동안이나 아무 말도 하지 않아 가슴이 아팠다. 그런데 어느 날 밤 신혼여행지로 가자는 남편의 초대장을 받았다. 두 사람은 더욱 아름다운 무언가를 상상할 수 있었던 것이다. 그들은 그것을 현실화하려고 노력 중이다.

다니엘은 그가 양육에 관해 상상할 수 있는, 가장 진실하고 가장 아름다운 이야기를 들려달라는 나의 요청에 아들의 병원 침대에서 답장을 보냈다.

그는 이렇게 썼다. "글레넌, 지난주는 당신의 질문을 생각하면서 보냈어요. 엄마와 아들에 관한 수천 가지 더욱 수월한 이야기들을 상상할 수 있어요. 나는 수백만 배 더 행복한 이야기들을 생각할 수 있어요. 그러나 지금 내가 살아가고 있는, 내 아들과 살아가는 가슴 아픈 일보다 더 진실하고 더 아름다운 이야기는 전혀 상상할 수가 없답니다."

나는 답장을 했다. "나도 그래요. 정말 그래요."

가장 진실하고 가장 아름다운 삶은 결코 쉬운 삶을 약속하지 않는다. 우리는 삶이 쉬울 것이라는 거짓말을 버려야 한다.

이 여성들은 저마다 자신의 상상력으로 살아가기 시작했다. 방법은 이렇다. 자신의 불만족을 소중하게 여기는 것이다. 그것을 무시하거나 묻어버리거나 회피하거나 부정하거나 다른 사람 탓이라고 비난하거나 입을 다물고 감사할 줄 알라고 자신에게 말하지 않았다. 그는 "이게 아니야."라는 자신의 앎의 속삭임을 들었고, 들었음을 스스로 인정했다. 그 앎을 끌어안고 잠시 동안 앉아 있었다. 그리고 내면의 속삭임을 밖으로 소리 내어 말했다. 그는 자신의 불만을 다른 사람과 공유했다.

그러고 나서 '그게 아니야'에서 '바로 이거야'로 옮겨갈 준비를 하였으며, 자신의 삶이라고 할 수 있는 이야기를 자신에게 들려주고자 어렵게 상상력을 소환했다. 그는 진실과 아름다움에 생명을 불어넣은 자신만의 이야기가 어떤 것일지 꿈꾸었다. 그리고 애초 가지고 있었으나 잊은 채 팽개쳐두었던 청사진을 찾아냈다. 그는 자신의 보이지 않는 질서, 원래의 계획을 발견했다.

그런 다음—이것이 결정적으로 중요한데—종이에 펜으로 썼다. 가장 진실하고 아름다운 삶을 구축해 나가는 사람들은 보통 이렇게 한다. 꿈꾸는 데서 실행으로 도약하기는 쉽지 않다. 모든 건축가나 디자이너가 알고 있듯이 비전과 현실 사이에는 결정적인 단계가 존재한다. 상상이 삼차원이 되기 전에 보통은 상상을 이차원으로 만들 필요가 있다. 보이지 않는 질서가 한 번에 한 차원씩 생명을 얻어야 하는 것과 같다.

여자들은 해를 거듭하면서 아주 많은 이차원적인 자신들의 꿈들을 내게 보내오고 있다. 그들은 말한다. "내게 가장 진실한, 가장 아름다운 삶, 가족, 세상은…… 이런 것이다."라고.

나는 각자의 이야기들이 얼마나 엄청나게 다른지 놀라고는 한다. 이것이야말로 우리의 삶이 결코 틀에 넣어 구워낸 과자 같을 리가 없으며, 문화적으로 만들어진 몇몇 상투적인 복제품일 리가 없음을 입증한다. 살아가고, 사랑하고, 아이를 기르고, 가정을 꾸리고, 학교, 공동체, 국가를 운영하는 데 오직 하나의 방법만이 있는 것은 아니다. 규범은 누군가에 의해 만들어진 것이며 우리 각자가 바로 그 누군가이다. 우리는 우리 자신의 규범을 만들 수 있다. 우리는 모든 규칙을 팽개쳐버리고 우리 자신의 규칙을 써내려갈 수 있다. 우리는 내면을 밖으로 내보여 삶을 세워갈 수 있다. 우리는 세상이 우리에게 요구하는 것이 무엇인지를 묻기를 멈추고 그 대신 우리가 자신에게 원하는 세상이 무엇인지를 물을 수 있다. 우리는 우리 안에 존재하는 것을 발견할 수 있을 때까지 우리 앞에 존재하는 것을 보지 않아야 한다. 우리는 삶을, 관계를, 세상을 변화시키는 우리 자신의 상상력이 지닌 힘을 기억하고 또 불러내야 한다. 그러느라 평생이 걸릴지도 모른다. 다행스럽게도 우리에게는 평생이란 시간이 있다.

우리 영혼의 깊은 곳에서 끄집어내 보자.

우리가 상상할 수 있는 가장 진실하고 가장 아름다운 삶을.

우리가 꿈꿀 수 있는 가장 진실하고 가장 아름다운 가정을.

우리가 바랄 수 있는 가장 진실하고 가장 아름다운 세상을.

그 모든 것을 종이에 적어보자.

우리가 쓴 것은 허황된 꿈이 아님을 명심하자. 이것들은 우리가 행진해 나아가야 할 질서들이다. 이것들은 우리 삶, 가족 그리고 세상을 위한 청사진들이다.

보이지 않는 질서가 보일 수 있게 되기를.

우리의 꿈들이 우리의 계획이 되기를.

불태우다

네 번째 열쇠: 만들고 태워라

우리가 스스로 마음껏 느끼도록 내버려두면 내적 자아가 달라진다. 우리가 우리의 앎과 상상에 맞게 행동하면 외부 세계가 달라진다. 우리들 내면에 있는 모습대로 세상을 산다면 외부 세계는 달라질 것이다. 여기에 어려움이 있다. 파괴는 건설에 필수적이다. 만약 새로운 것을 건설하고 싶다면 기꺼이 낡은 것을 불태워버려야 한다. 진실이 아닌 그 어떤 것도 붙잡아두려고 전전긍긍해서는 안 된다. 우리 내면의 진실이 믿음, 가족 구조, 사업, 종교, 산업을 불태울 수 있을 것인지 결정해야만 한다. 사실 그것들은 어제 벌써 잿더미가 되었어야 했다.

우리가 느끼고, 알고, 상상하면 우리의 삶, 가족 그리고 세상은 저절로 더욱 진실한 모습이 된다. 결국에는 그렇게 될 것이다. 그러나 처음에는 아주 두려운 일이다. 일단 스스로 더 많은 것을 느끼고 알고 감히 상상하기 시작하면, 예전의 무감각하고 무지하고 상상이 멈춘 세계로 돌아갈 수가 없다. 되돌릴 수가 없다. 우리는—우리가 살아가고 있는 충분히 진실이 아닌 삶과 오직 우리 안에서만 존재하는 더욱 진실한 삶 사이의 공간이라는—심연 속에 가 닿는다. 그래서 이렇게 말한다. "여기 그대로 머무르는 것이 훨씬 더 안전할지도 몰라. 만족할 만큼 진실은 아닐지라도 그런대로 괜찮은 건지도 몰라." 그러나 그런대로 괜찮다는 것이 사람들로 하여금 너무 술을 많이 마시게 하고, 너무 많이 스스로를 비난하게 하고, 쓰디쓰고 아프고 조용한 절망 속에서 살아가게 만든다. 마침내 죽기 직전에서야 의아해한다. *내가 더 용감했더라면 여자/관계/가족/세상을 새롭게 만들 수 있지 않았을까?*

진실과 아름다움으로 집을 짓는다는 것은 그런대로 괜찮은 것들을 파괴해야 함을 의미한다. 재생은 죽음을 뜻한다. 일단 더욱 진실하고 더욱 아름다운 비전이 우리 속에 움트면 *삶*은 그 비전으로 방향을 돌리게 된다. 더 이상 충분히 진실하지 않은 것을 계속 붙잡고 있다고 해서 안전한 것은 아니다. 존재했던 모든 것의 명확한 죽음이기 때문에 그것이야말로 가장 위험한 상태다. 우리는 기꺼이 끝장을 내겠다는 의지만큼 살아 있게 된다. 우리의 다음 삶은 항상 이러한 끝장을 대가로 요구한다. 만약 우리가 진정 살아 있다면 조금 전의 자기 자신을, 지금까지 세웠던 것, 지금까지 믿었던 것, 진실하다고 지금까지 알고 있었던 것을 끊임없이 버려야만 한다.

나 또한 버리기에 너무 고통스러웠지만 정체성, 믿음, 그리고 관계를 버렸다. 나는 나의 감정, 앎, 그리고 상상력으로 살아가려면 항상 버려야 한다는 것을 배웠다. 내가 버리는 것은 더 이상 충분히 진실하지 않은 것이며, 그렇게 버려야만 진실 자체를 완전히 그러쥘 수 있다.

성공적인 여자가 되는 방법, 탄탄한 가족, 직업과 믿음을 세워나가는 방법에 관해 내가 만들어 온 낡은 일련의 지침들에 맞춰 사느라고 나는 오랫동안 스스로를 왜곡해 왔다. 나는 그 지침들이 보편적인 진실이라 생각했다. 그래서 그것들을 뒤집어 보거나 검증하지도 않고 떠받드느라 스스로를 포기했다. 마침내 무의식에서 그것들을 끄집어내고 힘겹게 대면했을 때 이 지침이 한 번도 진실이었던 적이 없었다는 사실을 알게 되었다. 그 지침들은 그저 특정한 문화가 빚은 자의적인 기대치일 뿐이었다. 문화가 강제한 지침에 따르려고 몸부림치면서 나는 자동 항법장치로 날았으며, 심지어 내가 원하지 않는 게 분명한 목적지로 향하고 있었다. 그래서 핸들을 다시 잡았다. 나는 이 지침들을 따르느라 나 자신을 버리기를 멈추었다. 거꾸로 지침을 버렸고 나 자신을 소중히 여기기 시작했다. 나는 세상이 요구하는 모든 지침들을 전혀 가지고 있지 않은 여자로 살기 시작했다.

나는 자아를 없애는 것이야말로 여자다움의 요체란 지침을 불태웠다. 그러기에 앞서 너무나 오랫동안 그 거짓을 믿어온 나 자신을 용서했다. 나는 사랑 때문에 나를 버렸다. 그들은 나로 하여금 여자가 배우자, 가족, 공동체 그리고 국가를 위하는 가장 바람직한 방법은 그들에게 봉사함으로써 스스로를 버리는 것이라고 믿게 만들었다. 봉사해야 한다는 내 욕망으로 나는 나 자신과 세상에 알게 모르게 엄청난 해악을 끼쳤다. 여자가 무감각하고 순종하며 조용하고 작게 머무를 때 세상과 우리 관계의 내부에서 어떤 일이 일어나는지를 보아왔다. 자아가 없는 여자들이 만드는 사회는 아름답고 진실하며 정당한 사회가 아니라 그저 효율적인 사회일 따름이다. 여자가 길을 잃으면 세상도 길을 잃는다. 우리는 더 이상 자아가 없는 여자를 필요로 하지 않는다. 우리가 지금 당장, 한층 더 필요로 하는 것은 세상의 기대치로부터 완벽하게 스스로 독소를 *제거한*, 자신 이외에는 그 어떤 것으로도 채우지 않은 여자들이다. 우리가 필요로 하는 것은 스스로 충만한 여자들이다. *자기 자신으로 가득 찬 여자*는 해야만 하는 것을 말하고 실천할 정도로 스스로를 알고 믿는다. 그리고 그 나머지는 모두 불태워버린다.

나는 책임감 있는 모성이 일종의 순교라는 지침을 태워버렸다. 나는 모성의 부름이란 하나의 본보기가 되는 것이지 순교가 아니라고 결정했다. 나는 자녀라는 이름 아래 서서히 죽어가는 엄마가 되지 않기로 했고, 책임지는 엄마가 되기로 했다. 아이들에게 어떻게 하는 것이 완벽하게 살아 있는 것인지를 보여주는 엄마가 되기로 했다.

나는 어떤 수단을 써서라도 본래의 가족 구조를 유지함으로써 가족 해체를 피해야 한다는 지침을 태워버렸다. 나는 사실상 완전히 망가졌음에도 본래의 구조에 집착하는 가족을 알고 있다. 구조가 바뀌었는데도 건강하고 생동감 넘치는 가족도 알고 있다. 나는 가족의 온전함 혹은 가족의 해체가 구조와는 어떤 관계도 없다는 결론에 도달했다. 사실 해체된 가족은 구성원이 구조에 맞추기 위해 자신을 조각조각 부숴야만 하는 가족이다. 온전한 가족은 각각의 구성원이 항상 자신의 모습을 유지한 채로도 자유로울 수 있다는 것을 알면서 같은 식탁에 모일 수 있는 가족이다.

나는 내 가족의 형식이 진화하는 생태계가 되도록 하겠다고 마음먹었다. 나는 정해진 가족 구조에 매달리는 여자가 되는 대신 나를 포함하여 구성원 각자가 온전한 인간으로서의 권리를 갖는 데에 매달리는 여자가 되었다. 우리 중 누군가가 망가진 채 살아가게 하는 대신에 우리의 구조를 부수고 또 부숴나갈 것이다. *

나는 성공적인 결혼이란 한 배우자 혹은 두 사람이 모두 그 안에서 죽어가는 한이 있어도 죽을 때까지 유지해 가는 것이라는 관념을 버렸다. 나는 다른 사람을 위해 봉사하며 살겠다고 맹세하기 전에 이 맹세를 나 자신에게 하기로 결정했다. 나는 자신을 버리지 않을 것이다. 다시는 그러지 않겠다. 나와 나 자신. 우리는 죽음이 우리를 갈라놓을 때까지 함께 있겠다. 우리는 온전하게 남기 위해 다른 것은 다 버릴 것이다. 나는 내가 완전하게 태어났다고 생각하기에 다른 사람이 나를 완성시킬 것이라고 믿는 여자는 되지 않기로 했다.

나는 미국이 모두를 위한 자유와 정의가 존재하는 나라라는 소중하지만 안온한 생각을 불태워버렸다. 불태운 자리에는 나와 다르게 보이는 사람들이 갖고 있는 미국에 대한 경험을 포함하여 더욱 진실하고 폭넓은 생각이 자리 잡게 했다.

나는 강한 신념을 갖는 것이 무엇을 의미하는지에 관해 새로운 지침을 썼다. 내게 믿음은 일련의 외적인 믿음들에 공개적으로 충성하는 것이 아니라 내면의 앎에 개인적으로 복종하는 것이다. 나는 나와 신 사이에 위계나 중개인이 있다고 믿지 않게 되었다. 나는 확실하고 방어적인 데에서 호기심이 많고 눈을 활짝 열고 경외심을 갖는 쪽으로 옮겨왔다. 움켜쥔 주먹에서 활짝 벌린 팔로. 얕은 곳에서 깊은 곳으로. 내게 믿음 속에 산다는 것은 어느 날 내가 '*나와 성모 마리아는 근원적으로 하나다.*'라고 말할 수 있게 해주는, 앎과 나를 분리시키는 모든 것을 불태우는 것을 의미한다.

내가 스스로 쓴 지침들은 옳거나 틀린 것이 아니라 그저 내 것일 따름이다. 그 지침들은 모래에 쓴 것이다. 그래서 더 진실하고, 더 아름다운 스스로의 생각을 느끼고, 알고, 상상해 낸다면 그에 맞게 거듭 수정할 수 있다. 나는 마지막 숨을 몰아쉴 때까지 지침들을 수정해 나갈 것이다.

나는 영원히 형성되어 가는 인간이다. 만약 내가 용감하게 산다면 나의 전 생애는 수백만 번의 죽음과 부활로 채워질 것이다. 내 목표는 동일하게 남아있는 것이 아니다. 그보다 매년, 매일, 매 순간, 모든 관계, 모든 대화, 모든 위기를 더욱 진실하고 아름다운 새로운 자아를 만드는 재료로 삼으며 살아가는 것이다. 나의 목표는 조금 전의 내가 다음 순간 존재하게 될 나에게 끊임없이 복종하는 것이다. 나는 나만의 생각, 의견, 정체성, 이야기 혹은 관계에 집착하는 바람에 새로운 것들이 떠오르는 것을 방해하도록 하지 않을 것이다. 나는 어떤 강둑에도 나를 단단하게 묶어두지 않을 것이다. 나는 더욱 깊이 여행하고 더욱 멀리 보기 위해 해안으로 가야만 한다. 다시, 또 다시. 그리고 또 다시. 최후의 죽음과 부활이 올 때까지. 그때까지 똑바로 선 채.

Part 3

자유

에이크 Aches

나는 열세 살이고 폭식증에 걸린다. 그래서 삶의 절반을 앞머리를 말아 올리는 데, 다른 절반은 과도하게 먹고 토하면서 보낸다. 말아 올리고 토하는 것이 용인되는 삶은 아니기에 금요일마다 방과 후에 엄마는 나를 시내의 심리치료사에게 데리고 간다. 엄마를 복도에 남겨 두고, 나는 혼자 걸어 들어가 갈색 가죽 의자에 앉아 심리치료사가 "오늘은 어땠니, 글레넌?"이라고 묻기를 기다린다.

나는 웃으며 말한다. "괜찮아요. 선생님은 어떠셨어요?" 그는 몸 전체로 깊은 한숨을 내쉰다. 그러고 우린 조용해진다.

---

* '에이크aches'는 통증 혹은 고통으로 번역되나 여기에서는 불안감과 함께 삶의 진실을 깨닫는 계기이기도 하다. 하여 폭넓은 의미를 맥락에서 살리기 위해 영어 발음을 그대로 옮겨 쓴다.

나는 좌절하고 있는 치료사의 책상에 있는 사진 속에서 착하게 생긴 빨간 머리 작은 여자아이를 본다. 나는 그 여자아이가 누구인지 묻는다. 선생님은 흘낏 보고는 액자를 쓰다듬으며 말한다. "내 딸이야." 그가 내게로 다시 얼굴을 돌렸을 때 표정은 슬프면서도 부드러워져 있다. 그가 말한다. "글레넌, 괜찮다고 말하지만 넌 괜찮지 않아. 섭식 장애는 널 죽일 수도 있어. 분명히 알아야 돼. 네가 이 모든 것을 인정하지 않기 때문에, 그리고 살아 있는 사람들의 땅에 사는 우리와 함께하지 않으려 하기 때문에 넌 이미 반쯤은 죽은 목숨이나 마찬가지야."

나는 기분이 나빠진다. 속이 끓어오르고 팽창하면서 곧 토할 것만 같다. 나는 숨을 꾹 참고 억눌러보려고 한다.

"어쨌든 전 괜찮아지려고 노력하고 있어요. *내가 하는 모든 것이 그 노력인지도 모르잖아요. 누구보다 더 열심히 노력하는 건지도요.*"

그가 말한다. "그렇다면 넌 괜찮아지려는 노력을 멈춰야 할지도 몰라. 삶은 괜찮지 않을 수도 있고 결코 좋아지지 않을지도 몰라. 괜찮아지는 게 올바른 목표가 아닐 수도 있고. 그렇게 열심히 노력하는 걸 그만 멈추고, 그냥…… 사는 건 어떻겠니?"

"무슨 말씀인지 모르겠어요." 내가 말한다.

나는 그가 무슨 말을 하는지 정확히 안다. 그는 에이크^aches에 대해 말하고 있다.

내가 언제 처음 에이크를 알게 되었는지는 모르겠다. 아마 열 살쯤 되었을 때부터였나. 에이크는 나의 끊이지 않는 훼방꾼이었다.

고양이 코코가 내가 있는 소파에 오른다. 코코는 얼굴을 아주 부드럽게 내 얼굴에 비벼대고 내가 녹아들 정도로 듣기 좋게 가르릉거린다. 그때 에이크가 끼어든다. *조심해. 고양이는 오래 못 살아. 머지않아 고양이를 묻어줘야 할 거야.*

앨리스 할머니가 저녁에 묵주기도를 드릴 때 나는 몰래 할머니를 훔쳐본다. 할머니는 우주의 주인이며 나를 안전하게 지켜주면서 이 땅의 모든 것을 통제한다. 흔들림 속에서 평화롭게 잠이 들려는 참에 에이크가 할머니의 손을 가리키며 말한다. *할머니 손에 얼마나 상처가 많은지, 얼마나 푸석하고 종잇장 같은지 보렴. 얼마나 떨리는지도.*

엄마가 고개를 숙여 굿 나잇 키스를 할 때 나는 엄마 얼굴에서 로션 냄새를 맡는다. 부드러운 시트와 나를 감싸는 따뜻한 이불을 느끼며 나는 깊은숨을 들이쉰다. 그렇지만 평화롭게 숨을 내쉬지는 못한다. 에이크가 나를 마비시키기 때문이다. *이젠 어떻게 되는지 알지? 엄마가 가버리면 넌 살아남지 못할 거야.*

에이크가 나를 보호하려고 했는지 아니면 두려움에 떨게 하려고 했는지는 모른다. 나를 사랑했는지 아니면 미워했는지, 나쁜 것인지 좋은 것인지도 알 수 없다. 나는 그저 에이크가 항상 내게 삶의 가장 본질적인 사실을 상기시킨다는 것을 알 따름이다. 그것은 '모든 것에는 끝이 있다. 어디에도 너무 집착하지 말라.'는 것이다. 그래서 너무 유약해지거나 너무 편안하거나 너무 사랑한다고 느낄 때 에이크는 상기시켜 준다. 에이크는 항상 말(그는 죽을 거야)이나 이미지(전화벨 소리, 장례식)로 다가오고, 그러면 즉각 내 몸이 반응한다. 나는 경직되어 숨을 멈추고 척추를 곧추세우며 시선을 회피하고 슬슬 물러난다. 그 후 다시 통제 속으로 들어가게 된다. 에이크는 내게 주의를 주며, 나를 일찌감치 떼어놓고, 안전하게 지켜준다. 에이크는 나를 그런대로 지켜주기는 하지만 반쯤 죽은 채 있으라는 말이기도 하다.

살아 있는 인간이 반쯤 죽은 상태에 머무르려면 많은 노력이 필요하다. 내게는 음식 역시 많이 필요하다. 열 살 때 허겁지겁 채우고 토할 수 있다는 것을 알게 된 다음 음식에 대한 중독이 내가 꾸려가는 삶 전체가 된다. 말 그대로 현실적인 삶과는 전혀 관계 없는 삶이다. 폭식증은 나를 항상 바쁘게 만들고, 서먹서먹한 사람으로 만들고, 산만한 상태로 지내게 한다. 나는 온종일 다음 폭식을 위한 계획을 짜고, 먹을 수 있는 은밀한 공간을 발견하면 어떤 방해에도 아랑곳없는 광기가 나의 안팎에서 시끄럽게, 너무나 시끄럽게 쏟아지는 폭포가 된다. 그럴 때에는 기억조차 없다. 에이크도 없다. 단지 게걸스러운 탐식만이 존재한다. 그리고 더는 어떤 것도 밀어 넣을 수 없는 지경에 도달하면 토하기 시작한다. 또 다른 폭포다. 더 시끄러운. 마루에 기진해서 드러누울 때까지 소음 말고는 어떤 것도 없다. 너무 지친 나머지 어떤 것도 느끼거나 생각하거나 기억할 수가 없다. 완벽하다.

폭식은 사적인 영역이다. 나는 공적인 영역에서도 에이크를 침묵시키는 방법이 필요하다. 음주가 그 역할을 맡는다. 폭음은 에이크를 압도한다. 사랑을 방해할 뿐만 아니라 사랑을 완벽하게 차단한다. 어떤 연결도 실제적이 아니며 따라서 에이크가 끼어들어 성가시게 할 위험이 전혀 없다. 수년 동안 폭음이 가져다주는 보너스는 내가 어쩌기도 전에 이미 모든 연인 관계를 파괴해 버린다는 것을 알게 된다. 결코 만난 적도 없는 사람들과 헤어질 수는 없는 법이니 말이다.

스물여섯 살이 될 때까지 나는 반복해서 이런 행태를 이어간다. 나는 정기적으로 피를 토한다. 가족들조차 자신들을 보호하기 위해 나와 거리를 둔다. 내겐 어떠한 감정도 남아 있지 않고 살아 있는 사람들의 영토 근처 어디에도 나란 존재는 없다. 그곳은 바보들과 마조히스트들을 위한 곳이다. 나는 바보가 아니다. 나는 인생이란 게임에서 인생 자체를 때려눕혀버렸다. 나는 살아가지 않으면서도 존재하는 법을 배웠고, 그리하여 완전히 자유롭다. 잃을 것이 전혀 남아 있지 않다. 나는 거의 죽은 상태지만 그러므로 안전하다. 삶이여, 그것이나마 다행으로 받아들여라.

그러던 5월의 어느 아침 양성 표시가 뜬 임신테스트기를 뚫어져라 보고 있는 나를 발견한다. 임신한 것도 놀라운 일이지만 이에 대한 나의 반응에 완전히 충격을 받는다. 내면 깊은 곳에서 생명을 품고, 낳고, 키우고 싶다는 욕망을 느끼기 때문이다.

이런 생각들은 낯설고 당혹스럽다. 나는 일어서서 거울에 비친 푸석하고 더러운 얼굴을 보며 생각한다. *잠깐만. 뭘 기다려? 저기 거울 속의 너. 너는 삶을 좋아하지도 않잖아. 네 인생조차도 살 만하다고 생각하지 않잖아. 그런데 왜 갑자기 마치 선물이라도 받았다는 듯이 다른 존재에 생명을 부여하려고 그렇게 필사적으로 매달리지?*

내가 얻은 유일한 대답은 내가 이미 이 존재를 사랑한다는 것이다. 나는 이 존재를 위한 삶을 원한다. 왜냐하면 사랑하기 때문에. 그런데 왜 나는 나 자신의 삶은 원하지 않는가? 나도 역시 내가 사랑하는 존재가 되고 싶다.

에이크가 맹렬한 기세로 휩쓸고 온다. *위험해! 위험해! 웃기지 마!* 숨쉬기조차 어려워진다. 그러나 그 욕실에서 더럽고 아프고 부서지고 고통스러워하고 헐떡이는 나는 여전히 엄마가 되기를 원한다. 그렇게 해서 나는 에이크보다 더 깊고 진실하고 강력한 무언가가 나의 내면에 존재하고 있음을 알게 된다. 왜냐하면 더 깊은 것이 이기기 때문이다. 더 깊은 것은 엄마가 되고자 하는 나의 욕망이다. 이것이야말로 안전하게 가만히 있는 것보다 내가 한층 더 원하는 것이다. 나는 이 존재의 엄마가 되고 싶다.

나는 결심한다. 거기 바닥에서 바로 술을 끊고 살아가는 존재들의 영토로 들어가기로. 이런 결정을 내리기 위해 끌어모은 용기가 지난밤부터 계속해서 탕진한 상태에 있었기 때문이 아닌지 의심스럽다. 나는 일어나 비틀거리며 욕실에서 나와 삶으로 들어간다.

삶은 내가 기억하던 그대로다. 빌어먹을, 아직도 최악이다.

우스꽝스럽게도 인간이 되고 동시에 인간을 키우기로 마음먹은 한편, 나는 3학년 아이들을 가르치고 있다. 매일 정오까지는 한꺼번에 몰아닥친 병세—입덧, 금단 증상, 일상을 벗어날 계획조차 없는 삶에 관한 절망감 등—로 어지럽다. 정오쯤이면 나는 점심을 먹으러 다소 먼 길을 걸어가는데 친구 조시의 교실을 들여다보게 된다. 창문 위에 크고 굵은 글자로 쓴 급훈이 걸려 있다. "우리는 힘든 일도 해낼 수 있다."

이제 "우리는 힘든 일도 해낼 수 있다."라는 문장이 매시간 내 삶의 주문이 된다. 우스꽝스러운 삶의 조건 속에서 사는 일은 정말 힘든 일이라는 것이 내 생각이다. 병약하거나 결함이 있거나 혹은 무언가 잘못했기 때문에 힘든 게 아니다. 삶은 인간에게 그저 힘든 것이며, 결국 살아갈 수밖에 없는 인간이기 때문에 힘든 것이다. "우리는 힘든 일도 해낼 수 있다."라는 말은 힘들게라도 버티고 해내면 어떤 보상이 있기 때문에 힘들어도 해낼 수 있고 해내야만 한다는 말이다. 나는 아직 그 보상이 무엇인지 모른다. 그러나 무언가 있으리라는 것이 진실임을 느끼고 그것이 무엇인지 알고 싶다. 나는 특히 "우리는"이라는 부분에서 위안을 얻는다. 나는 그 "우리"가 누구인지 모른다. 그저 어딘가에 힘든 일을 하는 나를 돕거나 내가 힘든 일을 하는 동안 자신의 힘든 일을 하는 "우리"가 있다는 것을 믿을 따름이다.

이것이 초기 금주를 이겨낸 방법이고, 알고 보니 오랜만에 귀환한 에이크였다. 나는 몇 분마다 혼잣말을 한다. *이건 힘든 일이다. 우리는 힘든 일을 해낼 수 있다.* 그래서 나는 힘든 일들을 한다.

10년이 빠르게 흘러간다. 나는 세 아이와 남편, 집, 그리고 작가라는 막중한 직업을 얻게 된다. 그저 술에 취하지 않은 정직한 시민이기만 한 것이 아니라 솔직히 환상적이기까지 하다. 어느 모로 보나 성공적으로 인간이 되어가는 중이다. 그 당시 책 사인회에서 어떤 기자가 아빠에게 다가와서 나를 만나려고 긴 줄을 서 있는 독자들을 가리키며 말한다. "따님이 아주 자랑스러우시겠어요." 아빠는 기자를 보고 말한다. "솔직히 우리는 저 아이가 감옥에 있지 않다는 게 너무 좋네요." 우리는 내가 감옥에 갇혀 있지 않아 모두 행복하다.

어느 날 아침 옷장 앞에서 옷을 입고 있는데 전화벨이 울린다. 받아보니 여동생이다. 그는 진통 중이라 천천히 조심스럽게 말한다. 그가 "나오려나 봐, 언니. 아기가 나오려고 해. 지금 버지니아로 와줄 수 있어?"

나는 "그래, 갈 수 있어. 갈게! 금방 갈 거야."라고 말한다. 나는 전화를 끊고 선반 위에 산더미처럼 쌓여있는 청바지들을 멍하니 본다. 그다음에 무엇을 해야 할지 잘 모르겠다. 지난 10년 동안 나는 많은 힘든 일들을 해내는 방법을 배웠다. 그러나 여전히 비행기를 예약하는 것처럼 쉬운 일들을 어찌 하는지 모른다. 동생이 보통 그런 쉬운 일들을 처리해 주곤 했다. 나는 생각하고 또 생각한 끝에 동생에게 다시 전화를 걸어 괜찮은 항공편을 알고 있느냐고 묻고 싶지만 적당한 때가 아니라고 결론을 내린다. 급기야 다른 누군가의 여동생이 날 도와주지 않을까 생각하기 시작한다. 그런 중에 전화벨이 다시 울린다. 이번에는 엄마다. 엄마의 목소리 역시 느리고 조심스럽다. 엄마가 말한다. "딸, 지금 즉시 오하이오로 와야겠는데. 할머니에게 작별 인사를 건넬 시간이야."

나는 아무 말도 하지 않는다.

엄마가 말한다. "딸? 듣고 있니? 괜찮아?"

오늘은 어때, 글레넌?

나는 여전히 청바지를 뚫어져라 보며 옷장 앞에 있다. *청바지가 정말 많군.* 이것이 가장 먼저 떠오른 생각이다.

그러자 에이크가 현실이 되어 내 문을 두드린다. 앨리스 할머니는 돌아가실 것이다. 나는 죽어가는 이가 있는 곳으로 날아오라는 요청을 받았다.

오늘은 어때, 글레넌?

"괜찮아, 엄마."라고 나는 말하지 않는다.

나는 말한다. "괜찮지 않아. 그래도 갈게. 사랑해, 엄마."

전화를 끊고 나는 컴퓨터 앞에 가서 구글로 '비행기 표 끊는 법'을 검색한다. 실수로 티켓을 세 장이나 산다. 그래도 내가 자랑스럽다. 나는 다시 옷장으로 걸어가 옷을 싸기 시작한다. 나는 짐을 싸며 짐을 싸는 나를 본다. 그러자 나를 보던 내가 말한다. *이야, 널 좀 봐. 네가 하고 있어. 어른처럼 보여. 멈추지 마. 생각하지도 말고. 그저 계속 움직여. 우리는 힘든 일도 해낼 수*

있어.

놀랍게도 에이크가 관념에서 현실로 변모한 지금 나는 상대적으로 안정감을 느낀다. 떨어뜨린 신발을 다루는 것은 신발이 떨어지기를 기다리는 것보다 분명 마비가 덜하다.

나는 여동생에게 전화를 걸어 오하이오에 먼저 가야겠다고 말한다. 그는 이미 알고 있다. 클리블랜드 공항에 마중 나온 엄마가 나를 태우고 요양원으로 간다. 우리는 둘 다 서로에게 조용하고 부드럽다. 누구도 괜찮다고 말하지 않는다. 도착해서 시끄러운 로비를 지나 소독약 냄새가 나는 복도를 걸어, 따뜻하고 어두운, 가톨릭 식으로 꾸며진 할머니의 방으로 들어간다. 나는 할머니의 전동 휠체어를 지나다 작동 버튼 중 고속 버튼이 회색 강력 테이프로 봉해져 있음을 알아차린다. 복도를 달려가는 속도가 다른 사람들을 무섭게 만들어 사용이 금지된 것이다. 그리고 할머니 침대 곁의 의자에 앉는다. 나는 협탁에 놓인 마리아 상과 성상에 걸쳐 있는 짙푸른 유리로 만든 묵주를 만져본다. 협탁 뒤에는 유명한 사제들을 주제로 한 작은 달력이 걸려 있다. 매달 등장하는 사제는 제의를 갖추어 입고, 보일 듯 말 듯 한 미소를 짓고 있다. 이 달력은 기금 모금을 위해 만들어진 것일 터이다. 자선은 할머니에게 항상 중요한 관심사였다. 엄마는 내 뒤로 몇 걸음 떨어져서 할머니와 내게 시간과 공간을 내어준다.

나는 삶에서 지금 이 순간보다 더 깊이 에이크를 느꼈던 적이 없었다. 엄마는 내 뒤에 서서 내가 할머니의 물건들을 하나씩 만져보는 모습을 지켜보고 있다. 그러는 동안 내가 어떤 기억을 떠올리고 있는지 엄마는 정확히 알 것이다. 딸이 자신의 엄마와 작별 인사를 나누려고 준비하고 있고, 그의 엄마 또한 딸에게 작별 인사를 준비하고 있다는 것을 알고 있다.

할머니는 팔을 뻗어 손을 내게 맡기고 나를 그윽하게 바라본다.

이때야말로 에이크가 너무 강력해서 저항할 수도 없는 때다. 저항해 본 지도 오래되었다. 그래도 나는 긴장하지 않는다. 숨을 참지도 않는다. 눈길을 피하지도 않는다. 나는 긴장을 풀고 그대로 내버려둔다.

먼저 에이크는 내게 언젠가는 머지않아 이 역할이 바뀔 것이라는 생각을 불러일으킨다. 나는 엄마의 자리에 서서 내 딸이 내 엄마와 작별 인사를 하는 모습을 지켜볼 것이다. 그리고 그 뒤로 오래지 않아 그 자리는 내 딸이 차지하고 그 아이의 딸이 또 내게 작별 인사를 하는 모습을 지켜볼 것이다. 나는 이런 생각들을 한다. 나는 이런 환영을 본다. 그것들을 느끼기도 한다. 환영은 단단하고 깊다.

에이크가 계속해서 나를 어딘가로 데려간다. 이제 나는 다른 곳에 있다. 나는 에이크 속에 있다. 사랑고통아름다움부드러움갈망작별이란 거대한 에이크 속에 내가 있고 나는 여기 할머니, 엄마와 함께 있다. 갑자기 나는 다른 모든 사람들과도 역시 함께 있음을 깨닫는다. 어떻게 된 것인지 나는 살며, 사랑하며, 상실한 모든 사람들과 함께 여기에 있다. 나는 죽음이라고 생각하고 들어왔는데 그곳이 삶 자체임을 깨닫는다. 나는 혼자서 에이크의 속으로 들어왔는데 그 속에 모두가 있음을 알게 된다. 외로움이란 에이크에게 항복함으로써 나는 외롭지 않음을 발견한다. 바로 여기, 에이크의 안에서 아이를 기쁘게 환대한 적이 있거나, 죽어가는 할머니의 손을 잡은 적이 있거나, 크나큰 사랑으로 작별 인사를 말한 적이 있었던 모두와 함께 있다. 나는 이들 모두와 여기 함께 있다. 조시의 급훈에서 내가 깨닫게 된 "우리"가 여기에 있다. 에이크의 속이 바로 "우리"다. 우리는 살아 있고 깊이 사랑하고 모든 것을 상실하는 것 같은 힘든 일을 해낼 수 있다. 왜냐하면 우리는 눈과 팔과 가슴을 활짝 열어 젖히고 이 땅을 살아가고 있는 모든 이들과 함께 이 힘든 일들을 하고 있기 때문이다.

에이크는 결함이 아니다. 에이크는 우리가 만나는 장소다. 그곳은 용감한 사람들이 모이는 곳이다. 모든 연인들이 거기에 있다. 혼자 가서 세상을 만나는 곳이다. 에이크는 사랑이다.

에이크는 결코 내게 '이것이 끝이다. 그러니 떠나라.'라고 경고한 적이 없다. 에이크는 이렇게 말하고 있었다. '이것이 끝이다. 그러니 머물러라.'라고.

나는 머물렀다. 나는 앨리스 플래어티의 종잇장 같은 손을 잡았다. 할아버지가 돌아가신 지도 26년이 지났는데 여전히 끼고 있는 할머니의 결혼반지를 만지작거린다. "아가, 사랑해." 그가 말한다. "할머니, 나도 사랑해." 나는 말한다. "나를 위해 네 조카를 잘 보살펴다오." 할머니가 말한다.

그것으로 끝이었다. 나는 겉으로는 한마디도 하지 않았다. 수많은 작별 인사가 물건을 매만짐으로써 이루어졌음이 명백하다. 묵주, 손, 기억, 사랑. 나는 할머니에게 키스했고, 입술로 따뜻하고 부드러운 할머니의 이마를 느꼈다. 그러고는 일어서서 방에서 나왔다. 엄마가 따라 나왔다. 뒤로 문을 닫고 우리는 복도에 선 채 서로를 껴안고 다독였다. 우리는 함께 엄청난 여행을 했다. 용감한 사람들이 가는 곳으로. 그리고 그 경험이 우리를 변화시켰다.

엄마는 다시 공항까지 나를 태워다주었다. 나는 버지니아로

가는 다른 비행기를 탔다. 아빠가 나를 데리러 왔고 우리는 출산 센터로 갔다. 동생의 방으로 걸어가니 동생은 침대에 누워 나를 보았다. 그리고 팔에 둘둘 말린 채 안겨 있는 뭉치를 내려다보다가 다시 나를 쳐다보았다. 그가 말했다. "언니, 조카야. 앨리스 플래어티."

나는 아기 앨리스를 안고는 동생 침대 옆에 있는 흔들의자에 앉았다. 먼저 앨리스 플래어티의 손을 만져 보았다. 보라색 종잇장 같은 손을. 다음 나는 푸른 기운이 감도는 회색 눈을 보았다. 그 눈이 나를 빤히 올려다보고 있었다. 마치 우주의 주인들이 가졌을 법한 눈이었다. 그 눈이 내게 말했다. 안녕. 여기 내가 있어. 인생은 계속돼.

술을 끊은 뒤로 나는 단 한 순간도 멀쩡했던 적이 없었다. 나는 기진맥진했고 겁에 질렸으며 화가 났다. 나는 압도당했고 그 무엇에도 감동하지 않았고 쇠약해진 나머지 우울하고 불안했다. 그랬던 내가 터질 것처럼 감동을 받았고 외경스러웠고 기뻤고 환호했다. 나는 에이크로 인해 항상 되새길 수 있었다. 이 또한 지나가리라. 가까이 있어라.

나는 살아가고 있다.

유령

나는 조금 망가진 채 태어났다. 감수성이 과도하게 투여된 나머지.

―첫 번째 회고록에서 나에 관해 썼던 헛소리

20대 때 나는 어딘가에는 완벽한 여자가 존재한다고 믿었다. 그 여자는 아름답고 얼굴이 붓지도 않고 깨끗한 피부에 찰랑거리는 머릿결을 하고 어떤 두려움도 없고 운 좋게 사랑을 맺고 침착하고 자신감이 가득한 채 깨어난다. 그의 삶은…… 아주 쉽다. 이런 여자의 모습이 유령처럼 내게서 떠나지 않았다. 나는 그렇게 되기 위해 아주 열심히 노력했다.

30대에 나는 그 유령에게 손가락질을 했다. 완벽한 여자가 되려는 노력을 그만두고 "내 불완전함을 축하"하기로 마음먹었다. 나는 새로운 정체성을 주장했다. "제멋대로 생겨먹은 인간!" 나는 주변 사람들에게 공표했다. "나는 완전 난장판이고, 난 그게 자랑스럽다! 나는 형편없는 나라는 여자를 사랑한다! 나는 망가졌기에 아름답다! 엿이나 먹어라, 완벽한 여자들아!"

그런데도 나는 여전히 이상적인 여자가 있다고 믿었으며 나는 그런 여자가 아니라는 사실이 문제였다. 여전히 유령을 믿었던 것이다. 하지만 이제 완벽함을 쫓는 대신 완벽함에 저항하는 삶을 살기로 결심했다. 반항이나 순종이나 케이지이기는 마찬가지다. 반항하든 순종하든 다들 자신의 방식대로 사는 것이 아니라 다른 누군가의 방식에 반응하며 살기 때문이다. 자유는 어떤 이상을 찬성하거나 거부하는 것이 아니라 있는 그대로의 자신을 창조해 가는 것이다.

몇 해 전 나의 첫 번째 회고록을 두고 오프라 윈프리와 인터뷰를 진행했다. 그는 책을 펼쳐 한 문장을 내게 읽어주었다. "나는 조금 망가진 채 태어났다." 그러다 멈추고는 고개를 들어 나를 보며 물었다. "당신은 지금도 이렇게 당신을 설명하나요? 망가졌다고?" 그의 눈이 반짝였다. 나는 그를 보고 말했다. "아니에요. 지금은 그러지 않아요. 그건 말도 안 되는 소리예요. 전 이런 말들 때문에 예수님이 모래 위에만 글을 쓴 게 아닐까 생각해요."

'망가진'이란 고안된 대로 작동하지 않는다는 뜻이다. 망가진 인간은 고안된 방식으로 작동하지 않는 사람이다. 나 자신의 인간으로서의 경험, 정직한 사람들이 들려준 한 인간으로서의 경험, 내가 연구한 모든 과거 그리고 동시대의 인간 경험을 생각해 보면 우리 모두는 정확히 같은 방식으로 작동하는 것처럼 보인다.

우리는 사람들에게 상처를 주고 상처를 받는다. 우리는 소외되고 질투하고 만족하지 않고 아프고 지쳐 있다고 느낀다. 우리는 이루지 못한 꿈과 깊은 회한을 안고 있다. 우리는 더 나은 존재여야 한다고 확신하고 지금 가진 것을 누릴 자격이 없다고도 생각한다. 우리는 황홀감을 느끼기도 하지만 금세 무감각해진다. 우리는 우리의 부모가 우리에게 더 잘해 주었더라면 하고 생각한다. 우리는 우리의 아이들에게 더 잘할 수 있기를 원한다. 우리는 배신하고 배신당한다. 우리는 속이고 속는다. 우리는 동물들과 이별하고 장소와 이별하며 없으면 못 살 것 같은 사람들과 이별한다. 우리는 죽는 것을 아주 두려워한다. 마찬가지로 살아가는 것도 두려워한다. 우리는 사랑에 빠지고 사랑에서 빠져나오고, 사람들 역시 우리와 사랑에 빠지고 우리와 이별한다. 그날 밤 우리에게 일어난 일이 다시는 두려움 없이는 서로 만질 수 없음을 의미하는 것은 아닌지 염려한다. 우리는 끓어오르는 격렬한 분노를 안고 살아간다. 우리는 땀에 젖고 부풀어 오르고 배에 가스가 차고 기름으로 얼룩져 있다. 우리는 아이들을 사랑하고 갈망하지만 아이를 원하지 않기도 한다. 우리는 몸과 정신과 영혼과 전쟁을 벌이는 중이다. 우리는 서로서로 전쟁 중이다. 우리는 그들이 아직 옆에 있을 때 그 말을 전부 했더라면 하고 후회한다. 그들이 여기 있는데도 우리는 말을 하지 않을 것이다. 우리는 그렇게 하지 못하리라는 것을 알고 있다. 우리는 자신을 이해하지 못한다. 우리는 왜 우리가 사랑하는 사람들에게 상처를 주는지 이해하지 못한다. 우리는 용서받고자 한다. 우리는 용서할 수 없다. 우리는 신을 이해하지 못한다. 우리는 믿는다. 그렇지만 절대적으로 믿지는 않는다. 우리는 외롭다. 우리는 혼자가 되고 싶어 한다. 우리는 어딘가에 속해 있고 싶다. 우리는 사랑받고 싶다. 우리는 사랑받고 싶다. 우리는 사랑받고 싶다.

　만약 이것이 우리가 공유하는 인간의 경험이라면 이와 다르고도 더 나은, 더 완벽한, 망가지지 않은 방식으로도 인간이 될 수 있다는 생각은 도대체 어디에서 나온 것일까? 우리가 평가

한 다양한 행태와 달리 "올바르게" 작동하는 인간은 어디에 있는가? 그는 누구인가? 그는 *어디에 있는가*? 이런 것들이 아니라면 그의 삶은 도대체 무엇인가?

내가 그렇게 괜찮은 인간이 아니라는 것이 문제가 아님을 깨달은 순간 나는 자유로워졌다. 내 문제는 내가 충분히 괜찮은 유령이 아니라는 것이었다. 나는 유령이 될 필요가 없으므로 내게는 문제가 없다.

만약 당신이—깊은 고통, 분노, 갈망, 혼란 등으로—불편하다면 당신은 문제가 없으며 삶을 살아가고 있는 것이다. 잘못 살고 있는 인간이기에 힘든 것이 아니라 제대로 살고 있기 때문에 힘든 것이다. 인간이 되기 힘들다는 사실은 당신이 절대 바꿀 수가 없다. 그러니 당신은 인간이 되기가 쉬울 것이라는 당신의 생각을 바꾸어야만 한다.

나는 더 이상 스스로 망가졌고 결점투성이며 혹은 불완전하다고 생각하지 않으려고 한다. 나는 유령을 그만 쫓아다닐 것이다. 그게 나를 더 지치게 하기 때문이다. 그리고 나는 더 이상 유령을 믿지 않는 여자이기도 하다.

나 자신에 대한 설명을 다시 쓰는 것이 허락된다면 이렇게 쓸 것이다. 나는 마흔네 살이다. 턱에 털이 나고 고통과 모순을 안고 있다. 그래도 나는 흠잡을 데 없고 망가지지 않았다. 다른 말은 필요 없다.

나는 유령에 쫓기지 않는다.

미소

이태 전 크리스마스에 여동생과 나는 부모님께 파리 여행 경비로 쓰시라고 수표를 선물했다. 두 분은 아주 감동을 받았고 자랑스러운 나머지 수표를 현금으로 바꾸지도 않고 액자에 넣어 거실 벽에 걸어두셨다. 올해 우리는 그 두 배의 비용을 썼다. 우리는 파리로 가는 비행기 티켓 넉 장을 사서 부모님이 항상 가고 싶어 했던 도시로 직접 모시고 가기로 결정했다. 우리는 에펠탑이 멀리 보이는 작은 아파트에 머물렀다. 그전에 나는 유럽에 가본 적이 없었다. 나는 매료되었다.

파리는 우아하고 고색창연했다. 그곳에 있다는 사실만으로 더 우아하고 젊어진 느낌이 들었다. 그 느낌은 오만과 분노로 점철된 미국을 용서하는 데 도움이 되었다. 고대의 낡은 욕조, 기요틴, 수천 년도 넘은 성당들에 둘러싸인 파리는 인류의 실수와 아름다움이 벽화처럼 펼쳐져 있었다. 미국에서 온 우리에게는 너무나 새로웠다. 우리는 여전히 정복자와 배교자로 우리 자신의 이미지를 상정한다. 우리는 그 어떤 것에서든 '최고'가 되려고 여전히 애쓰고 있다. 상상이 되는지? 다들 부모의 관심을 얻기 위해 경쟁하고 있는데 우리에겐 부모가 없다는 사실을. 그 사실은 우리를 조금 흥분하게 만든다. 파리는 흥분이 없다. 차분하고 명확하다. 파리는 어떤 일에도 쉽게 놀라지 않으며, 이미 불리는 모든 노래들의 가사를 알고 있다. 나는 파리에서 가는 곳마다 지도자들이 왔다 가고, 건물들이 세워졌다 무너지고, 혁명이 시작되고 끝난 자취를 발견하였다. 아무리 거대할지라도 그 어떤 것도 영원한 것은 없다. 파리는 말한다. 우리는 이렇게 짧은 시간 동안만 여기에 존재한다. 맛있는 커피, 좋은 친구, 그리고 맛난 빵과 함께 잠깐 자리 잡고 앉아 있을 뿐이다. 여기에서는 인간이 되기 위한 시간이 더 많다. 아마도 그 방법을 배울 수 있는 시간이 정말 더 많이 있기 때문일지도 모른다.

루브르 박물관을 방문했을 때 우리는 *모나리자*의 방으로 들어갔다. 거의 수백 명이 밀고 당기며 그림 주변 곳곳에서 카메라로 연신 사진을 찍고 있었다.

멀리 떨어져서 그림을 바라보았다. 나는 이 혼잡이 무엇 때문인지 사실 이해하지 못했다. 시끌벅적한 사람들이 모두 이 그림을 이해했는지 혹은 그저 이해한 척하는지도 알 수 없었다. 그때 한 여자가 내 옆에 섰다.

그리고 말했다. "모나리자의 미소에는 사람들이 잘 모르는 이야기가 있어요. 들어볼래요?"

"예, 부탁드립니다." 내가 말했다.

"모나리자와 남편은 아기를 잃었어요. 얼마간 시간이 지난 뒤에 남편은 또 다른 아기의 탄생을 축하하기 위해 다빈치에게

이 그림을 의뢰했어요. 모나리자는 자신을 그리는 레오나르도를 위해 앉아 있기는 했지만 내내 웃고 있을 수가 없었답니다. 전혀 웃을 수가 없었어요. 다빈치가 그에게 조금 더 웃어보라고 했지만 그는 거부했어요. 새로운 아기로 인해 느끼는 기쁨 때문에 첫 번째 아기를 잃어버렸던 고통을 지우고 싶지 않았던 거죠. 반쪽 웃음 속에는 반쪽의 기쁨이 있었던 거예요. 아니면 온전한 기쁨과 온전한 슬픔이 동시에 있는 것일 수도 있어요. 이제 막 꿈을 이루었지만 여전히 내면의 잃어버린 꿈을 안고 있는 여자의 모습이 된 거죠. 그는 얼굴에 자신의 삶 전부를 드러내고 싶어 했어요. 모든 사람이 전부 기억해 주기를 원했어요. 그래서 아닌 척하지 않았죠."

그제서야 나는 그 소동이 모두 무엇 때문인지를 이해한다. 모나리자는 정직하고 결단력 있고 완벽하게 인간적인 여성, 느끼고 깨닫는 여성의 수호성인이다. 그는 우리에게 말한다.

내게 웃으라고 요구하지 마라.

나는 즐거워하지만은 않을 것이다.

여기 이차원 속에 갇혀 있을지라도 당신은 진실을 보리라.

바로 여기 내 얼굴에서 삶의 잔인함과 아름다움을 보게 되리라.

세상 사람들은 나를 보기를 멈추지 않을 것이다.

목표

체이스를 임신했다는 것을 알고 나는 술과 약, 토악질을 끊었다. 나쁜 짓을 멈추고 착한 일을 시작할 수 있는 마지막 기회일지 모른다고 생각했다. 나는 체이스의 아빠와 결혼했고, 요리와 청소 그리고 거짓 오르가슴을 배웠다. 나는 좋은 아내였다. 세 아이를 낳았고, 그들의 모든 요구를 나 자신보다 훨씬 앞에 내세웠기 때문에 내게 욕구라는 것이 있는지조차 잊어버렸다. 나는 교회를 다니기 시작했고, 신을 두려워하는 것과 신을 대리한다고 주장하는 사람들에게 너무 많은 질문을 하지 말아야 한다는 것도 배웠다. 나는 좋은 기독교인이었다. 나는 유행하는 미용술을 주의 깊게 살펴 머리를 염색하고, 미용에 일가견이 있다면 치러야 하는 모든 노력 때문에 피곤해 보이지 않으려고 이마에 독을 주입하기 위해 돈을 지불했다. 글을 쓰기 시작했고, 베스트셀러를 출간했고, 전국 각지를 돌며 책을 산 독자들 앞에서 강연을 했다. 여자는 좋은 일을 하지 않으면 잘나가는 게 용납되지 않기 때문에 세상을 위해 좋은 일을 하는 것도 마다하지 않았다. 상처받은 사람들을 위해 수천만 달러의 기금을 모으고 낯선 사람들에게 답장을 쓰느라 10년 동안 잠을 제대로 자지 못했다.

"글레넌, 당신은 좋은 여자야."라고 사람들은 말했다.

나는 좋은 여자였다. 정말 좋은 여자였다. 그렇지만 나는 지쳤고 불안했고 길을 잃었다. 아직은 제대로 좋은 여자가 아니기 때문일 것이라 생각했다. 나는 조금 더 열심히 노력해야만 했다.

남편의 불륜은 갈퀴 같은 선물이었다. 그것이 나로 하여금 좋은 아내가 되는 것만으로는 결혼 생활을 유지하는 데 충분하지 않다는 생각이 들게 했기 때문이다. 좋은 아내가 되는 것만으로는 내 아이들을 고통으로부터 막아내기에 충분하지 않았다. 좋은 세상을 구하는 좋은 사람이 되는 것만으로는 나 자신의 세상을 구하기에 충분하지 않았다.

나쁘게 되는 것은 거의 나를 죽일 뻔했다. 그러나 좋게 되려는 것 역시 다르지 않았다.

나는 그 당시 소중한 친구와 이야기를 나누었다. 그가 말했다. "글레넌, 스타인벡Steinbeck의 놀라운 말 기억나? "이제 완벽할 필요가 없게 되었으니 넌 잘할 수 있어."라는 말." 몇 년 동안 그 말을 내 책상 위에 써서 올려두었다. 지난밤에도 다시 보며 생각했다. 나는 좋은 여자가 되는 일에 지쳤다. 정말 피곤하다.

바꿔보자.

이제 좋은 여자가 될 필요가 없어졌으니 자유로워질 수 있다.

애덤과 키스

수년 전 가수 알리시아 키스Alicia Keys가 세상을 향해 자신은 이제 화장을 그만하겠다고 밝혔다. 그는 말했다. "더는 감추고 싶지 않다. 내 얼굴만이 아니라 내 마음도, 내 영혼도, 생각도, 꿈도, 나의 투쟁도 감추지 않겠다. 그 어떤 것도."

바로 이거다 라고 나는 생각했다.

지난달 그가 애덤 레빈Adam Levine과 한 인터뷰를 읽었다. 그는 말했다. 그들이 함께 쇼를 하던 시절, 그는 알리시아 키스의 분장실에 머리를 들이밀었다. 키스는 그에게서 등을 돌리고 서서 거울에 기대 립스틱을 바르고 있었다. 그는 웃으며 말했다. "이봐, 알리시아. 화장 안 하는 줄 알았는데."

키스는 돌아서서 그를 보았다. 한 손에는 립스틱을 들고.

알리시아가 말했다. "젠장, 내가 원할 때는 해."

바로 그거야.

귀

내 딸들은 서로 다르다. 좋은 부모가 되기 위해 여전히 노력하던 시절에 티시를 키우다가 이내 지쳐버렸다. 티시의 여동생 앰마가 막 산도를 통과했을 때 나는 앰마의 손에 아이패드를 쥐어주었다. 그리고 인생을 향한 아이의 여행이 성공하기를 축원했다. 앰마를 한마디로 설명하자면 독립적이다. 달리 말하자면 *자기만의 방식이* 있다. 이러한 양육 방식(혹은 방임?)은 아이에게 잘 맞았다. 아이는 자신이 입고 싶은 것을 입고, 하고 싶은 대로 말하고, 거의 대부분 하고 싶은 일을 한다. 아이는 자신을 창조했고 그 사실에 만족을 느낄 줄 아는 은혜로운 발명품이다.

최근 모두가 식탁에 둘러앉아 있을 때의 일이다. 티시는 축구를 대단히 잘하고 싶기에 더 많이 연습해야겠다고 말했다. 우리는 앰마에게도 그런 걸 느끼는지 물었다. 그러자 앰마가 피자를 한 입 베어 물고 말했다. "아니. 난 이미 대단해." 아이는 열두 살이다. 어쩌면 열한 살일 것이다. 내게는 세 아이가 있고, 아이들의 나이는 매년 달라진다. 내가 아는 것이라고는 모두 기어다니는 단계는 지났고 대학을 가기 전이라는 것뿐이다. 그 중간의 어디쯤에 있다.

몇 해 전 결혼 생활을 계속 유지할지 끝장낼지 중대한 결정을 하려는 와중에 딸들이 귀를 뚫게 해달라고 조르기 시작했다. 나는 잠시나마 고민에서 벗어날 수 있어 고마웠기에 그러마고 했다. 나는 두 아이를 쇼핑몰로 데리고 가서 피어싱을 하는 곳에 도착했다. 그때 앰마가 나보다 앞서 달려가 의자에 뛰어오르더니 20대쯤 되는 피어싱을 하는 사람이 놀랄 정도로 소리를 질렀다. "어서 해줘요." 마침내 내가 따라잡았을 때 피어싱을 하는 사람이 나를 보고는 말했다. "이 아이의 어머니세요?"

내가 대답했다. "그렇게 되려고 노력하는 중이에요."

"그러시군요. 귀를 한 번에 하나씩 뚫을까요? 아니면 동시에 두 군데를 다 할까요?"

앰마가 말했다. "둘 다요. 해줘요! 자, **시작해요!**" 그런 다음 앰마는 눈을 질끈 감고 이빨을 앙다물고 근육을 풀었다. 작은 헐크 같았다. 귀를 뚫자 앰마는 한두 방울 눈물을 내비쳤지만 금세 닦아냈다. 나는 앰마를 보며 생각했다. *이 아이는 정말 굉장하다. 앞으로 큰 인물이 될 조짐이 보인다.* 아이는 아드레날린이 끓는다는 듯이 풀쩍 의자에서 뛰어내렸다.

그곳에서 일하는 여자들이 웃으며 말했다. "우아! 정말 용감한데."

내 옆에 서 있던 티시는 그 모든 것을 지켜보고 있었다. 티시가 내게 조금 가까이 다가오라는 눈짓을 보내더니 속삭였다.

"엄마, 마음이 바뀌었어. 오늘 귀를 뚫고 싶지가 않아."

"정말이야?" 내가 물었다

티시는 방울토마토처럼 부풀어 오른 앰마의 귓불을 쳐다보았다.

앰마가 말했다.

"어서 해, 티시. 인생은 한 번뿐이야!"

티시가 말했다. "왜 사람들은 위험한 일을 할 때마다 그렇게 말해? 한 번만 사니 일찍 죽으면 안 되는 것 아냐?"

그리고 나를 돌아보며 말했다. "안 할래요."

피어싱 하는 사람이 티시를 보고 말했다. "네 차례다, 꼬마야."

나는 티시가 말하기를 기다렸다. 티시가 말했다. "아뇨. 전 괜찮아요. 오늘은 준비가 안 됐어요."

피어싱 하는 사람이 말했다. "오, 괜찮아! 할 수 있어! 용감해져야지! 네 동생은 얼마나 용감하게 했는지 봐!"

티시가 나를 보기에 나는 아이의 손을 꼭 잡고 걸어 나왔다. 아이는 조금 부끄러움을 느꼈고 나는 많이 화가 났다.

나는 용감하다는 말의 뜻이 우리가 그동안 사용해 왔던 의미라고는 생각지 않는다.

흔히 우리는 아이들에게 용감하다는 건 두렵기는 *하지만 그래도 어떻게든 해내는* 것이라고 말한다. 그러나 이것이 나이가 들면서 계속 지녀야 할 용감함에 대한 바른 정의일까?

아이가 열일곱 살이 되면 10대 친구가 운전하는 차에서 고개를 내밀고 영화 보러 간다고 말한다. 그런데 사실은 술을 마시는 파티에 가는 아이에게 이렇게 말한다고 상상해 보자. "잘 갔다 와, 아가! 오늘 밤 용감해라! 네가 두려운 상황에 놓이거나 네 또래 아이들이 부추기는 일을 하기가 두렵더라도 그 두려움을 무시하고 어쨌든 해내길 바라! 네 본능에 따라 잘 헤쳐나가라!"

아니다. 나는 내 아이들이 용감하다는 말을 이렇게 이해하길 원하지 않는다. 나는 아이들이 다른 사람들을 기쁘게 하기 위해 스스로를 포기하는 사람이 되기를 원치 않는다.

용기는 두려움을 느끼면서도 어쨌든 해본다는 뜻이 아니다.

용기는 내면을 드러내며 살아간다는 뜻이다. 불확실한 순간에 마주칠 때마다 내면을 향하는 것이며, 앎을 위해 느끼는 것이며, 그것을 큰 소리로 말하는 것이다.

앎은 특별하고 개인적이고 쉼 없이 변한다. 용기도 마찬가지다. 네가 용감하든 아니든 그것이 외부 사람들에 의해 평가될 수는 없다. 때때로 용기란 사람들이 '너는 겁쟁이야'라고 생각하든 말든 내버려두는 것이다. 용감하다는 것은 때로는 자신을 제외한 모두를 실망시키는 것을 의미한다. 앰마의 용기는 주로 큰소리치며 앞으로 나아가는 것이다. 티시의 용기는 주로 조용히 기다리는 것이다. 둘은 모두 용감한 여자아이들이다. 왜냐하면 각자 자신에게 충실하기 때문이다. 둘 다 자신이 내면에서 느끼는 것, 아는 것과 겉으로 말하는 것, 행동하는 것이 서로 분리되어 있지 않다. 그들의 자아는 통합되어 있다. 그들은 온전하다.

티시는 그날 놀라운 용기를 발휘하였다. 왜냐하면 티시는 다수의 압력에 맞서 자신의 온전함을 지켜냈기 때문이다. 티시는 다른 사람들의 목소리보다 자신의 목소리를 더 믿었다. 용기는 무엇이 용감한 것인지 사람들에게 묻는 것이 아니다. 용기는 스스로 결정하는 것이다.

집으로 돌아오는 길에 내가 말했다. "티시, 아까 그 여자가 네가 용감하지 않은 것처럼 느끼게 한 거 알아. 사람들은 용감하다는 것에 대해 여러 생각을 가지고 있어. 넌 용감한 일을 했어. 왜냐하면 용감한 일은 너의 앎이 하라는 것을 하는 것이거든. 무엇이 용감한 일인지 다른 사람들에게 묻지 말고, 스스로 알고 느껴 봐. 네가 해야겠다는 것이 다른 사람들이 하는 것과 정반대일 수도 있어. 사람들이 네게 용감하지 않다고 억누를 때 너 자신을 소중히 여기기 위해서는 더 특별한 용기가 필요하단다. 굴복하는 건 정말 더 쉬워. 오늘 넌 사람들에게 굴복하지 않았어. 넌 느끼고 알고 있는 것을 지켜냈어. 엄마에겐 그게 정말 용기 있는 일이야. 그런 진정한 확신은 *스스로를 존중한다*는 뜻이지. 그게 세상을 살면서 네가 나아가야 할 방향이야, 티시. 확신 말이야. 다른 사람들이 '용감하다'고 하는 건 상관하지 마. 너 스스로를 존중하며 살아가렴.

확신을 가지고 계속 살아간다면 네 삶의 나머지는 정확하게 원하는 대로 펼쳐질 거야. 항상 편치만은 않을 거야. 어떤 사람은 너의 용기를 알아보겠지만 어떤 사람은 그렇지 못할 거야. 어떤 사람은 널 이해하고 좋아하겠지만 다른 사람은 그렇지 않을지도 몰라. 그러나 다른 사람들이 너의 확신에 반응하는 방식에 신경 쓸 건 없어. 네가 신경 쓸 일은 스스로에게 충실하게 사는 거야. 그렇게 하면 넌 항상 널 좋아하고 사랑하는 사람들이 진정 네 사람이라는 걸 깨닫게 될 거야. 네가 사람들의 마음을 얻기 위해 숨기거나 과한 행동을 하지 않으면 절대로 그런 행동을 강요받는 일도 없을 거야."

용기란 다른 사람들을 위해서라도 스스로에게 충실한 것이다.

그것이야말로 확신에 찬 여자아이의 서약이다.

조건

내가 리즈(엘리자베스 길버트Elisabeth Gilbert. 미국의 작가로 『먹고 기도하고 사랑하라』로 잘 알려져 있다.—옮긴이)를 만난 것은 공항이었다. 우리는 서부 지역에서 열리는 행사에서 같이 강연을 할 예정이었다. 나는 밤새 비행기를 타고 공항에 도착해 작은 대합실에서 기다렸다. 다른 강연자들도 차가 와서 행사장에 데려다주기를 기다리며 둥글게 원을 그리며 서 있었고, 나는 그 원 밖에 외따로 서 있었다. 나는 사람들이 원을 이루고 서 있는 것을 싫어한다. 서먹한 낯선 사람도 끼어들 수 있게 말의 편자처럼 한쪽은 열어둔 채 무리지어 있기로 합의라도 했으면 싶다.

한 여자가 수하물 찾는 곳을 지나 내 옆에 섰다. 나는 웃기만 하고 말없이 서 있었다. 나름의 전략이었다. 그도 웃으며 답을 했지만 그의 미소는 나와 달랐다. 나의 미소는 '안녕, 난 온화하고 예의 바르지만 바쁜 사람이에요.'라는 뜻을 담고 있다. 나는 마침표처럼 웃는다. 그런데 리즈는 마치 물음표처럼 천천히, 그리고 터놓고 웃었다.

"안녕하세요. 전 리즈예요."

"알아요." 내가 말했다. "당신 책을 무척 좋아해요. 난 글레넌이에요."

"이런, 세상에! 나도 당신 알아요. 당신 책 정말 좋아해요. 어디에서 왔어요?"

"플로리다의 네이플스에 살아요."

"거긴 어때요?"

"모든 게 느려요. 은퇴한 분들의 도시죠. 이웃의 평균 연령이 여든쯤 될 거예요. 재미있는 건 내 친구들 대부분은 마흔이 되었는데 늙어 보이기 시작한다고 걱정한다는 거예요. 난 아니에요. 오히려 좋아요. 젊은이처럼요. 체육관에 가서도 모든 할아버지 할머니들을 둘러보면서 생각해요. '사실 난 운동을 할 필요가 없어. 충분히 멋져 보이잖아.' 모든 게 보기 나름이죠? 난 친구들에게 보톡스 같은 것 하지 말고 지금 바로 네이플스로 이사 오라고 말해요."

리즈는 "멋진데요. 어쩌다 거기를 가게 된 거예요?"

"몇 년 전 신경성 라임병에 걸렸어요. 온몸이 제대로 기능하지 않아서 2년간 침대에 누워 지내면서 하루에 50알씩 약을 털어넣어야 했어요. 그러던 차에 친구가 살던 네이플스에 잠시 머물렀는데 상태가 아주 좋아진 느낌이 들었죠. 잠깐이었지만 약을 건너뛸 수 있게 되었고 그래서 그냥 눌러 앉았어요. 나는 항상 바닷가에서 살고 싶었어요. 여자들은 거의 죽을 때가 되어서야 자기가 원하는 곳에 살 수 있는 것 같아요."

리즈는 내 팔에 손을 얹고 "잠깐만요. 우아. 마지막에 했던 '거의 죽을 때가 되어서야'라고 한 말, 한 번 더 말해줄 수 있어요?"

내가 말했다. "대단한 말도 아닌데요, 뭐. 조금 긴장되는데요. 이제 막 무슨 말을 했는지도 모르겠어요."

그는 웃으며 말했다. "당신이 좋아지네요."

"나도 당신이 좋아요."

다음 날 밤 행사에 참석한 다른 사람들과 함께 리즈의 강연을 들으러 갔다. 강연장에 일찍 도착해서 중앙에서 조금 벗어난 옆줄의 앞자리에 앉았다. 그를 볼 수 있을 만큼 충분히 가까운 거리였지만 그가 나를 한눈에 알아볼 만큼 가깝지는 않았다. 그는 흰색 깃을 빳빳하게 세운 검정 셔츠를 입고 단상에 서 있었다. 마치 설교단에 선 신부를 떠올리게 했다. 그가 말을 시작하자 나는 흥분하기 시작했다. 그는 온화하지만 권위를 실은 목소리로 말했다. 앞줄에 앉은 남자가 옆자리 여자와 계속 이야기를 했는데 리즈가 강연을 멈추고는 그를 향해 대화를 자제해 달라고 요구했다. 그는 리즈의 말대로 했다. 그가 말하는 방식의 무언가가, 자신을 전달하는 방식이 내 심장을 평소보다 훨씬 빨리 뛰게 만들었다. 그는 확신에 차 있었고 차분하고 자유롭고 편안한 듯했다. 통념에 순응하지도 않았고 반발하지도 않았다. 그는 무언가 새로운 것을 창조하고 있었다. 그는 독창적이었다. 나는 묻고 싶었다. "그 모든 걸 한 번 더 말해줄 수 있어요?"

다음 날 밤 모든 강연자들이 산 정상의 통나무집에서 열린 환상적인 연회에 참석하였다. 바닥에서 천장까지 닿는 통유리창 너머로 눈이 내리고 있었고, 사람들은 어디에 서야 할지, 말을 걸 만한 중요한 사람이 누구인지를 파악하느라 서성거리고 있었다.

나는 구석진 곳에서 사람들에 둘러싸여 있는 리즈를 보았다.

내 나름의 원칙은 존경하는 사람이라면 존중한다는 의미에서 귀찮게 하지 않고 혼자 있게 두는 것이었다. 그러나 그날 밤은 그렇게 하지 않았다. 나는 그에게로 걸어갔고, 그는 나를 보자 또 다른 시작이라는 듯이 웃어 보였다. 나는 더 가까이 다가가 그 무리에 끼어들었다. 둥글게 모여 선 사람들 모두 그가 마치 자동판매기라도 되는 양 질문하고 조언을 요청하며 리즈를 옥죄고 있었다. 나는 그들의 발을 꾹 밟아버리고 싶었다.

잠시 후 행사 진행자가 와서 리즈에게 말했다. "저녁 식사가 시작될 테니 자리에 앉으시지요. 식탁으로 안내해 드릴까요?"

리즈는 나를 가리키며 물었다. "친구랑 함께 앉을 수 있나요?"

여자는 당황한 표정을 짓다가 사과했다. "죄송해요. 기부자들에게 당신이 함께 앉을 거라고 약속을 해버렸어요."

"알겠어요." 그는 말했다. 아쉬워하는 듯이 보였다. 그는 내 팔을 꼭 잡으며 말했다. "보고 싶을 거예요."

저녁 식사를 하는 동안 내가 리즈를 얼마나 좋아하는지, 우리가 친구가 될 수 없다는 사실이 얼마나 슬픈 일인지 생각했다. 그의 친구가 되고자 한다는 것은 의도적으로 부도수표를 쓰는 것이리라. 나는 좋은 친구가 아니다. 나는 우정의 규칙들이 가리키는 대로 유지하고 관리할 수도 없고 그럴 마음도 결코 없다. 나는 친구의 생일을 기억하지 못한다. 커피를 마시려고 친구와 만나는 것도 원치 않는다. 베이비샤워를 열어주지도 않을 것이다. 영원한 핑퐁 게임 같은 문자에 답장도 하지 않을 것이다. 결코 끝나지 않는 핑퐁게임. 나는 어쩔 수 없이 친구를 실망시킬 것이다. 그런 일들을 여러 차례 겪은 후 친구를 사귀려는 시도조차 하지 말아야겠다고 결심했다. 항상 빚진 마음으로 살고 싶지는 않다. 나 혼자만으로 충분하다. 내게는 여동생과 아이들과 강아지가 있다. 모든 것을 가질 수는 없는 법이다.

행사가 끝나고 몇 주 지난 뒤 리즈가 이메일을 보내 왔다. 친구가 되어보자는 말이 담겨 있었다. 그는 다음 시도 함께 보냈다.

> 나는 당신의 신들을 존중하고
> 당신의 우물에서 물을 마시고
> 우리가 만나는 곳에 무방비의 심장을 가지고 가리라
> 내겐 소중한 결과물이 없으며
> 내보이지 않는 것으로 협상하려 들지 않을 것이며
> 실망의 노예가 되지도 않을 것이니

그는 새로운 우정 지침도 건넸다. 서로에게 어떤 자의적인 규칙이나 의무 혹은 기대는 없을 것이며, 감탄 존경 사랑 이외에는 어떤 빚도 지우지 않을 것이라고. 게다가 이 모든 것은 이미 이루어졌다고. 그렇게 우리는 친구가 되었다.

한참 뒤 우리 집에서 며칠 머무르자고 리즈를 초대했다. 그때는 애비를 만난 지 얼마 되지 않았기에 매일 멍한 상태로 둥둥 떠다니고 있었다. 인생에서 처음으로 깊은 사랑에 빠졌지만 그 일에 관해 여동생을 제외한 누구에게도 말하지 않았다. 첫날 밤, 리즈와 나는 늦게까지 나의 절박한 심정, 아픈 몸 그리고 엉망인 마음을 제외한 모든 것에 관해 이야기를 나누었다.

다음 날 아침 5시 30분에 알람이 울렸지만 그것은 전혀 문제가 되지 않았다. 그때까지도 잠들지 못하고 있었기 때문이다. 나는 일어나서 2층에서 자고 있는 리즈를 깨우지 않으려고 발끝으로 부엌에 걸어갔다. 그리고 커피를 내려 뒷마당에 섰다. 날은 여전히 어둡고 추웠지만 분홍으로 물든 지평선 위로 해가 떠오르고 있었다. 나는 거기에 서서 애비를 만난 이후로 매일 그랬듯이 하늘을 보며 읊조렸다. *도와줘, 제발.*

그 순간 빙산 꼭대기에서 발이 묶인 한 여자의 이야기가 떠올랐다. 그는 얼어 죽기 전에 신에게 구조해 달라고 미친 듯이 기도하고 하늘을 향해 울부짖었다. "하느님, 존재하신다면 도와주세요!"

잠시 뒤 헬리콥터 한 대가 머리 위에서 빙빙 돌다가 사다리를 내려주었다.

"아니야!" 여자가 말했다. "가버려! 나는 하느님을 기다린다고!"

그다음엔 공원지기가 와서 물었다. "자매여, 도움이 필요한가요?"

"아니야! 가버려! 나는 하느님을 기다린다고!"

여자는 결국 얼어 죽고 말았다. 그는 천국의 문에 서서 화를 내며 따졌다. "하느님! 왜 나를 죽게 내버려뒀나요?"

하느님이 말했다. "나는 헬리콥터를 보냈다. 공원지기도 보냈고. 도대체 너는 무엇을 기다렸던 것이냐?"

나는 생각했다. *리즈 길버트, 내가 존경하고 신뢰하고 사랑하는—세계적인 명성을 지닌 영적 스승이기도 한—친구가 2층에서 자고 있는 동안 나는 얼어 죽고 말 것이다. 어쩌면 리즈가 나의 공원지기인지도 모르는데.*

리즈가 잠에서 깨어났을 때 나는 잠옷 차림으로 눈물을 흘리며 절망적이고 초라한 모습으로 계단에 앉아 있었다.

나는 말했다. "네가 필요해."

그가 말했다. "그래. 뭐든 말해 봐."

우리는 소파에 앉았고 나는 모든 것을 쏟아냈다. 어떻게 애비와 만났는지, 지난 몇 주 동안 이메일을 주고받으며 얼마나 깊이 사랑에 빠졌는지, 어떻게 서로 피를 주고받기라도 하는 것처럼 느껴졌는지를 그에게 말했다. 내가 읽고 쓰는 모든 문장들이 혈관을 타고 신선한 생명을 실어 나르고 있었다고도 했다. 나는 리즈에게 이 모든 일이 얼마나 우스꽝스럽고 불가능한 것인지도 말했다. 마치 돌이킬 수 없는 선을 넘고 있는 것처럼 입에서 나오는 나의 말을 듣는 것이 끔찍하고 무서웠다. 나는 리즈가 충격을 받을 줄 알았다. 그러나 전혀 아니었다. 그의 눈은 반짝였고 사랑스럽다는 표정으로 즐거워했으며 부드럽게 웃고 있었다. 어쩐지 안심이 되는 표정이었다.

내가 말했다. "결코 잘될 리가 없어."

그가 말했다. "그럴지도 몰라. 어쩌면 그는 그저 애비의 모습을 하고 있는 문일지도 몰라. 더 이상 진실이 아닌 것에서 떠나라고 널 초대하는 문 말이야."

나는 말했다. "크레이그는 망가지고 말 거야."

그가 말했다. "일방적인 해방 같은 일은 어디에도 없어, 이 친구야."

내가 말했다. "이 일이 부모님, 친구들, 나의 경력에 얼마나 엄청난 혼란을 일으킬까?"

그가 말했다. "그래. 널 사랑하는 모두가 아마도 한동안은 불편할 거야. 불편한 진실이 더 나을까 아니면 편안한 거짓말이 나을까? 모든 진실은 사람들을 불편하게 만들지라도 친절한 거야. 모든 거짓은 사람들을 편안하게 만들지라도 불친절한 것이고."

내가 말했다. "나는 그를 제대로 알지도 못해."

그가 말했다. "그렇지만 넌 너를 잘 알잖아."

내가 말했다. "만약 내가 그에게 갔는데 진짜가 아니라면?"

그가 나를 보았다. 그는 어떤 말도 하지 않았다.

우리는 말없이 함께 앉아 있었다. 그는 내 손을 가볍고 사랑스럽게 잡았다.

내가 말했다. "나는 진짜야. 내가 느끼고 원하고 아는 것. 그 모든 건 다 진짜라고."

"그래." 리즈가 말했다. "넌 진짜야."

자유로운 여자를 알게 된 것은 축복이다. 때때로 그가 찾아와 당신을 위해 거울을 들어줄 것이다. 그는 당신이 진짜 누구인지 되살리도록 도울 것이다.

에리카

최근 친구 에리카의 이름이 휴대전화에 떴다. 나는 왜 사람들이 전화를 고집하는지 정말 이해할 수가 없다. 누군가에게 *전화를 건다는 것*은 공격적인 행동이다. 전화기가 울릴 때마다 매번 나는 주머니 속에 불이 나거나 작은 사이렌이 울리기라도 한 것처럼 가슴이 덜컹 내려앉는 느낌이 든다.

보통은 문자를 받는 것이 더 좋다. 문자가 전화보다 낫다. 다만 이런 상황만 아니라면.

줄임말을 남발하며 문자를 돌리거나, 내킬 때마다 나를 찔러 보고, '안녕~~' 하는 문자로 내 일상에 뛰어들고는 다음에 나를 만나면 상처받았다는 얼굴로 "무슨 일 있었어요? 문자에 답장이 없어서요."라고 기어들어가는 목소리로 말하는 경우는 예외다. 지금 이 순간에도 읽지 않은 문자가 183개가 있다. 문자는 나의 상사가 아니다. 나에게 문자를 보낸 그 누구도 나의 상사가 아니다. 나는 누군가가 내게 문자를 보냈다고 해서 억지로 답장을 해야 할 의무가 있는 것은 아니라고 마음을 정리했다. 그러지 않으면 나는 빚진 기분으로 조바심을 치며 뭔가를 창조하는 대신 문자에 반응을 하느라 하루 종일 안절부절못할 것이다. 이 정도만 이야기를 해도 내게 왜 친구가 없는지 잘 알 테니 다시 에리카 이야기로 돌아가보자.

에리카와 나는 같이 대학을 다녔다. 그는 태어나기를 예술가로 태어났지만 경영학을 전공했다. 어머니가 회사를 경영하고 있었는데 에리카가 뒤를 잇기를 원했기 때문이다. 에리카는 경영학과 수업을 들으면서 매 순간 분개했다. 다른 누군가의 발자취를 따라가면서 동시에 자신의 길을 열어가기란 거의 불가능하기 때문이다.

에리카는 매일 기숙사로 돌아오면 지겨운 경영학을 팽개치고 그림을 그림으로써 스스로를 회복해 나갔다. 그럼에도 경영학 학위를 받고 졸업했다. 졸업한 다음 아주 괜찮은 남자를 만나 사랑에 빠졌고, 그가 의대를 졸업할 수 있도록 회사에 다녀야 했다. 이후 아이가 태어났고 아이들을 돌보기 위해 급기야는 회사를 그만두고 집에 머무르게 되었다. 그러는 동안 다시 그림을 시작하라는 내면의 목소리를 끊임없이 들었다. 어느 날 그가 말했다. 이제는 자신의 갈망을 존중할 계획이라고. 그래서 미술학교에 등록할 것이라고 했다. 10년 만에 처음으로 에리카의 목소리에 활기가 넘쳤다.

나는 에리카의 결정을 축하하기 위해 전화를 걸었다. "에리카! 학교 다니는 건 어때?"

그는 잠시 조용히 있더니 대답했다. "아, 그게 글쎄……. 어리석은 생각이었어. 남편이 아주 바쁘고, 아이들에게도 여전히 내가 필요해. 미술학교를 가는 건 너무 이기적이 아닌가 하는 느낌이 들었어."

왜 여자들은 자신을 포기하는 것이 명예로운 일이라고 생각하는 걸까?

왜 우리는 자신의 갈망을 거부하는 것이 책임을 다하는 모습이라고 생각하는 걸까?

왜 우리는 우리가 감동받고 충만해지면 가까운 사람들에게 상처를 입힌다고 믿는 걸까?

왜 우리는 자신을 그렇게 전적으로 믿지 못하는 걸까?

이유는 이렇다. 우리의 문화는 여성을 통제하는 바탕 위에 세워졌고 여성을 통제함으로써 이익을 얻기 때문이다. 권력이 특정 집단에 대한 통제를 정당화하는 방식은 대중으로 하여금 그 집단이 신뢰할 수 없는 집단이라고 믿게 만드는 것이다. 그래서 여성을 불신하게 부추기는 캠페인은 이른 시기에 시작되었으며 도처에서 모습을 내밀고 있다.

어린 여자아이였을 때부터 우리는 가족, 교사, 또래 아이들에게서 큰 목소리, 대담한 의견, 강렬한 감정 등은 "지나친 것"이며 숙녀답지 못하다고 주장하는 소리를 들었다. 그 결과 우리는 자신의 인격에 대한 불신을 배우게 된다.

동화는 감히 길을 떠나거나 모험을 떠나려는 여자아이들은 크고 사나운 늑대의 공격을 받거나 치명적인 흉기에 찔리게 될 것이라고 장담한다. 그 결과 우리는 자신의 호기심에 대한 불신을 배우게 된다.

미용 산업은 우리의 허벅지, 곱슬머리, 피부, 손톱, 입술, 속눈

썹, 다리털, 주름살 등이 불쾌감을 유발하니까 감추거나 없애야 한다고 믿게 만든다. 그 결과 우리는 자신의 몸에 대한 불신을 배우게 된다.

다이어트 문화는 식욕을 통제하는 것이 우리의 가치를 높이는 열쇠라고 믿게 만든다. 그 결과 우리는 자신의 배고픔에 대한 불신을 배우게 된다.

정치가들은 우리의 몸, 미래에 대한 우리의 판단은 신뢰할 수 없으며, 따라서 우리 자신의 재생산 체계는 우리가 가본 적도 없는 곳에서 우리가 알지도 못하는 입법자들에 의해 통제되어야만 한다고 주장한다.

법률 체계는 우리 자신의 기억과 경험조차 믿을 수 없는 것이라고 우리에게 거듭해서 증명한다. 만약 여자 스무 명이 앞으로 나서서 "그가 그랬다."라고 말하고, 그 남자가 "아니다. 나는 하지 않았다."라고 말하면 그들은, 제기랄, 언제나 우리를 비방하고 평가절하하면서 남자의 말을 믿는다.

예수님의 종교도 다르지 않다. 아담과 이브의 교훈—신과 여자에 관해 내가 들었던 최초의 이야기—은 이렇다. 한 여자가 더 많은 것을 원한 나머지 신을 거역하고 남자를 배신하자 신이 그의 가족에게 저주를 내리고 낙원 밖으로 쫓아내버렸다.

우리는 자신을 불신하고 두려워하기 위해 태어나지 않았다. 그것은 우리를 길들이는 과정의 일부이다. 우리는 자연스러운 상태에 있는 사람은 나쁘고 위험하다고 배웠다. 그들은 우리가 스스로를 두려워하게 만들었다. 그 결과 우리는 자신의 몸, 호기심, 배고픔, 분별력, 경험 혹은 야망 등을 소중히 여기지 않게 되었다. 대신에 우리의 참된 자아를 가두어버린다. 이 모든 것을 가장 훌륭하게 제거한 여자들이 "그 여자는 아주 욕심이 없

어."라는 최고의 찬사를 받는다.

상상할 수 있는가? 여성성의 전범이 자신을 완벽하게 상실해야만 하는 존재라는 것을.

이것이 가부장적 문화의 최종적인 목표다. 왜냐하면 여성을 통제하는 아주 효과적인 방법은 여자들이 스스로를 통제해야 한다고 믿게 만드는 것이기 때문이다.

나는 아주 오랫동안 스스로를 통제하려고 노력했다.

나는 30년 동안 피부를 좋게 하기 위해 얼굴을 두껍게 덮고 독을 주사했다. 그러다 중단했다. 이후 내 피부는 좋아졌다.

20년 동안 나는 곱슬머리를 길들이기 위해 드라이어와 스트레이트너를 끼고 살았다. 그러다 중단했다. 그런 다음 머릿결이 좋아졌다.

나는 몇십 년 동안 내 몸을 통제하기 위해 폭식을 하고, 토하고, 다이어트를 했다. 그러다 중단했고 내 몸을 원래 상태로 내버려두었다. 그런 다음 몸 역시 좋아졌다.

나는 분노를 통제하려고 음식과 알코올로 스스로를 무감각하게 만들었다. 그것을 중단하고서야 나의 분노가 나 자신이 잘못되었기 때문에 생긴 것이 결코 아님을 알게 되었다. 잘못된 것이 있기는 했다. *바로 저 바깥에.* 변화시킬 수 있는 힘이 내게 있을지도 모르는 어떤 것. 나는 조용한 평화주의자이기를 멈추고 시끄러운 평화주의자가 되기 시작하였다. 나의 분노는 괜찮아졌다.

그동안 나는 속아왔다. 내게 유일하게 잘못된 것이 있었다면 그것은 내게 문제가 있다는 나의 믿음이었다. 나는 스스로를 통제하려고 노력하며 내 삶을 허비하기를 중단하고 나 자신을 믿기 시작했다. 우리는 우리가 믿지 않는 것을 통제할 뿐이다. 우리는 스스로를 통제하거나 사랑할 수 있다. 그러나 두 가지를 동시에 할 수는 없다. 사랑은 통제의 반대말이다. 사랑은 믿음을 요구한다.

지금 나는 나 자신을 사랑한다. 자기애는 나 자신과의 관계가 믿음과 헌신에 바탕을 두고 세워졌음을 뜻한다. 나는 스스로가 뒤를 받쳐줄 것을 믿기에 내 안의 목소리에 충실할 것이다. 나는 나 자신을 버리기 전에 나에 관한 다른 사람들의 기대를 버릴 것이다. 나는 나 자신을 실망시키기 전에 다른 사람들을 실망시킬 것이다. 나는 나 자신을 저버리기 전에 다른 사람들을 저버릴 것이다. 나와 나 자신은 죽음이 우리를 갈라놓을 때까지 함께할 것이다.

세상이 필요로 하는 것은 더 많은 여성들이 스스로를 두려워하기를 멈추고 믿기 시작하는 것이다.

세상이 필요로 하는 것은 전적으로 통제에서 벗어나 한데 뭉친 여성들이다.

해변의 집

최근 참여하고 있는 모임 게시판에 이렇게 썼다. *당신이 하고 싶은 일이라면 무엇이든 하라. 당신 자신을 믿어라.* 그러자 누군가가 답을 보냈다.

> "하고 싶은 일이라면 무엇이든 하라는 말은 너무 무책임한 것 아닌가요? 나는 집에 오면 거의 매일 밤마다 말리부 한 병을 깡그리 비우고 싶어요. 내 욕망을 모두 믿어서는 안 된다는 게 너무 확실하지 않나요."

내겐 수십 년 동안 돈 때문에 힘겹게 씨름해 온 친구가 있다. 아직도 빚에 엄청나게 시달리고 있는데도 최근에는 값비싼 해변의 집을 빌릴 *뻔했다*고 한다. 그는 이러한 자신의 욕망을 신뢰할 수 없다는 것을 속속들이 알고는 있었지만 가족들을 위한 휴가를 몹시도 원했기에 걱정을 접어두고 욕망대로 할 준비가 되어 있었다.

그 집이 왜 그렇게 간절하냐고 물었더니 자신의 손을 내려다 보며 말했다. "다른 가족이 해변에서 SNS에 올린 사진들을 봤지. 그들은 함께 휴식을 즐겨. 망할 전화기도 치워버리고 그냥 함께 지내. 내 가족은 지금 너무 단절되어 있어. 아이들은 너무 빨리 자라고. 톰과 난 더 이상 이야기를 나누지도 않아. 서로를 잃어버린 것 같아. 속도를 줄이고 싶어. 아이들과 남편과 더 많이 이야기하고 싶고. 어떻게 살고 있나 더 많이 알고 싶어. 다시 예전처럼 즐겁게 지내고 싶어."

친구는 해변의 집을 빌리는 대신 2달러짜리 바구니를 사서 현관에 있는 탁자 위에 두었다. 그는 남편과 10대 아이들에게 평일 저녁에는 한 시간씩 전화기를 바구니 안에 넣어두라고 요구했다. 가족들은 함께 저녁을 준비하고 함께 먹고 함께 뒷정리를 했다. 이 새로운 시스템을 두고 처음에는 불평들이 많았지만 오래지 않아 그가 그렇게 바라마지 않던 웃음과 대화 그리고 가족의 끈끈함을 되찾았다. 그 바구니가 2달러짜리 해변의 집이 되었다.

그렇다면 밤마다 말리부 한 병을 마시겠다는 여자의 욕망은? 그것은 표면적인 욕망일 따름이다. 나는 그의 앎이 그 욕망을 믿지 않기 때문에 표면적임을 알 수 있다. 표면적인 욕망은 우리의 앎과 충돌한다. 우리는 표면적인 욕망에 물어야만 한다. *이 욕망의 이면에 놓여 있는 욕망은 무엇인가? 휴식인가? 평화인가?*

우리의 깊은 곳에 존재하는 욕망은 앎을 포기하지 않고서도 스스로를 인정할 수 있는 것이며, 현명하고 진실하며 아름다운 것이다. 깊이 내재된 욕망을 따르면 그것은 항상 우리를 온전함으로 이끈다. 만약 당신의 욕망이 잘못된 것으로 느껴진다면 더욱 깊이 파고들어라. 자신을 믿을 수 있게 될 것이다. 당신은 그저 충분히 아래로 내려가기만 하면 된다.

　나는 지난 10년 동안 여자들이 가장 원하는 것이 무엇인지 그들이 하는 말을 들으면서 보냈다. 다음은 여자들이 내게 말해 준 것들이다.

　　나는 심호흡을 할 수 있는 1분을 원한다.
　　나는 휴식, 평화, 열정을 원한다.
　　나는 맛있는 음식과 진실하고 거칠면서도 친밀한 섹스를 원한다.
　　나는 거짓이 없는 연애를 원한다.
　　나는 있는 그대로의 나에 대해 느긋한 자신감을 갖고 싶다.
　　나는 드러나고 싶고 사랑받고 싶다.
　　나는 내 아이들을 비롯한 모든 아이들이 즐겁고 안전하기를 원한다.
　　나는 모두를 위한 정의를 원한다.
　　나는 도움, 공동체, 연대를 원한다.
　　나는 용서받길 원하며 궁극적으로 용서하길 원한다.
　　나는 더는 두려움을 느끼지 않을 정도로 충분한 돈과 권력을 원한다.
　　나는 뉴스에서 덜 고통스럽고 더 사랑스러운 것들을 보고 싶다.
　　나는 내 위치에서 내 목표를 찾아 충만하게 살고 싶다.

나는 내 삶 속에서 사람들을 만나고 그들을 만나 사랑하고 싶다.

나는 거울 속에 있는 나 자신을 있는 그대로 사랑하기를 원한다.

나는 살아 있음을 느끼고 싶다.

천국의 청사진은 여자들의 욕망 속에 견고하게 심어져 있다. 여자들이 원하는 것은 바람직한 것들이다. 여자들이 원하는 것은 아름답다. 그런데 여자들이 원하는 것은 위험하지 않지만, 여자에게는 위험하다. 공동의 선에도 마찬가지로 위험하다. 여자들이 원하는 것은 현상 유지의 불평등에 위협이 된다. 만약 우리가 닫힌 문을 열고 스스로를 풀어준다면?

불평등한 관계는 평등해질 것이다.

아이들은 굶주리지 않게 될 것이다.

부패한 정부는 무너질 것이다.

전쟁은 끝날 것이다.

문명은 달라질 것이다.

만약 여자들이 스스로의 욕망을 신뢰하고 내세운다면 우리가 알고 있는 세상은 무너질 것이다. 그 붕괴야말로 반드시 일어나야 할 일이다. 그리고 난 다음 우리는 더욱 진실하고 더욱 아름다운 삶, 관계, 가족, 국가를 각자의 위치에서 새롭게 건설할 수 있다.

어쩌면 이브는 우리에게 경고를 할 의도는 아니었을 것이다. 다만 본보기가 되고 싶었는지 모른다.

우리 자신의 욕망을 갖자.

사과를 먹자.

불태워버리자.

온도

어느 날 아침 친구 마르타에게 전화를 걸어 내가 이혼을 할 수 없는 수많은 이유를 말하기 시작했다. 그리고 결혼 생활을 이어갈 수 없는 모든 이유들 또한 이야기했다. 나는 계속해서 말하고 말하고 말하고 모든 각도에서 저울질하고 나 자신을 구석으로 몰아넣고 추궁하고 동그라미 안을 빙글빙글 돌고 있었다.

참다못한 그가 말했다. "글레넌, 그만. 넌 지금 네 머릿속에 빠져 있어. 그런데 지금 네게 필요한 답은 거기에 없어. 답은 네 몸속에 있어. 몸속으로 파고들어 봐. 지금 당장. 전화는 끊지 말고. 더 깊이 파고들어가 봐."

이 말이 내 삶의 화두가 된다. 이 모든 침잠과 파고들기.

그가 물었다. "이제 됐어?"

"그런 것 같아." 내가 말했다.

"좋아, 그럼 이제 두 가지 선택을 고려해 봐. 그 속에 침잠해 있으면서 느껴봐. 애비에게 헤어지자고 말하면 따뜻함이 느껴져?"

"아냐. 아주 차가운 느낌이야. 얼음장 같아. 얼어 죽을 것처럼 차가워."

"그럼 이제 애비와 함께 있는 걸 생각해 봐. 어떤 느낌이야?"

"따뜻해. 부드럽고 편안해."

"좋아, 글레넌. 네 몸은 자연이고 자연은 순수해. 네가 너무 오랫동안 몸과 전쟁을 벌이고 있었기 때문에 받아들이기 어렵다는 건 알아. 넌 몸을 나쁜 것이라고 생각해. 그렇지만 아니야. 몸은 현명해. 몸은 네 마음이 말하려는 걸 네게 말해줄 거야. 네 몸은 네 삶이 어떤 방향으로 가야 할지 말해줄 거야. 그걸 믿으려고 노력해 봐. 차갑게 느껴지는 것이라면 돌아서. 따뜻한 느낌을 주는 곳으로 가."

이제는 위험을 감지하면 나는 춥다고 믿고 밀쳐버린다. 기쁨을 느낄 때 나는 따스하다고 믿고 붙잡는다.

요즘 업무 회의를 하면서 누군가에게 그렇게 결정을 내린 이유를 설명해 달라고 요청하면 우리 팀 여자들은 내가 정당화나 판단 혹은 의견을 요구하는 것이 아님을 안다. 나는 앎을 요구한다. 그래서 결정을 내린 사람은 다음과 같이 말한다. "조사해 본 다음 한동안 무엇을 선택해야 할지 가늠해 보았어요. 그랬더니 이 선택이 내겐 따뜻하게 느껴졌어요. 다른 대안은 차갑게 느껴졌어요." 그것으로 논의는 끝난다. 나는 스스로를 믿는 여자들을 믿는다.

거울

오랫동안 나는 인생이 한 번뿐이라는 것을 모른 척하고 그 한 번뿐인 인생을 외로운 결혼 생활로 낭비하고 있었다.

앎이 깨어나라고 위협해 왔을 때 나는 그것을 밀쳐버렸다. 내가 알았던 것을 안다고 인정하는 것만으로는 의미가 없다. 왜냐하면 앎이 내게 하라고 요구한 것을 하지 않을 것이기 때문이다. 나는 아이들의 아빠를 결코 떠나지 않으려 했다. 나는 그저 영원히 모른 척하려고 했다. 나는 엄마니까 책임을 져야 했다.

중학교 때 달걀을 보살피는 것으로 양육에 관해 배웠다. 그 단원을 통과하려면 그 주의 마지막 날에 깨지지 않은 달걀을 선생님에게 돌려줘야 했다. 일주일 내내 어둠 속에 달걀을 팽개쳐둔 아이들이 그 일을 가장 잘 해냈다. 그 가운데 어떤 달걀은 썩기도 했지만 깨지지만 않으면 문제될 것이 없었다.

나는 티시를 그 달걀인 양 길렀다. "이 아인 아주 예민하고 아주 여려."라고 말하곤 했다. 나는 아이에 대한 걱정을 달고 살았고 그것을 사랑이라 여겼다. 나는 아이를 보호했고 그것을 모성이라 여겼다. 나는 아이를 할 수 있는 한 영원히 어두운 집 안에 두려고 했다. 아이와 나는 내가 썼던 이야기 속에서 살고 있었고 그 속에서는 내가 주인공이었다. 나는 아이를 결코 깨지지 않도록 보살필 것이며 그렇게 해서 양육이란 단원을 통과할 것이다.

나는 티시의 침대에 앉아 커피를 마시며 학교 갈 준비를 하는 아이를 본다. 아이는 라푼젤처럼 긴 머리채를 빗고 있다.

나는 거울 속 자신을 보는 아이를 보고 있었는데 아이가 얼굴을 돌려 나를 본다. 아이가 말한다. "내 머리 모양이 너무 아기 같아. 엄마처럼 짧게 자를까?"

나는 거울 속에 비친 우리 둘을 함께 본다. 바로 내 앞에 티시가 있고, 마침내 티시가 달걀이 아님을 알게 된다. 아이는 이미 소녀이며 곧 여자가 될 것이다.

아이는 나를 볼 때마다 동시에 자기 자신을 볼 것이다. 그리고 질문할 것이다.

엄마, 여자는 머리를 어떻게 해야 돼?
엄마, 여자는 어떻게 사랑하고 사랑받는 거야?
엄마, 여자는 어떻게 살아야 돼?

티시가 묻는다. "엄마, 내 머리를 하나로 묶어줄래요?"
나는 욕실로 걸어가 머리끈을 찾아 다시 아이 뒤에 선다. 이미 수천 번도 더 아이의 머리를 만져주었는데 갑자기 아이가 훌쩍 커버렸음을 깨닫는다. 심지어 정수리를 볼 수조차 없다. 밤새 2센티미터는 더 자란 듯하다. 아이가 아기였을 때는 하루하루가 1년처럼 느껴졌다. 그런데 지금은 매일 아침마다 2센티미터씩 자라고 있다.

나는 티시를 보며 생각한다.

나는 내 어린 딸을 위해 이 결혼 생활을 유지하려고 한다.

그러나 내가 어린 딸을 위해 이 결혼 생활을 원한다고 할 수 있을까?

눈

크레이그와 나는 네이플스의 집으로 이사하고 나서 할인매장에서 커다란 은색 거울을 샀다. 그런데 그것을 걸어둘 짬을 낼 수가 없었다. 침실 벽에 그저 기대 놓고 기울어진 것이 의도된 것이며 예술적이라고 합리화했다.

나의 심리치료사가 내 감정이 진짜가 아니라고 주장한 날, 나는 애비에게 이별을 통보하고 결혼을 유지하기로 결심했다. 그는 전문가였고 그가 옳았다. 바람직한 엄마라면 자신의 욕망을 추구하느라 자식들의 마음에 상처를 주지 않는 법이다.

나는 양반다리를 하고 침실 카펫에 앉아 기울어진 거울 속에 비친 눈을 뚫어져라 보았다.

가끔은 자기 자신을 자세히 보는 것이 중요하다. 그것은 옷을 차려입거나 화장을 하면서 보는 것과는 다르다. 허벅지나 주근깨 혹은 턱에 난 털을 보는 것과도 다르다. 그런 식이어서는 안

된다. 완전히 몰두해서 자신의 눈을 볼 필요가 있다는 것이다. 그 모습에는 어떤 거짓도 없다는 것을 확신할 필요가 있다. 거울 속에 있는 눈은 당신이 존중하는 한 여자의 눈임을 확실히 해두어야 한다.

내 눈을 깊이 들여다보면서 거울 속의 여자와 나는 하나하나 따져보기로 했다.

스스로에게 물었다. *아이들이 내게 바라는 것이 나 스스로를 계속 포기하라는 결정인가?*

어머니들은 태초부터 자식의 이름 아래 스스로 순교해 왔다. 우리는 가장 완벽하게 사라지는 것이 가장 훌륭하게 사랑하는 것인 양 살아왔다. 우리는 서서히 자신을 지워나감으로써 우리의 사랑을 증명하도록 훈련받아 왔다.

아이들이 견뎌내기에 이 얼마나 끔찍한 부담인가? 어머니가 삶을 멈추어버린 이유가 바로 자기 자신이라는 사실을 안다는 것은. 우리의 딸들이 견뎌내기에 이 얼마나 끔찍한 짐인가? 만약 엄마가 되기를 선택한다면 이것이 자신들의 운명이 되리라는 것을 안다는 것은. 순교가 사랑의 최고 형태라는 것을 우리가 보여준다면 그것이 곧 자신들도 하게 될 일일 테니 말이다. 아이들은 자신도 어머니가 살아온 대로만 살도록 허락받았다고 생각할 것이다.

만약 우리가 딸들에게 순교라는 유산을 계속 물려준다면 이 이야기는 어디에서 끝날까? 어떤 여자가 살 수 있을까? 그리고 죽음의 선고는 언제 시작되는가? 결혼을 서약하는 제단에서? 분만실에서? 누구의 분만실인가? 우리 아이들의 분만실인가, 내가 태어난 분만실인가? 순교를 사랑이라고 부른다면 우리는 아이들에게 사랑이 시작되면 삶이 끝난다고 가르치는 셈이다.

이것이야말로 융^{Jung}이 "부모의 생기 없는 삶이야말로 아이들에게 가장 무거운 짐이다."라고 주장한 까닭이다.

만약 사랑이 사랑하는 사람을 위해 사라져버리는 과정이 아니라 사랑하는 사람을 위해 드러내는 것이라면? 만약 어머니의 책임이 사랑은 사랑하는 사람을 가두는 것이 아니라 그를 자유롭게 하는 것이라고 자식에게 가르치는 것이라면? 책임감 있는 어머니라면 자식들에게 어떻게 천천히 죽어가는지를 보여주기보다 죽는 날까지 왕성한 삶을 지속해 가는 방법을 보여줘야 한다면? 모성의 소명이 순교자가 되는 것이 아니라 모범이 되는 것이라면?

바로 거기 카펫에 앉아 나는 내 눈을 깊이 응시했고 앎이 깨어나 곁에 머물도록 했다.

내 아이들은 내가 구해주기를 바라지 않는다.

내 아이들은 내가 나 자신을 구하는 것을 지켜보고자 한다.

나는 비겁한 구실로 자식들을 이용하지 않기로 했고, 자식이야말로 내가 용감해야 하는 이유라 생각하기로 결심했다. 나는 아이들의 아빠와 헤어질 것이며 우정 어린 불꽃같은 사랑을 내세우거나 아니면 혼자 살 것이다. 그러나 결코 다시는 관계를 유지하면서 혼자 있지는 않을 것이며, 그것이 사랑이었다는 식으로 둘러대지도 않을 것이다. 나는 내 아이를 위해 내가 원하는 것보다 그다지 아름답지 않은 관계나 삶에 다시는 안주하지 않을 것이다.

나는 크레이그와 이혼할 것이다. 왜냐하면 나는 엄마이기 때문이다. 그리고 책임을 져야 하기 때문이다.

나는 카펫에서 일어나 애비에게 전화를 걸었다. 우리는 시카고에서 만난 그날 밤 이후 서로 만난 적이 없었다.

내가 말했다. "난 당신을 사랑해. 크레이그와 헤어질 거야. 그에게 오늘 말하려고."

그가 말했다. "글레넌. 아, 세상에. 나도 당신을 사랑해. 지금 너무 행복해. 그리고 당신이 정말 걱정돼. 그렇게 할 준비가 되었다고 확신해? 우린 심지어 손끝도 닿아본 적이 없잖아."

내가 말했다. "알아. 하지만 단지 당신 때문에 헤어지려는 건 아니야. 나는 이런 사랑이 존재한다는 걸 이제 알기 때문에 더 이상 그런 건 존재하지 않는 척할 수가 없어 헤어지는 거야. 내가 아는 것을 모르던 상태로 되돌릴 수 없어. 나는 이전의 나로 돌아갈 수 없어. 그래서 헤어질 거야. 당신을 사랑하기 때문만이 아니라 이런 나를 사랑하기 때문이기도 해. 우리가 만났을 때 깨어난 거야. 그와 헤어지거나 나 자신과 헤어져야만 해. 나는 그와 헤어지기로 했어. 이제 이걸 알고 있고, 그래서 내가 알고 있는 것을 그에게 말해야만 해. 내 나머지 삶을 크레이그에게 기대고 싶지가 않아. 그렇지만 그를 정직하게 대할 의무는 있다고 생각해. 힘들겠지만 결국은 거쳐야 할 어려움일 거야."

그날 오후 크레이그와 마주 앉아—부드럽게, 그러나 사과하지 않고—헤어지겠다고 말했다. "우리 결혼 생활은 완성됐어. 우리는 서로에게 잘 맞고 서로를 치유해 주는 동반자였어. 결혼 생활은 아주 성공적이었고. 이젠 끝났어. 난 애비를 사랑해. 내가 깨달았으니 당신도 가능한 한 빨리 받아들였으면 좋겠어."

그는 아주 조용하다가 긴 침묵 끝에 말했다.

"3년 전 당신은 내게 과분한 은혜를 베풀었어. 이젠 그걸 되돌려줘야겠어. 나는 당신이 행복하기를 원해."

우리는 그 자리에 주저앉지 않았다. 이후 몇 달은 롤러코스터를 탄 듯했다. 그러나 우리는 계속 그 마음으로 되돌아갔다. 당신에게 은총을. 내게 은총을.

그가 준비되었을 때 우리는 아이들에게 말을 하기 위한 자리를 마련했다. 사는 동안 사랑하는 많은 사람들에게 상처를 입혔지만 그 순간이 최악이었다. 나는 아이들의 끔찍해하는 얼굴을 똑바로 보며 말했다. "너희 마음을 아프게 만들 참이야. 시간이 흐르면 회복해 나갈 것이고 마음은 더 크고 강해질 거야. 그러나 지금은 그저 아프기만 할 거란다. 힘든 일이어도 해야만 할 때가 있어. 왜냐하면 그것이 진실이니까. 아빠와 난 너희들이 힘들고 두렵고 고통스러울 때조차 너희답게 진실되게 살기를 원해. 그게 어떤 것인지 너희에게 보여줄 작정이다."

아이들은 울음을 터뜨렸다. 그 소식이 바로 저기 소파에서 아이들을 변화시켰다. 나는 그 과정을 지켜보았다. 우리는 아주 많은 것이 불에 타버릴 동안 서로 껴안았다. 크레이그가 아이들에게 말했다. "괜찮을 거야. 애비는 좋은 여자다. 우린 새로운 형태의 가족이 될 거야. 그리고 여전히 아름다운 가족으로 지내게 될 거란다."

그는 아이들에게 애비를 사랑해도 좋다고 허락했다. 그것이 그가 내게 준 가장 소중한 선물이었다. 아마도 누군가 내게 줄 수 있는 가장 소중한 선물일 것이다.

우리는 가족에게 말했다.

우리는 친구들에게 말했다.

이 모든 일이 2주 동안에 일어났다.

40년, 다섯 달, 그리고 2주.

정원

나는 어떻게 하면 더 젊게 보일 수 있는지를 배웠다. 어떻게 하면 텔레비전에 나오는 여자들과 비슷해질 수 있는지를 배웠다. 머리카락을 부분 염색하고, 속눈썹을 둥글게 말고, 엉덩이를 돋보이게 하는 청바지를 입고, 필요한 모든 수단을 써서 몸을 날씬하게 유지하는 방법을 배웠다. 나는 스스로를 광고판이 되게 만드는 법을 알았고, 한 남자가 나를 선택한 뒤에는 무엇을 해야 하는지 알았다. 나는 어떤 속옷을 입어야 하고, 등을 어떻게 부드럽게 비틀어야 하는지, 적당한 때 적당한 소리를 어떻게 내야 하는지도 알았다. 나는 소리와 움직임으로 그가 훨씬 더 나를 갈망하게 만들고 내가 그를 원한다고 생각하게 만드는 법을 알았다. 섹스는 하나의 무대였고 나는 선수였다.

나는 어떻게 욕망을 자극하는지를 알았다.

나는 욕망을 몰랐다.

나는 나를 원하게 만드는 법을 알았다.

나는 내가 원하는 법을 몰랐다.

그를 만나기 전까지는.

우리의 결혼 생활이 끝났다고 크레이그에게 말하고 얼마 뒤 애비가 시상식에 초대받아 로스앤젤레스로 날아갔다. 그는 축구선수로서의 활약과 은퇴를 기념하여 ESPN이 주는 아이콘 상을 받을 예정이었다. 그것이 그에게는 마지막이자 새로운 시작이었다. 나는 그의 새로운 삶이 시작되는 그곳에 가고 싶었다.

"내가 갈게." 나는 말했다.

처음 만난 그날 밤 이후로 우리는 서로 만난 적이 없었다. 우리는 단둘이 있었던 적이 없었다. 첫날 그의 팔을 잡았다가 감전이라도 된 듯 재빨리 손을 뗀 그 순간을 제외하고는 만져본 적도 없었다. 지난 한 달 남짓 우리는 함께 있을 기회를 잡기 위해 삶을 태워버렸다. 더욱 정확하게는 우리가 태어난 그대로의 여자가 될 기회를 잡기 위해 그때까지의 삶을 태워버렸다.

비행기를 타는 날 아침 나는 여전히 어두컴컴한 시간에 일어나서 가방 두 개를 챙겼다. 하나는 들고 타고 하나는 수화물로 부칠 작정이었다. 휴대용 가방에는 화장품과 머리 손질 도구, 구두 그리고 흰 드레스를 넣었다. 공항까지 운전해 가면서 나는 예전의 낡은 나와 아직 알지 못하는 나 사이에서 긴장감을 느꼈다. 비행기가 이륙한 뒤 책을 읽고 텔레비전을 보려고 했지만 어떤 것에도 집중할 수가 없었다. 한 가지 생각이 마음속을 맴돌았다. *몇 시간만 있으면 애비와 단둘이 있게 될 것이다. 그런데 그 여자와 키스조차 하지 않았다.* 나는 특히 누군가와 눈을 맞추는 것을 두려워한다는 사실을 기억해 냈다. 나는 사랑을 나눌 때조차 눈을 마주본 적이 없다. 한번은 그걸 애비에게 말했더니 충격을 받고 안타까워했다. 그 대화의 끝에 그가 말했다. "만약 우리가 서로를 안을 수 있게 된다면 당신 눈을 내 눈에서 떼지 못하게 할 거야." 나는 내가 과연 그렇게 할 수 있을지 알 수 없었다.

비행 시간이 절반쯤 지났을 때 가방을 좌석 밑에서 꺼내 화장실로 갔다. 운동복 바지와 셔츠를 벗고 드레스를 입고 구두로 갈아 신었다. 화장을 고치고 머리를 손질했다. 다시 돌아와 앉자 옆자리에 앉은 여자가 나를 보고는 물었다. "나도 저 화장실에 가면 당신처럼 변신할까요?"

비행기가 로스앤젤레스 공항에 도착했을 때 처음 든 생각은 '맙소사. 마침내 같은 도시에 있게 됐어.'였다. 나는 호텔로 가기 위해 택시를 잡아탔다. 택시에서 내려서는 "도착했어."라고 문자를 보냈다. 애비의 답장이 왔다. "1140호." 나는 전화기를 집어넣었다. 엘리베이터에 올라 버튼을 누르고, 11층에서 발을 내딛었다. 복도를 걸어가 그의 방문 앞에 멈춰 섰다. 문에는 쪽지가 붙어 있었다. "들어와요."

나는 심호흡을 하고 머리를 매만지고 재빨리 기도했다. "주여, 우리와 함께 임하소서."

살짝 노크를 하고 문을 열었다.

애비는 맞은편 책상에 기대어 한쪽 맨발을 의자에 올린 채 앉아 있었다. 짙은 검정색 티셔츠, 하늘색 청바지. 개 인식표 같은 목걸이를 하고 있었다.

처음 든 생각은 이것이다. 저기 그가 있다. 저 사람이 내 사람이다.

나중에 들은 그의 첫 번째 생각은 이거였다. 저기 그가 있다. 저 사람이 내 아내다.

그가 웃었다. 무심한 웃음이 아니었다. 이렇게 말하는 웃음이었다. '마침내 당신이 와서 여기에 우리가 함께 있네.' 그는 일어서서 내게로 걸어왔다. 나는 등 뒤의 문을 닫았다. 가방은 여전히 복도에 남겨둔 채. 그는 나를 감싸 안았다. 우리는 녹아내리는 듯했다. 머리가 그의 가슴에 닿았다. 입고 있는 티셔츠를 통해 내 피부로 그의 심장 박동이 느껴졌다. 그는 떨고 있었고 나 역시 마찬가지였다. 우리 둘은 한참 동안 그대로 서서 함께 숨쉬고, 함께 껴안고, 함께 떨고 있었다.

그리고 조금 떨어져 그가 내 눈을 들여다보았다.

우리가 서로 얽혀드는 순간이었다.

그리고

키스.

벽.

침대.

바닥의 흰 드레스.

알몸이 되고, 두려움 없이.

원래의 계획대로.

지상의 천국에 있던 그 모습으로.

나는 결코 그의 눈길을 피하지 않았다. 단 한 번도.

그와 함께 있는 시간이 길어질수록 더 자주 벗고 있게 되었고, 두려워하지 않게 되었다. 더는 꾸며 행동하지 않는다. 그저 원할 뿐이다.

서약

15년 전 두 번째 아이를 임신했을 때는 아이의 성별을 모르는 채로 기다리기로 했다.

첫 번째 아이는 출산 전에 남자인지 여자인지 알았지만 그즈음엔 육아의 고수가 되었기에 훨씬 더 성숙하고 단련되었다. 초음파에 성별이 드러날 수도 있기에 나는 진찰대에 누워 작은 초록색 화면과 초음파 기사의 얼굴을 번갈아 보았다. 화면을 보고 기사의 얼굴을 보아도 알 수가 없었다. 기사가 가고 난 다음 의사가 왔고, 나는 그가 해준 말을 믿어야만 했다. 의사의 말에 의하면 내 뱃속에는 인간이 자라고 있고 그 존재는 "좋아요. 지금까지는."인 듯했다.

지금까지는 좋고 또 인간이라는 말은 정확히 내가 듣고 싶었던 말이었다. *지금까지는* 좋고 인간이라는 것은 부모로서 양육을 하는 세월 동안 내내 바라던 것이었다.

그 소식—단지 그 소식만—을 안고 나는 병원을 나섰다. 집에 와서 거실 소파에 앉아 벽을 멍하니 쳐다보았다. 그러면서 통제하기 힘들었고 아주 극적이었던 초보엄마에서 얼마나 멀리 왔는지 생각해 보았다.

나를 좀 봐. 우주가 전개되는 대로 참을성 있게 기다리고 있잖아.

그러다 전화기를 들고 병원에 전화를 걸었다. 안내원이 전화를 받자 말했다. "안녕하세요. 전 방금 방문했던 글레넌인데요."

"예. 혹시 뭐라도 두고 가셨나요?"

"예. 거기 아주 중요한 정보를 두고 왔네요. 그러니까 만일 제 마음이 변했다면 아기의 성별을 알 수 있을까요?"

그가 말했다. "잠깐만 기다려보세요."

나는 잠깐 기다렸다. 그가 다시 말했다. "여자아이입니다. 딸을 낳으시겠어요."

내가 가장 좋아하는 말 중의 하나는 *셀라*selah라는 말이다.

*셀라*는 히브리 성서에서 74번 발견된다. 학자들은 그 말이 본문에 등장할 때마다 독자는 읽기를 멈추고 잠시 동안 가만히 있으라는 지시라고 생각했다. 왜냐하면 이전 문장이 깊이 되새길 만큼 중요하기 때문이다. 경전 속의 시는 필연적으로 변화를 의도하고 있으며, 옮겨 적은 이는 그 변화가 읽기를 통해 시작되고 동시에 고요한 명상 속에서만 완성될 수 있다는 것을 알고 있었다. *셀라*는 히브리 음악에서도 나타난다. 합창단 지휘자가 한동안 합창단을 침묵시키는 표시라고 알려져 있다. 악곡 사이에 여백을 두는 것이다. 물론 침묵은 음악이 잦아들 때 존재

한다.

*셀라*는 성스러운 침묵이다. 변혁을 일으키는 말, 음악 그리고 산부인과 접수원으로부터 대략적인 정보를 얻은 수용자들이 영원한 변화를 앞두고 겪는 잠깐의 정지 상태다.

*셀라*는 새로운 우주를 향해 폭발하는 여자의 빅뱅 직전 무의 경지다.

"*딸입니다.*" 내 눈은 번쩍이는 빛에 따라 조절되는 카메라 렌즈처럼 커졌다. 나는 손에 전화기를 들고 소파에 앉아 한마디 말도 없이 꼼짝도 않고 앉아 있었다.

"고마워요." 나는 간신히 안내원에게 말했다. "고마워요. 사랑합니다. 안녕히 계세요."

나는 전화를 끊고 이번에는 여동생에게 전화를 걸었다.

"야, 우린 *여자아이*를 갖게 됐어. 여자아이 말이야."

"잠깐만," 그가 말했다. "*뭐라고?* 어떻게 알았어? 의사가 말하는 걸 우연히 들었어?"

"그래. 우연히 물은 다음에 우연히 들었어."

그가 말했다. "맙소사. 오늘이 우리 인생에서 가장 멋진 날이네. 또 다른 우리가 생겼잖아. 우린 이제 셋이 됐어. 여자 셋."

"알아. 맞아. 네게 제일 먼저 전화했다고 크레이그에겐 말하지 마."

"당연하지." 그가 말했다.

그때 두 살배기 아들 체이스가 낮잠에서 깨서 늘 그러듯이 침대에서 "**나 깼어, 엄마!**" 하고 소리를 질러댔다.

나는 전화를 끊고 2층으로 올라가 체이스의 방문을 열었다. 아이는 침대에 앉아 웃고 있었다. 처음으로 아이가 내 딸의 오빠로 보였다. 딸은 아주 운이 좋다고 생각했다. 부드러운 아이의 볼에 입을 맞추었다. 아이는 난간을 붙잡고 나를 따라 아래 층으로 내려왔다. 한 번에 한 계단씩 아주 조심스러운 걸음이었다. 나는 아이에게 따뜻한 윗옷을 입히고 목도리와 모자를 씌우고는 근처에 있는 작은 연못가로 산책을 갔다. 바깥으로 나가고 싶었다. 이 엄청난 소식을 감당하기에 충분한 더 많은 공간이 필요했다. 내게는 하늘이 필요했다.

그날 체이스와 함께한 산책길이 추웠다는 것을 기억한다. 공기는 쾌청했고 하늘은 맑았다고 기억한다. 연못을 반 정도 돌았을 때 우리의 작은 집이 멀어져 더욱 작게 보였고, 거위 한 마리가 나와 체이스의 앞을 가로질러 가는 바람에 함께 웃었다는 것을 기억한다. 거위가 너무 가까이 다가와서 내가 체이스를 팔에 안고 남은 길을 걸었던 기억이 난다. 아이는 다리로 내 허리를 감았고, 내 코는 아이의 목에 닿아 있었다는 것이 기억난다. 몇 년이 지났지만 여전히 아이의 목에서 나던 분 냄새, 걸음마 아기의 땀 냄새가 기억난다. 그때의 생각도 기억할 수 있다. 나는 지금 두 아이를 들고 있다. 오로지 혼자서. 아들의 머리는 내 어깨에 기대어 있고, 딸의 심장은 내 몸속에서 뛰고 있다. 나는 모든 것을 가졌다.

우리는 딸의 이름을 엄마 이름을 따서 패트리샤로 짓고 티시란 애칭으로 불렀다. 아이는 올리브 빛깔 피부색, 검은 머리, 오빠처럼 아빠에게서 물려받은 일본인 외모를 하고 있을 것이다. 나는 하루도 빠짐없이 온종일 아이를 생각했다. 티시가 태어나기를 기다리는 것조차 힘들었다. 임신 38주차에 나는 욕조에 들어가 크레이그에게 말했다. 유도 분만 스케줄을 잡아오지 않으면 이 욕조에서 나가지 않겠다고. 그는 방법을 찾아냈다. 며칠 뒤 나는 내 딸을 안을 수 있었다. 간호사가 딸을 내 팔에 안겨주었을 때 나는 속삭였다. "안녕, 천사." 그리고 아이를 자세히 들여다보고는 깜짝 놀랐다. 아이는 분홍빛이었으며, 밝은 피부, 머리칼, 눈을 가지고 있었다. 아이는 나를 닮았다.

티시의 오빠는 아빠의 외모와 함께 유연하고 포용력 있는 기질을 물려받았다. 나는 체이스의 유순함을 나의 훌륭한 육아 덕분으로 돌리는 초보자의 실수를 저질렀다. 육아가 얼마나 힘든지 친구들이 투덜거릴 때 겉으로는 동의하는 척했지만 내심 바보들이라고 생각했다. *이게 도대체 뭐가 힘들단 말이지?* 그러다 티시가 태어났고, 나는 육아가 얼마나 힘든 것인지를 갑작스럽게 이해했다.

티시는 쉼 없이 *걱정*을 *끼쳤다.* 아주 어릴 때는 끊임없이 울어댔다. 걸음마를 시작할 즈음에는 기분이 안 좋은 것이 기본 설정이었다. 태어나서 처음 몇 해 동안은 온종일 아이를 행복하게 해주려고 노력했다. 그러다 아이가 여섯 살 때 그 노력을 포기했다. 아침마다 아이의 침실 문 앞 바닥에 앉아 "좋은 아침, 티시! 우린 오늘 즐거운 하루를 보낼 거야!"라고 적힌 보드판을 들고 있었다. 아이가 투덜거리며 나오면 나는 보드판을 가리키며 즐거움이 무엇을 뜻하는지 설명하곤 했다. *그건 행복한 척 연기를 하는 거야. 그냥 그런 척. 이것이 세상과 맺은 우리의 사회적 계약이란다, 얘야.* **행복한 척 연기해라.** *다른 사람들처럼 제발 고통을 조용히 받아들여.*

그러나 티시는 나의 요구를 거부했다. 아이는 연기하려 들지 않았다. 아이는 행복하기를 거부했다. 어느 날 크레이그가 일터에서 돌아왔을 때 문 앞에서 울고 있는 나와 마주쳤다. 티시는 2층에서 울고 있었다. 그에게 말했다. "쟨 구제불능이야. 감당할 수가 없어. 이 드라마는 **도대체 누가** 만들었지?" 그는 늘 그렇듯 대답해 주지 않았다. 그저 마루에 앉아 훌쩍거리는 나를 보며 충분히 생각할 시간을 주었을 뿐이다. *아, 알겠어. 무슨 말을 하고 싶은지. 그래, 티시는 나야.*

이웃에 살던 심리치료사는 내 딸에 관한 이렇게 주관적이고 나르시시즘적인 이야기를 강요하지 말라고 내게 경고한다. 그는 아이가 부모의 복제품이 아니라고 주장한다. 그 말에 나는 이렇게 대답한다. "무슨 말씀을 하려는지 알겠어요. 그렇지만 선생님, 나도 역시 내 딸을 본다고요."

티시가 나였음을 깨달았을 때 나는 *행복한 척 연기하는 것이* 거의 나를 죽일 것 같았다는 것을 기억해 냈다. 나는 티시를 행복하게 하거나 기분 좋게 만들려는 노력을 그만두고 티시다워지기만을 도우리라 결심했다. 이제 티시는 열네 살이다. 아이는 여전히 뒤죽박죽이다. 세상 사람들이 외부에서 듣고 보는 것을 아이는 내면에서 느끼고 생각하는 것이다. 아이가 화를 내면 우리는 아이만의 타당한 이유가 있으리라 추측한다. 그래서 이렇게 말한다. "네가 화가 났다는 건 알겠다. 아직 해결할 준비가 되지 않았니? 아니면 이대로 좀 더 있고 싶니?" 보통 아이는 그저 이런 느낌을 잠시 동안 느끼면 충분하다. 왜냐하면 아이는 형성 중이기 때문이다. 우리는 더는 아이를 몰아붙이지 않는다. 사실 우리가 삶을, 고통을, 아름다움을 서둘러서 통과하려고 할 때 티시는 우리를 멈춰 세우고 가리킨다. 아이는 인간으로 남기 위해 알아차릴 필요가 있는 것, 생각할 필요가 있는 것, 느낄 필요가 있는 것을 우리에게 보여준다. 아이는 내가 아는 가장 친절하고 현명하고 정직한 사람이다. 내가 이 아이보다 더 존중하는 사람은 이 지구를 걸어 다니는 사람 중에는 없다. 티시는 우리 가족의 양심이자 예언자다. 그는 우리의 *셀라*다.

아이들 아빠와 내가 이혼했을 때 티시의 세계는 무너졌다. 매일매일, 매주, 매달 아이는 우리가 고통에 가까이 있도록 붙들어 맸다. 티시를 제외한 우리가 한시바삐 그 일을 '극복'하고 싶어 할 때, 행복한 척할 때, 티시는 우리를 계속 정직하도록 만들었다. 아이는 연기하려고 하지 않았다. 행복한 척하지 않았다. 아이는 세상이 무너질 때가 세상을 한동안 멈춰 세워야 할 시간이라고 주장했다. 아이는 우리가 어떤 것도 건너뛰게 내버려 두지 않았고, 우리로 하여금 모든 것을 느끼게 만들었다. 아이는 가장 힘겨운 질문들을 했다. 아이는 아주 오랫동안 매일 밤 울다가 잠이 들었다. 아이는 잔 다르크였고, 낮이고 밤이고 전장으로 곧장 우리를 이끌었다.

아이에게 전쟁은 두 가지 전선에서 벌어지고 있었다. 하나는 부모의 이혼이었다. 그러나 아이를 가장 깊이 뒤흔든 것은 가족 형태의 변화였다. 사랑에 빠지는 나를 지켜보는 것이었다. 티시는 자신과 형제들이 내 인생의 사랑임을 이해했다. 그의 아빠와 나는 함께 있지는 않지만 함께 창조했던 가족을 여전히 사랑하는 동반자였다. 아이는 지금껏 오로지 자신을 위해 봉사하고 사랑해 주던 엄마가 온전한 한 인간이 되는 것을 목도하고 있었다. 아이는 그동안 알던 엄마를 잃었다. 아이는 내가 온전한, 살아 있는 여자가 되는 것을 지켜보았다. 내가 복잡해지는 것을 지켜보았다. 사태는 한동안은 아주 단순해 보였다. 그러나 티시는 내가 애비와 사랑에 빠지면서 자신과는 멀어진다고 느꼈다.

어느 날 밤 전투가 격렬해졌을 때 나는 티시를 침대에 재우려고 하고 있었다. 아이는 자신의 감정을 알고 그 감정을 어떻게 말할 것인지를 수정처럼 명료하게 알고 있기에 나를 보고 말했다. "엄마. 난 엄마를 잃게 될까 두려워."

나는 침대에 앉아 말했다. "오, 아가. 넌 절대로 엄마를 잃지 않아. 넌 결코 날 잃을 일이 없어, 아가야."

"다시 말해줘." 아이가 속삭였다.

그래서 나는 다시 말했다. 다시, 또 다시. 나는 그 말을 멈추지 않았다. 3년 뒤에도 이 말은 여전히 우리들이 밤마다 행하는 의식이 되었다.

불이 꺼진다. "넌 결코 날 잃지 않을 거다, 아가."

사실 매일 밤마다 예언자인 딸에게 내가 하는 마지막 말은 뻔뻔한 거짓말이었다. 이 알 수 없는 삶 속에서 내가 분명하게 아는 한 가지 사실은 언젠가는 내 아이가 나를 잃게 될 것이라는 것이었다.

나는 항상 티시에게 거짓말을 하곤 했다. 나는 일시적으로 현혹시키고 달래고 보호하려는 말로 티시에게 약속하곤 했다.

그래. 나는 천국이 존재한다고 확신해. 나는 산타클로스 할아버지를 믿어! 아니야, 엄마 아빠는 결코 이혼을 하지 않을 거야. 그래, 삶은 공평하고 좋은 남자도 있고 나쁜 남자도 있어. 엄마는 가장 잘 안단다. 일어나는 모든 일에는 이유가 있어. 넌 안전해, 아가. 내가 널 지킬 거야.

그때는 내가 할 일이란 티시가 용감해지도록 격려하는 대신 안전하게 지키는 것이라 생각했다. 그때는 티시가 삶의 역경을 헤쳐나가는 법을 배우게 하는 대신 티시의 삶을 편하게 만들어야 한다고 생각했다. 그때는 진짜보다 진짜인 척하는 데에 더 멋진 마법이 있다고 생각했다. 그때는 딸이 스스로 자신의 영웅이 되는 대신 엄마가 딸의 영웅이 되어야 한다고 믿었다.

나는 내 역할이 고통으로부터 티시를 보호하는 것이라고 생각했다. 그래서 재앙이 바로 코앞에 닥쳐 있다고 딸에게 가르쳤다. 항상 아이에게 보호막을 둘러침으로써 무엇을 두려워해야 하는지 가르쳤다. 나는 아이에게 숨으라고 가르쳤다. 나는 아이에게 삶에서 부딪히는 일에는 맞설 수 없다고 가르쳤다. *조심해, 아가. 조심해, 아가. 이리 와 아가. 엄마가 지켜줄게.*

4년 전 그때 나는 재앙을 가져다 아이의 무릎에 정확하게 올려놓는, 바로 그 사람이 되었다.

지켜주리라 장담했던 내가 아이의 마음을 망가뜨렸다.

나는 티시가 슬퍼하는 것을 지켜보았고, 아이가 일어서는 것을 지켜보았다.

아이에게 상처를 입히지 않고도 아이의 마음에 상처를 줄 수 있음을 배웠다. 이혼한 뒤 3년이 지난 지금, 아이는 더 이상 숨지도 않고 위험이 다가오는지 끊임없이 주위를 경계하지도 않는다. 최악의 상황을 경험하고도 아이는 살아남았다. 아이는 더 이상 삶의 불덩이를 피하기만 하는 어린 여자아이가 아니다. 왜냐하면 자신이 불에 타지 않는다는 것을 배웠기 때문이다. 불 속에 서 있어 본 사람만이 그것을 알 수 있다. 그것은 내 아이들이 스스로에 관해 알았으면 하고 바라는 한 가지 사실이다. 어떤 것도 우리를 무너뜨리지 못할 것이라는 사실 말이다. 따라서 나는 삶의 불길들로부터 아이들을 보호하고 싶지 않다. 나는 아이들에게 불덩이를 가리키며 이렇게 말하고 싶다. "난 너희의 두려움을 알고, 그 두려움이 크다는 것도 알아. 또 너희가 용감하다는 것을 알아. 그것이 두려움보다 더 크다는 것을 알아. 우린 힘든 일을 해낼 수 있어, 아가. 우리는 불을 견뎌낼 수 있어."

만약 다시 그럴 수만 있다면 나는 티시를 키울 때 벽에 걸어

둔 문장을 뜯어내고 싶다. "모두 괜찮아질 것이다." 나는 그것을 프레드릭 비크너^{Frederick Buechner}의 문장으로 바꾸어 달고 싶다. "여기 세상이 있다. 아름다운 일들, 끔찍한 일들이 일어날 것이다. 두려워 마라."

티시에게 더 이상 거짓말을 한다는 것을 용납할 수 없었다. 나는 밤마다 치른 나의 서약을 수정하기 위해, 그리고 그것을 진실로 만들기 위해 단순한 방법으로 머리를 굴려보았다. 아이를 끌어안고 웃으며 이렇게 말하면 어떨까. "불을 끌게, 아가. 결국 넌 날 잃게 될 거야." 그런데 그 일은 아주 먼 훗날에 일어날 일이다.

그래서 내가 궁리해 낸 해결책은 이것이다. 티시를 위해, 나 자신을 위해, 그리고 우리 모두를 위해 내가 줄 수 있는 약속과 희망이 여기에 있다.

"잘 자, 아가. 넌 결코 너 자신을 잃진 않을 거야."

기준이 되는 나무

나는 소파에 드러누워 가장 좋아하는 오락거리를 마음껏 즐기고 있다. 바보상자인 텔레비전을 보는 것이다. 나는 18년 동안 술을 끊었고 그 기간 동안 진통제 하나 먹지 않았다. 더는 술도 마시지 않고 마약도 하지 않는다. 폭식도 토악질도 하지 않고, 끊임없이 비아냥거리지도 않고, 심지어 충동적으로 (종종 하긴 하지만) 쇼핑을 하지도 않는다. 그러나 이것만은 장담할 수가 있다. 사람들은 내 몸이 차갑게 식은 다음에야 손에서 Bravo 채널이나 HGTV 채널을 빼앗을 수 있을 것이다.

텔레비전은 호기심을 자극하는 상황을 눈앞에 펼쳐준다. 내가 보고 있는 쇼의 진행자는 거칠게 야외를 활보하는 활동적인 남자다. 그는 혼자 숲속으로 들어간다. 그는 의도적으로 이런 일을 벌이는 듯하다. 나는 즉각 이 남자가 매우 이상하다고 생각한다. 남자는 숲에서 길을 잃는다. 왜 그는 그쪽으로 가면 길을 잃게 되리라는 것을 몰랐을까. 남자는 당황하고 있고 그래서 덩달아 나도 남자가 염려된다. 도움이 될 만한 것이 눈에 띄지 않는다. 숲의 전형적인 모습일 여러 동물들과 식물들 그리고 진흙더미, 그밖에 자연 그대로인 것들을 제외하곤 *아무것도 없는* 것 같다. 숲은 사람을 위한 곳이 아니고 나는 숲에 가본 적도 없기에 정확하게 알 수는 없다.

우리의 서바이벌 맨은 며칠째 아무것도 먹지 못했다. 물도 떨어졌다. 내가 가진 초능력은 감정이입인데 단점은 때때로 내게 일어난 일과 다른 사람에게 일어난 일을 구분하지 못한다는 것이다. 아내가 거실로 들어온다. 그는 선 채로 나를 본다. 나는 담요 아래 공처럼 몸을 웅크린 채 영양실조와 탈수로 천천히 죽어가고 있다.

그가 눈썹을 치켜뜬다. "괜찮아, 당신?"

나는 말한다. "모르겠어. 저걸 봐. 저 남자는 곧 죽을 거야. 숲에서 길을 잃고 굶주리고 있어. 우리가 어떻게 빠져나갈지 정말 모르겠어."

아내는 텔레비전을 보더니 말한다. "알겠어. 당신, 우리가 얘기했던 걸 잊지 마. 어떻게 리얼리티 프로그램이 만들어지는지 말이야. 당신이 *여기서* 저걸 보려면 *저기엔* 카메라맨이 꼭 있어야 해. 그럼 당연히 먹을 것도 있겠지? 나중엔 다 괜찮아질 거야, 여보."

나는 그걸 상기시켜 준 것에 고마워한다. 덕분에 공포의 담요 안에서 나와 일정한 거리를 둔 채 나머지 방송을 본다. 거리는 거짓 생존자가 내게 가르치려고 했던 교훈을 감정이입 없이 받아들이는 데 꼭 필요한 것이다.

그는 숲에서 길을 잃었을 때 가장 중요한 건 사람들에게 발견되는 것이라고 말한다. 그리고 발견되기 위한 가장 바람직한 방법은 같은 장소에 그대로 있는 것이다. 그런데 불행하게도 숲에서 길을 잃으면 결코 한곳에 머물러 있을 수가 없다. 살아남으려면 음식 등 필요한 것들을 찾으러 돌아다녀야만 하기 때문이다.

내가 정리한 바에 따르면 길을 잃은 사람은 이 두 가지를 지켜야 한다.

1. 같은 장소에 그대로 있어야 한다.
2. 같은 장소에 그대로 있어서는 안 된다.

오, 이런. 이래서 숲은 사람이 있을 만한 곳이 아니구나. 나는 이렇게 생각하며 계속 방송을 본다.

거짓 생존자는 해결책을 가지고 있다. 그는 발견되고 살아남을 가능성을 높이는 데 가장 효과적인 전략을 이렇게 말한다.

길을 잃은 사람은 먼저 기준이 되는 나무를 찾아야 한다.

기준이 되는 나무는 베이스캠프가 될 정도로 한눈에 알아볼 수 있는, 튼튼하고 커다란 나무다. 이 사람은 기준이 되는 나무로 다시 돌아올 수 있는 범위 내에서 숲속으로 모험을 떠날 수 있다. 이 반복적인 회귀는 그가 너무 멀리 가버리는 것을 막아줄 것이다.

나는 고통, 관계, 종교, 직업, 봉사, 성공 그리고 실패의 숲에서 길을 잃은 채로 인생의 많은 시간을 보냈다. 그때를 되돌아보며 나 자신의 외부에 있는 무언가를 기준 나무로 정하면 잃어버린 것이 무엇인지 찾아낼 수 있다. 정체성, 일련의 신념들.

제도. 열망에 찬 이상. 직업. 다른 사람들. 규칙들의 목록. 인정, 나 자신의 예전 모습.

지금은 길을 잃었다고 느낄 때 내가 숲이 아님을 기억한다. 내가 곧 나의 나무다. 그래서 나 자신에게로 돌아와 다시 자리를 잡는다. 그럴수록 턱이 나오고 몸이 곧게 펴지는 것을 느낀다.

나는 내 안의 비옥한 토양 속으로 한때 나였던 모든 소녀와 여자, 내가 사랑했던 모든 얼굴, 잃어버린 모든 사랑, 내가 있었던 모든 장소, 내가 나누었던 모든 대화, 읽었던 모든 책, 불렀던 모든 노래, 모든 것, 모든 것, 그것들이 바스라지고 섞이고 분해된 토양 속으로 깊이 가 닿는다. 쓸모없는 것은 없다. 나의 지나온 과거 전부가 지금의 나를 안아 키우고 있다. 이 모든 것을 모아도 너무 작은 나무라 다른 사람의 눈에는 보이지 않을지도 모른다. 그렇다면 내가 키워내야 할 것이다. 나는 모든 방법을 동원하여 나의 나뭇가지, 나의 상상력으로 끌어올리고 올려, 너무 높아 다른 누구도 볼 수 없을 때까지 빛과 온기를 향해 자라게 할 것이다. 그때가 되어도 나무의 몸통 가운데쯤만이 세상에 드러나는 유일한 부분이 될 것이다. 그럼에도 내부는 조직이 촘촘하고 부드러우며, 외부는 나를 담아내고 보호할 만큼 거칠다. 눈에 띄게 드러나는 동시에 안전하게 서 있는 나무.

나는 내가 뿌리내리고 있는 땅만큼 오래되었고 나의 가장 작은 꽃잎만큼 새롭다. 내가 바로 나만의 기준이 되는 나무다. 강하고 유일하며 살아 있는. 여전히 성장하는.

나는 필요한 모든 것을 가졌다. 나의 아래에 위에 내면에.

나는 결코 나를 잃지 않을 것이다.

양동이

며칠 전 막 잠이 들려는데 침실 문을 가만히 두드리는 소리를 들었다. "들어와."라고 말했다.

티시가 방으로 들어와 눈물을 글썽거리며 미안한 기색으로 침대 옆에 섰다.

"무슨 일이니, 아가?"

"무서워."

"뭐가?"

"모든 게. 그런데 아무것도 없어. 잘못된 건 없어, 정말. 그저……. 여기 나 혼자만 있어. 몸속에. 그냥…… 외롭다고 해야하나. 그런 거 같아. 낮에는 잊어버려. 바쁠 땐. 그런데 밤이 되면, 침대에 누우면 생각이 나. 여기에서 나는 혼자야. 무서워."

티시가 내 침대로 올라왔다. 우리는 같은 베개에 이마를 맞대고 서로의 눈을 들여다보았다. 우리는 상대방의 눈에서 자기 자신을 찾아내려고 했고 우리 사이에 놓인 경계를 지우려고 했다. 의사가 처음 티시를 내 팔에 안겨주고 내가 "안녕, 천사."라고 말했을 때부터 우리는 그 경계를 지우려고 노력해 왔다. 처음 몸을 기울여 나 자신의 폐 속으로 아이의 내음을 들이마시려고 했을 때부터. 처음 입술을 아이에게 대고 달콤하고 따스한 숨결을 들이마시고 내 것으로 만들고 싶어 했을 때부터. 발가락을 만지작거리며 어금니를 아플 정도로 꽉 물어야 했을 때부터. 나는 왜 어떤 동물들은 제 새끼를 먹는지 이해할 수 있을 듯했다. 티시와 나는 한 몸이었다. 둘로 나뉜 다음부터 우리 사이에 만들어진, 아이의 탄생이 초래한 단절을 넘어서려고 노력해 왔다. 그러나 우리의 단절은 한 걸음, 한 단어, 한 해가 지날수록 점점 더 넓어져가기만 했다. *미끄러지고 미끄러지고. 내 손을 잡아, 아가. 이리 와. 엄마, 무서워.*

나는 볼에 흘러내린 아이의 머리칼을 바로잡아주며 속삭였다. "나도 이 피부 속에서는 외롭다고 느낀단다. 오늘 바닷가에 갔을 때를 떠올려 봐. 작은 여자아이가 파도 속으로 걸어 들어가서 작은 플라스틱 양동이에 바닷물을 담고 있는 걸 봤지? 가끔 나는 내가 바다에 있는 많은 양동이들 중 하나가 아닐까 싶어. 다른 양동이들 옆에 있는. 우린 어떻게 해서든 함께 섞여 있기를 바라면서 바닷물을 각자 양동이에 쏟아부어. 너무 떨어져 있기는 싫으니까. 그렇지만 항상 우리 사이에는 양동이들이 있어."

티시는 언제나 은유를 명확하게 이해했다. (아가, 볼 수 없지만 느끼기만 해도 보는 것과 마찬가지란다.) 아이는 양동이 이야기를 알아들었는지 심연 같은 옅은 갈색 눈을 크게 떴다. 아이는 속삭였다. "맞아. 그런 것 같아."

나는 말했다. 아마 우리가 태어날 때 이 작은 몸이라는 양동이에 재료를 섞어 부은 게 아닐까. 우리가 죽으면 양동이는 텅 비게 될 테고, 그럼 더 큰 원래의 재료로, 각자에게로 돌아가게 될 거야. 죽음이란 그저 되돌아가는 게 아닐까. 이 작은 양동이들에서 나와 원래 우리가 속해 있었던 곳으로 되돌아가는 것. 어쩌면 여기서 우리를 힘들게 만드는 이 모든 고통스러운 분리는 사라지게 될 거야. 왜냐하면 우리는 다시 섞일 테니까. 엄마와 너 사이엔 어떤 차이도 없게 되는 거지. 더 이상 양동이도 없고 몸을 이루는 피부도 없어. 그저 모두가 바다야.

"그렇지만 지금은," 아이에게 말했다. "넌 바다를 담은 양동이야. 그게 아마 네가 스스로를 그렇게 크게도 또 작게도 느끼는 이유란다."

아이는 웃었다. 잠이 들었다. 나는 조금 아이를 들여다보다가 귓전에 대고 가만히 속삭이며 기도했다. *넌 양동이가 아니야. 네가 바다야. 흔들리는 채로 있어, 아가.*

승무원

이혼이 한창 진행 중이던 어느 날 아침, 리즈에게 전화를 걸어 육아에 대한 조언을 구했다. 리즈는 아이가 없다. 그래서 객관적으로 바라보기 충분할 만큼 제대로 정신이 박혀 있다.

내가 말했다. "알아, 안다고. 근본적으로는 모든 게 괜찮고 잘 되리라는 걸 알아. 알겠다고. 그런데 오늘은 모르겠어. 내가 아이들을 젠장, 망치고 있는 게 아닌지 걱정돼. 아이들은 혼란스러워하고 두려워해. 그렇게 만들지 않겠다는 게 내가 유일하게 맹세한 건데 말이야."

그가 말했다. "알겠어, 글레넌. 내가 보기에 네 가족은 지금 함께 비행기를 타고 있어. 넌 비행기 승무원이고 아이들은 비행기라곤 처음 타본 승객들이야. 비행기는 이제 막 심각한 난기류를 만났어. 그래서 정신없이 흔들리고 있어."

"맞아." 내가 말했다. "맞는 말 같아."

"그래. 그럼 승객들은 어떻게 할까? 그들은 승무원들을 봐. 만약 승무원들이 당황해서 어쩔 줄 모르는 것 같으면 승객들도 그렇게 되겠지. 만약 승무원들이 차분하고 침착하다면 승객들도 안심하고 같이 침착해질 테고.

글레넌, 너도 난기류가 무섭기는 하겠지만 그렇다고 비행기가 추락하지 않는다는 걸 잘 알 만큼 오래 살았고 비행기도 많이 탔지. 난기류가 치명적이지 않듯 이혼도 그래. 우린 이 모든 일을 겪고도 살아남아. 아이들은 아직 그걸 모를 뿐이야. 그래서 무서워하는 거야. 아이들은 무슨 일이 일어났나 네 얼굴을 계속 볼 거야. 그러니 지금 네가 할 일은 아이들을 향해 웃어 보이며 침착하게 *땅콩이나 계속 서비스하는 거야*."

이 말은 이혼이 진행되는 동안 하루도 빠짐없이 스스로에게 했던 말이다. 수백만 번도 더. 글레넌, 땅콩을 계속 서비스해.

이 육아 주문을 다른 친구에게 들려준 적이 있다. 그 친구는 이렇게 말했다. "맞아. 난기류로는 비행기가 추락하진 않지. 그런데 비행기가 충돌했다면? 만약 가족이 탄 비행기가 흔들리는 것이 *진짜라면?* 진짜 너희 가족이 추락하고 *있다면?*"

내 친구의 친구는 1년 전 10대 딸아이가 암에 걸려 죽어가고 있다는 것을 알게 되었다. 이런 일은 단순한 난기류가 아니다. 우리 모두가 두려워하는 충돌이다. 모두가 살아남지 못하리라는 것을 분명히 알고 가족이 추락하는 일이다.

이 여자는 술을 마시고 약에 손대기 시작했고 멈추지 않았다. 결국 딸은 그가 한참 약과 술에 취해 있는 동안 죽었다. 다른 두 딸은 엄마도 없이 죽어가는 언니를 지켜보아야 했다. 엄마가 먼저 배를 버리고 달아났기 때문이다. 나는 매일 이 엄마에 관해 생각하곤 한다. 나는 그에게 깊은 공감을 느낀다. 또한 그가 걱정된다. 언젠가 그가 마침내 잠잠해지고, 그 잠잠함이 견뎌내기 불가능할 만큼 통렬한 후회로 가득 차게 되지 않을까 두렵다.

우리는 가족에게 닥치는 난기류나 비극을 통제할 수가 없다. 우리네 삶의 플롯은 대체로 통제를 벗어난다. 우리는 단지 주인공의 반응만을 결정할 수 있을 따름이다. 우리는 배를 버리고 떠날 것인지 아니면 남아서 승객들을 이끌 것인지를 결정한다.

양육이란 난기류 속에서도 땅콩을 서비스하는 일이다. 그러다 진짜 고난이 닥쳐왔을 때—삶에서 가족의 죽음, 이혼, 파산, 질병에 맞닥뜨릴 때—양육은 작은 얼굴들을 보면서 아이들만큼 부모 역시 두렵다는 것을 알려주는 것이다. 부모는 생각할 것이다. *이건 너무 힘들다. 아이들을 이끌 수가 없어. 그렇지만 내가 할 수 없는 일일지라도 해내고 말겠어.*

그래서 우리는 아이들 옆에 앉는다. 우리는 아이들의 눈을 혼돈으로부터 우리에게로 돌려놓아야 한다. 혼돈에서 눈길을 떼고 우리의 눈을 똑바로 바라볼 때까지. 우리는 아이들의 손을 잡는다. 그리고 말한다. "날 봐. 너와 나야. 난 여기 있어. 저 바깥에서 일어나는 어떤 일보다 이게 더 진짜야. 너와 나. 우리는 손을 잡고 함께 숨을 쉬고 서로 사랑할 거야. 설혹 하늘에서 추락하더라도."

가족이란 그렇다. 우리는 떨어지든 날아오르든 비행하는 내내 서로를 돌볼 것이다.

메모

모든 부모 세대는 아기와 함께 병원 문을 나설 때 메모를 받는다.

우리 할머니의 메모는 이랬다. '여기 아기가 있어요. 집으로 데려가 잘 키우세요. 말할 때 말하게 내버려 두고. 당신과 삶을 함께 하도록 해요.'

우리 어머니가 받은 메모는 이랬다. '여기 당신의 아기가 있어요. 집으로 데려가 역시나 아기가 있는 친구들과 함께 매일 어울리도록 해요. 4시 전에는 음료를 마시고 그 이후에는 와인을 마셔도 돼요. 담배를 피우고 카드놀이를 해요. 아이들은 집 안에 가두어놓고 먹고 자도록 내버려 둬요.'

억세게 운 좋은 사람들이다.

우리가 받은 메모는 이렇다. '여기 당신의 아기가 있어요. 당신이 살아오는 내내 기다렸던 순간이에요. 마음속 구멍이 채워질 때 비로소 당신은 완벽해진답니다. 내가 이 아기를 당신의 품에 건네준 다음 충만한 성취감이 아닌 다른 감정을 느낀다면 즉각 상담을 신청하세요. 상담사와 예약을 한 다음 가정교사를 불러요. 우리가 지금 3분을 지체했기에 당신의 아이도 이미 3분 뒤처졌어요. 아직도 아이를 중국어 수업에 등록시키지 않았다고요? 가엾은 아이네요. 잘 들어요. 부모는 더 이상 명사가 아니에요. 그런 시절은 끝났어요. 지금 부모는 동사랍니다. 끊임없이 뭔가를 해야 해요. 동사 부모는 *보호하다, 막아주다, 맴돌다, 방향을 바꾸다, 고쳐주다, 계획하다, 사로잡다* 등과 동의어라고 생각하세요. 양육은 당신의 모든 것을 요구할 것입니다. 제발 당신의 마음, 몸, 그리고 영혼을 다해 아이를 돌보세요. 양육은 당신의 새로운 종교이며, 그 안에서 구원을 찾게 될 것입니다. 이 아이는 당신의 구세주입니다. 개종을 하든지 아니면 저주를 받든지. 우리는 당신이 모든 다른 삶을 포기할 때까지 기다릴 것입니다. 감사합니다.'

이제 양육의 목표는 다음과 같다. '당신의 아이에게 어떤 어려운 일도 절대 일어나지 않도록 하라.'

그러기 위해서 아이는 참가하는 모든 경기에서 우승해야만 한다. (여기엔 참여만 하면 받는 400개가 넘는 대회 트로피들이 있다.) 아이는 모두가 자신을 좋아하고 사랑하며 항상 함께 있기를 원한다고 느껴야만 한다. 아이는 항상 즐겁고 재미있게 해주어야 한다. 이 땅에 사는 모든 날들이 디즈니랜드에 간 것 같아야 하거나 그보다 더 나아야 한다. (만약 실제 디즈니랜드를 간다면 자유이용권을 받아라. 절대 아이를 기다리게 해서는 안 된다.) 만약 다른 아이들이 아이와 놀고 싶어 하지 않는다면 그 아이들의 부모에게 전화를 해서 이유를 알아보고 아이들이 그러지 않도록 만들어야 한다. 공공장소에서는 아이보다 앞장서서 걸어 아이를 슬프게 만들 수도 있는 사람들의 불행한 얼굴을 보지 못하게 하는 한편, 아이가 소외감을 느낄 수도 있으므로 행복한 얼굴도 보지 못하게 해야 한다. 학교에서 곤경에 처하면 선생님에게 전화를 걸어 큰소리로 당신의 아이는 잘못한 게 없다고 설명하라. 선생님에게 방금 한 행동에 대해 사과하라고 우겨라. 아이의 여린 머리 위로 빗방울 하나 떨어지지 않도록 하라. 아이가 단 한 순간조차 불편한 인간의 감정을 느끼지 않도록 키워라. 아이에게 어쩌다 일어날지도 모를 삶을 허용하지 말라. 요약하자면 당신의 삶은 끝났고, 당신의 새로운 존재는 아이의 삶이 결코 시작되지 않도록 보장하는 것이다. 신이시여.

우리는 정말 끔찍한 메모를 받았다.

이 끔찍한 메모 때문에 우리는 이렇게 지치고 신경질적이 되고 죄책감을 느끼는 것이다.

이 끔찍한 메모 때문에 우리 아이들 또한 형편없는 아이들로 만든다.

아이들은 정말 그렇다. 점점 형편없어진다.

왜냐하면 제대로 된 사람은 실패했던 사람이고, 스스로 먼지를 털어내고 다시 시도하는 사람들이기 때문이다. 제대로 된 사람은 상처를 입었던 사람이다. 그래서 상처 입은 다른 사람들에 공감한다. 제대로 된 사람은 결과에 책임짐으로써 자신의 실패로부터 무언가를 배운 사람들이다. 제대로 된 사람은 어떻게 이기고도 겸손한 마음을 가질 수 있는지, 어떻게 지고서도 위엄을 잃지 않는지를 배운 사람들이다.

우리의 메모는 아이들에게서 한 가지, 그들을 강한 사람으로 만들어주는 한 가지를 빼앗아버리고 있다. 투쟁하는 것.

우리의 끔찍한 메모는 또한 아이들로 하여금 자신이 물려받을 세상이 망가지고 있는 동안 별것 아닌 일에 매달리게 만든다. 아이들이 학교에서 혹독한 총기 훈련으로 죽음을 연습하는 동안 우리는 아이들의 간식에 집착한다. 지구가 녹아내리고 있는데도 대학입시에 대해 고민한다. 나는 지금보다 더 지나치게 과보호를 하거나 지나치게 보호받지 못했던 세대가 있었으리라고는 상상조차 할 수가 없다.

새로운 메모.

여기 당신의 아기가 있다.

집에서도, 투표장에서도, 거리에서도 아이를 사랑하라.

아이가 모든 일을 겪게 내버려둬라.

아이의 가까이에 있어라.

시

체이스가 어렸을 때 식탁에 앉아 지구상의 모든 나라 이름과 수도 이름을 목록으로 만들면서 세계지도를 그리는 것을 본 적이 있다. 오후 내내 노래 가사를 쓰며 보내기도 했다. 우리는 아이가 집 안 곳곳에 남겨둔 짧은 시를 모아두기도 했다.

아이가 열세 살이 되었을 때 휴대전화를 사주었다. 아이가 너무 간절하게 갖고 싶어 했고, 우리는 아이를 행복하게 해주고 싶었기 때문이다. 그런 뒤에 천천히 아이의 빛이 꺼져가는 것을 지켜보았다. 아이는 지도를 그리지 않았고, 읽고 쓰기를 멈추었고, 집 어디에서도 시를 발견할 수가 없었다. 우리와 함께 있을 때에도 아이가 다른 데 있고자 하는 욕구를 감지할 수 있었다. 심지어는 전화를 가지고 있지 않을 때에도 아이는 없었다. 아이는 우리 주변을 어슬렁거리기만 했다. 눈빛도 달라졌다. 조금 어눌해지고 무거워졌다. 내가 본 중에 가장 반짝이는 눈이었는데 어느 날부터 그 눈빛이 사라져버렸다. 체이스는 휴대전화 속에서 자신의 피부 속에 있는 것보다 훨씬 더 편안한 장소를 찾았다.

비극이었다. 왜냐하면 우리의 가려운 피부 안쪽은 우리가 누구인지를 발견하는 곳이기 때문이다. 우리는 지루할 때 스스로에게 묻는다. 나는 무엇을 하고 싶은 걸까? 우리는 특정한 물건을 향해 다가간다. 펜과 종이와 기타와 뒤뜰의 숲, 축구공, 주걱 등으로. 무엇을 해야 할지 알 수 없는 그다음이야말로 스스로를 발견하는 순간이다. 지루해서 피부를 긁어댄 직후에 우리는 자신을 발견한다. 그러니 우리는 지루함에서 놓여나려 하지 말고 충분히 오랫동안 거기에 매달려야만 한다.

휴대전화와 아이들에 관해서라면 부모가 걱정할 만한 일이 아주 많다. 우리는 성에 대해 상품화된 관점, 진정한 연결성 결여, 인간다움이 무엇인지에 관한 왜곡된 개념들 등에 아이가 영향을 받지나 않을까 염려한다. 그러나 나는 우리가 아이들에게 전화기를 건네 줄 때 그들에게서 지루함을 빼앗아버린다는 사실이 가장 염려된다. 결과적으로 우리는 글쓰기를 시작조차 하지 않은 작가들, 낙서를 시작도 하지 않은 화가들, 부엌을 결코 지저분하게 만들어보지 않은 요리사들, 공을 벽으로 차본 적이 없는 운동선수들, 삼촌의 기타를 집어 들고 뚱땅거려 본 적이 없는 음악가들을 길러낼 것이다.

한번은 스마트폰을 만들고 확산시키는 데에 주도적인 역할을 한 실리콘 밸리의 경영자와 대화를 나눈 적이 있었다. 나는 그에게 자녀가 몇 살이었을 때 휴대전화를 사주었는지 물었다. 그는 웃으며 말했다. "아, 우리 아이들은 전화기가 없어요." "아!" 내가 대답했다. 팔아야 할 물건을 아이들에게 먼저 주지

마라.(마약 딜러가 먼저 약에 취해선 안 된다는 말에 빗댄 것이다.—옮긴이) 휴대전화를 만드는 사람들은 창조적인 사람들이며, 그들은 자신의 아이가 그저 소비자가 아닌 창조적인 사람이 되기를 원한다. 그들은 아이들이 저 바깥에서 자신을 찾기를 원하지 않는다. 그들은 바로 여기에서 아이들이 스스로를 발견하기를 원한다. 그들은 휴대전화가 우리를 겉모습에 집착하도록 고안된 것임을 알고 있으며, 만약 우리가 안으로 깊이 파고든다면 결코 자신들이 원하는 소비자가 될 수 없다는 것을 알고 있다.

애비와 크레이그와 나는 끊임없이 천천히 꺼져가는 체이스의 눈빛에 대해 이야기를 나누었다. 그러나 우리는 어떤 대책도 마련할 수가 없었다. 나는 체이스가 휴대전화에 중독되어 가고 있으며 그것이 아이의 성장과 평화를 가로막을 것임을 직감적으로 알아차렸다. 그러나 전화기를 빼앗았을 때 아이가 뒤처지거나 따돌림을 당하지는 않을까 걱정스럽기도 했다. 아이는 다른 아이들과 아주 달라질 것이다. 달라진다는 두려움이 부모가 나서야 할 때 주저앉게 되는 끔찍한 이유라는 것을 알기까지 거의 두 해가 더 걸렸다.

체이스가 고등학교 신입생일 때 나는 함께 산책을 가자고 청했다. 길 아래쪽 인도를 걸어 내려가면서 나는 총명하고 아름다운 소년을 향해 고개를 돌리고 말했다. "너를 키우면서 엄만 아주 많은 잘못을 저질렀어. 그렇지만 돌이켜 보고 나서야 잘못이라는 것을 알 수 있었을 뿐이야. 나는 지금까지도 네게 좋지 않다는 것을 뻔히 알면서도 결정을 내리지 못했지. 네게 전화기를 준 건 옳은 일이 아니었어. 만약 내가 빼앗는다고 해도 넌 금방 적응할 거야. 별일 없겠지. 친구들과 덜 어울리고 독서를 다시 시작할 수도 있을 거야. 그리고 사이버 세상 대신 너 자신의 아름다운 두뇌와 마음속에서 살았을 거야. 우리는 함께할 소중한 시간을 덜 낭비하게 될 거고.

이젠 알아. 내가 널 위해 뭘 해야 하는지를. 그래도 그렇게 하진 않을 거야. 그건 네 친구들 모두가 전화기를 가지고 있고, 나는 네가 그 아이들과 달라지는 걸 원치 않기 때문일 거야. '다들 그러니까.' 하지만 다른 사람들이 다 하니 괜찮은 줄 알았던 것도 알고 보면 중독성이 있고 치명적이기도 하지. 담배 피우는 게 그래. 그렇게 몇십 년씩 피우지."

체이스는 한동안 말이 없었다. 우리는 계속 걸었다. 그러다 아이가 말했다. "나도 아이들이 전화기 때문에 그 어느 때보다 우울하고 스트레스를 받는다는 글을 읽은 적이 있어. 서로 잘 이야기를 나눌 수도 없다고 하던데. 요즘은 가끔 나도 그런 것 같아. 가수 에드 시런^{Ed Sheeran}이 전화기를 없앴다는 기사도 있더라."

"그 사람은 왜 그랬을까?"

"다른 사람들이 만든 것들을 들여다보는 대신 자기가 뭔가를 만들어내고 싶다고 말했어. 그리고 화면을 통해서가 아니라 자신의 눈으로 세상을 보고 싶다고도 했고. 내 생각에도 전화기가 없으면 더 행복해질 것 같기는 해. 전화를 너무 자주 확인하면 전화가 나를 통제하는 것 같았거든. 내가 원하지도 않은 일이고 뭔가 손해 보는 일 같아. 나도 가끔 스트레스를 받아."

"좋아." 내가 말했다.

체이스와 티시는 모두 SNS를 하지 않기로 결정했고, 휴대전화는 문자를 주고받을 때만 쓰기로 했다. 엠마에게는 고등학교에 가기 전까지 휴대전화를 사주지 않을 것이다. 아주 어린 시절부터 일거리를 안겨주고 싶지 않다. 우리는 세상이 그에게 무엇을 요구하는지를 배우기 전에 자신이 누구인지를 발견할 수 있는 지루함이라는 선물을 주고 싶다. 우리는 부모로서 우리가 할 일이 아이를 행복하게 지켜주는 것이 아니라고 결론지었다. 우리가 할 일은 아이를 인간답게 지켜내는 것이다.

이것은 휴대전화에 관한 이야기가 아니다. 이것은 앎에 관한 이야기다.

용기 있는 양육은 우리와 아이들의 깨달음에 귀 기울이는 것이다. 아무리 반(反)문화적인 듯이 보일지라도 아이들이 진실하고 아름다운 일을 하게 하는 것이다. 우리 아이들에게 필요한 것을 알았을 때 어떻게 하면 모른 척하지 않을까에 관한 이야기다.

남자아이들

나는 두 딸이 자궁에 자리 잡았을 때부터 페미니스트로 키워왔다. 나는 딸들이 태어나는 순간 세상의 길들이기가 시작될 것을 알았고, 딸들이 그에 대비해 준비되어 있기를 원했다. 그 준비란 여자가 된다는 것의 의미를 규정하는 세상의 이야기에 맞설 수 있는 내면의 이야기를 가지고 있음을 의미한다. 어린 시절 나는 그런 이야기를 가지고 있지 못했고, 따라서 세상이 진짜 여자는 자그마하고 조용하고 귀엽고 수용적이며 밝아야 한다고 했을 때 그것을 진실이라 믿었다. 나는 이 거짓말 속에서 숨 쉬며 살았고 결국 그 거짓말들이 나를 병들게 만들었다. 아이들은 살아가면서 케이지를 응시하고 저항하는 법을 배우거나 문화에 맞게 그 케이지에 굴복하는 법을 어른들에게 배운다. 가부장제 사회에서 태어난 여자아이들은 약삭빠르거나 병든다. 다른 선택지는 없다.

나는 내 딸들이 이 사실을 알기를 원했다. 너희는 인간이다. 그리고 너희가 타고난 권리는 완벽한 인간으로 계속 남는 것이다. 따라서 너희는 그 무엇이든 될 수 있다. 시끄럽고 조용하고 대담하고 현명하고 사려 깊고 충동적이고 창조적이고 유쾌하고 크고 화를 내고 호기심이 많고 탐욕스럽고 야심만만할 수 있다. 너희는 감정, 사고, 몸으로 지구상의 공간을 채울 수 있다. 움츠러들 필요가 없다. 어떤 부분도 결코 감출 필요가 없다.

여자에게 삶이란 여자를 케이지에 가두려고 작정한 세상에 맞서 자유롭고 온전한 존재로 남기 위한 생애에 걸친 전쟁터다. 나는 내 딸들이 온전한 인간이 되기 위해 싸우는 데 필요한 것이라면 무엇이든 손에 쥐여주고 싶다. 세상이 그들에게 들려주는 만연한 거짓말을 이길 수 있는 유일한 무기는 진실이다.

그래서 나는 수박처럼 부풀어 오른 배 위에 밤마다 헤드폰을 올려두고 용감하고 호락호락하지 않은 여자들에 관한 오디오북을 들려주고는 했다. 딸들이 태어난 다음에는 문화적 울타리를 박차고 자유롭게 살며 세상에 소중한 선물을 가져다준 여자들에 관한 이야기를 들려주며 잠을 재웠다. 아이들이 좀 크고 나서는 산책을 다닐 때마다 지나가는 여자들의 직업을 예측해보고는 했다. "저 여자가 기술자고, 회사 경영자고, 동시에 올림픽 운동선수라는 데에 건다!" 어떤 엄마가 내 딸의 우두머리 기질을 두고 우스갯소리를 했을 때 나는 이렇게 말했다. "대단하지 않나요? 어쨌든 지도자잖아요." 내 딸들이 게임에 지고 격분하면 이렇게 말했다. "화가 나면 화를 내. 괜찮아." 딸들은 학교를 다니고부터 조금씩 위축되고 빛이 희미해져 가기 시작했다. 그럼 이렇게 말하곤 했다. "얘들아, 계속 손을 들어. 너흰 대담하고 눈부신 자신을 세상에 드러낼 수 있어. 스스로에 대한 확신을 가지고서도 여전히 여자일 수 있어."

효과가 있었다. 딸들은 자라면서 학교에서 집으로 돌아오면 묻고는 했다. 왜 정사각형 게임에서 승자가 되면 항상 '왕'이라고 불러야만 하는지. 학교에서도 선생님에게 물었다. 왜 모든 헌법의 언어는 남성형 '그^{he}'만 지칭하는지. 아이들은 기독교계 초등학교에서 전학시켜 달라고 고집을 부렸다. 하느님을 '여성형의 그^{she}'로 지칭하자는 자신의 제안을 선생님이 거절했기 때문이었다. 티시는 학교의 여자 축구부 셔츠에 '레이디 브루인스$^{Lady\ Bruins}$'라고 새기는 데 반기를 드는 일에 주동자가 되었다. '레이디'를 여학생 셔츠에서 빼거나 남학생 셔츠에 '젠틀맨'을 추가해야 한다고 주장했다. 앰마는 학교에 양복을 입고 갔으며, 급우들이 남자애라고 불러도 어깨를 으쓱하며 무시했다. 내가 흰머리에 뿌리 염색을 하느라 약속을 깜박했다고 투덜거리자 티시가 물었다. "왜 엄마는 엄마를 바꾸려고 해?"

5년 전 텔레비전으로 CNN을 틀어놓고 부엌 청소를 하고 있었다. 나는 채널을 돌리려다가 보도되는 내용에 불쾌감을 주는 일정한 패턴이 있음을 알아차렸다.

첫 번째는 권력을 유지하기 위해 거짓말을 하다가 붙잡힌 5명의 백인 남자 공무원들의 이야기였다. 두 번째 뉴스에는 무장하지 않은 흑인 10대 아이를 경찰이 잔인하게 구타하는 장면이 담겨 있었다. 계속해서 들려오는 소식은 이랬다.

15세 학교 총기 살해범이 반 친구 3명을 죽였다. 그중 한 명은 자신과 사귀기를 거부한 여자아이였다.
라크로스팀 선수들이 집단 강간으로 기소되었다.
대학생 청년이 신입생을 괴롭히다가 살해되었다.

중학생 게이 소년이 학교에서 집단 따돌림 때문에 자살했다.

훈장을 받은 35세 참전용사가 "외상 후 스트레스 장애에 굴복하고 말았다."

나는 입을 딱 벌린 채 텔레비전을 보며 생각했다.

오, 맙소사.

남자아이들도 문화의 강요에 부응하느라 힘겨워하잖아.

그들에게도 역시 온전한 인간이 되는 것이 허용되지 않는다.

사내아이들 역시 케이지에 갇혀 있다.

진정한 남자라면 만능이어야 한다고 믿는 남자아이들은 권력을 주장하고 유지하기 위해 속이고, 거짓말을 하고, 훔칠 것이다.

여자가 자신을 입증하기 위해 존재한다고 믿는 남자아이들은 여자의 거절을 자신의 남성성에 대한 모욕으로 받아들일 것이다.

남자가 남자와 맺는 공개적이고 상처받기 쉬운 관계를 수치스럽다고 믿는 남자아이들은 게이 남자아이들을 끔찍하게 증오할 것이다.

남자는 울지 않는다고 믿는 남자아이들은 분노하는 남자가 될 것이다.

고통을 느끼는 것이 약점이라고 배운 남자아이들은 도움을 청하지도 못하고 죽을 것이다.

미국에서 남자아이가 된다는 것은 일종의 함정이다. 우리는 남자아이들에게 남자가 되려면 여자를 대상화하고 정복하고,

부와 권력에 가장 높은 가치를 두고, 경쟁과 분노를 제외한 어떤 감정이든 억눌러야 한다고 가르친다. 그리고 남자아이들이 훈련시킨 그대로 되었을 때 깜짝 놀란다. 남자아이들은 우리의 지시를 모두 행하지는 못하지만 따르려고 노력하는 가운데 속이고 죽어가고 죽일 것이다. 한 소년을 인간으로 만드는 모든 것은 '진짜 남자'의 더러운 비밀이다.

우리의 남자들 역시 케이지에 갇혀 있다. 거기에 맞추기 위해 감춰야 하는 자신의 일부, 즉 우리 문화가 '여성성'이라고 꼬리표를 붙인 특성들—자애로움, 온순함, 부드러움, 조용함, 친절함, 공감, 모호함, 겸손, 연결성 같은—은 그들 속 인간성의 조각들이다. 그런데도 남자아이들에게 말한다. "이렇게 되지 마. 그건 여자들의 속성이니까. 여자같이 보이지만 않으면 뭘 해도 괜찮아."

문제는 우리의 남자아이들에게서 추방된 그 속성은 여성적인 특징이 아니라는 것이다. 그것은 인간의 특성이다. 여성적인 속성이라는 것은 존재하지 않는다. 왜냐하면 남성성이나 여성성이란 것이 애초에 없기 때문이다. '여성성'은 그저 '여성성'이란 꼬리표를 붙인 것이며, 문화가 양동이에 쏟아부은 그저 일련의 인간적인 특성일 뿐이다.

젠더는 자연스러운 것이 아니라 규정된 것이다. "여자는 아이를 키우고 남자는 야망을 품는다. 여자는 부드럽고 남자는 거칠다. 여자는 정서적이고 남자는 냉정하다."라고 말한다는 건 진실이 아니라 믿음을 공유하는 것이다. 이미 강제가 되어버린 믿음들 말이다. 만약 이런 진술들이 진실처럼 느껴진다면 그 이유는 모든 것이 아주 잘 짜여 있기 때문이다. 인간적 특성은 젠더화된 것이 아니다. 젠더화된 것은 어떤 특성들을 표현하도록 허용된 것이다. 왜? 왜 우리 문화는 그와 같이 엄격하게 젠더의 역할을 규정하는가? 그리고 부드러움과 자애로움에 여성적이라고 꼬리표를 다는 것이 왜 우리 문화에서 그렇게 중요해졌는가?

왜냐하면 *이런 자질의 표현을 허용하지 않는 것이 현재의 지배적인 질서가 권력을 유지하는 방식이기 때문이다.* 우리 문화처럼 균형이 맞지 않는 문화에서, 사람들이 굶주리는 동안 수십억 달러를 소수가 긁어모으는 문화에서, 석유를 위해 전쟁을 벌이고 총기 제조업자와 정치가들이 피에 젖은 돈을 모으는 동안 아이들이 총에 맞고 죽어가는 문화에서 자애로움, 인간성 그리고 연약함 등은 용납될 수 없다. 자애와 공감은 불평등한 사회에 거대한 위협이다.

그렇다면 권력은 어떻게 이런 특성의 표현을 억압하는가? 여성혐오 문화 속에서 필요한 것은 그 특성들에 여성적이란 딱지를 붙이는 것이다. 그러면 우리는 여성들 속의 특성들을 영원히 평가절하할 수 있으며, 남자들로 하여금 그 특성들을 영원히 부끄러워하게 만들 수가 있다. 짜잔. 더는 복잡하게 세상을 바꿀 부드러움을 입에 올릴 일이 없다. 어떤 식으로든 현 상황에 도전이 되는, 우리가 공유하는 인간성이 없이도 이 세상을 지속해 갈 수 있다.

나는 일어서서 텔레비전을 응시했다. 그리고 첫날부터 딸들이 자신의 인간성을 위해 싸우도록 어떻게 준비시켰는지 되짚어 생각했다.

젠장.

그런데 내게는 아들도 있다.

나는 부드러운 남자들에 관한 이야기를 들려주며 아들을 재우려고 한 기억이 없다. 지나가는 남자를 가리키며 "저 사람은 시인, 교사, 헌신적인 아빠가 분명해."라고 짐작한 기억이 없다. 아들의 감수성에 관해 어른들이 언급할 때 "멋지지 않아요? 부드러움은 이 아이의 장점이에요."라고 말한 적이 없다. 아들이 학교를 다니기 시작했을 때 나는 "넌 세상 속에서 조용하고, 슬퍼하며, 자애롭고, 작고, 여리고, 사랑스럽고, 친절해도 돼. 스스로에 대해 확신하지 못하더라도 여전히 남자아이가 될 수 있어."라고 말한 적도 없다. "여자아이들은 정복하기 위한 대상이 아니야. 그들은 남자의 이야기 속에서 조연 역할을 하기 위해 존재하지 않아. 모두 그 자체로 존재해." 이렇게 말한 기억이 없다.

나는 아들이 자신의 인간성을 간직해 주기를 원한다. 나는 아들이 온전한 인간으로 머물러주기를 원한다. 나는 아들이 병들지 않기를 원한다. 나는 아들이 현명하기를 원한다. 나는 아들이 안에서 천천히 죽어가게 만들거나 벗어나면 죽여버리는 케이지에 굴복하기를 원치 않는다. 나는 아들이 성채를 세우기 위해 권력이 사용하는, 또 하나의 무의식적인 벽돌이 되는 것을 원치 않는다. 나는 아들이 진짜 이야기를 알기를 원한다. 그 이야기는 온전한 인간이 되기 위해 자유로워지는 이야기다.

아들은 뛰어난 학생이자 운동선수다. 힘든 수업을 듣고 밤을 새워 몇 시간이고 공부를 한 뒤 아침이면 일찍 일어나 연습을 하러 간다. 몇 달 전까지만 해도 집에서나마 게으름을 부리라고 자잘한 일들을 도맡아 해주었다. 아이가 학교에 가 있는 동안 방을 정리해 주었고 빨래를 하고 밤새 어질러놓은 거실을 치웠다.

어느 날 저녁 아이는 숙제를 해야 한다며 설거지를 건너뛰어도 괜찮겠느냐고 물었다. 나는 그러라고 하고 애비, 딸들과 함께 설거지를 끝냈다. 밤에 침대에서 애비가 말했다. "사랑해서 그런 건 알지만 일일이 체이스의 시중을 들어주면 나중에는 그걸 이용할 거야."

나는 말했다. "말도 안 돼!"

그러고는 침대에 누운 채 천장을 한 시간 남짓 뚫어져라 응시했다.

다음 날 텔레비전을 켜고 이제 막 부모가 된 부부가 나오는 광고를 보았다. 젊은 엄마는 직장에 복귀하기 위해 처음으로 남편에게 아기를 맡겼다. 카메라는 집 안 곳곳을 다니는 아빠를 쫓고 있었다. 인공지능 스피커 알렉사가 전날 밤 엄마가 계획해 둔 것을 끊임없이 재잘대며 상기시키고 있었다. "9시 음악 수업 잊지 마요! 12시에 점심 먹이는 것, 냉장고에 있는 병 잊지 마요! 잘하고 있어요!" 시청자들은 그 달콤함에 자지러질 지경이었다.

내가 생각한 것이라고는 이것뿐이다. '이 아빠는 *이제 막* 지구에 도착했나? 여기 새로 왔나? 자기 아기를 보살피는데 사사건건 알려줘야 하나? 이 아기 엄마는 이날을 위해 얼마나 동동거렸을까?' 다시 일터로 갈 준비만이 아니라 *남편이* 다음 날 해야 할 일을 분 단위로 계획하느라 전날 밤을 보냈을 것이다. 그는 남편과 아기의 요구를 예측했고, 온종일 아빠의 손을 알렉사가 이끌도록 입력해 두었다. 그러니 아빠는 전혀 생각을 할 필요가 없었다. 그런데도 이 아빠는 아기를 사랑하는 어른으로 비쳤다. 그라고 해서 자신의 아들을 돌볼 수 있는 능력이 전혀 없을 이유는 어디에도 없었다. 둘 다 새로 부모가 된 사람들이었다. 그런데 어떻게 한 사람은 그렇게나 무력해졌을까?

아! 나에게도 깨달음이 왔다.

다음 날 나는 체이스에게 해야 할 집안일의 목록을 건네주었다. 체이스는 그것들을 끝내지 못했다. 나와 마주치자 아이는 말했다. "미안해, 엄마. 내일 중요한 물리 시험이 있어서."

내가 말했다. "아니야, 체이스. *미안한 건 나야.* 내가 네게 잘못된 신호를 계속 보냈던 것 같아. 나도 모르게 가족의 일원으로서 해야 할 일을 하는 것보다 저 바깥에서 무언가를 성취하는 것이 더 중요하다고 널 가르쳤어. 가정은 네가 남은 에너지를 쓰는 곳이고, 바깥일은 최선을 다해서 해야 한다고 가르쳤던 거지. 밑바닥에서부터 잘못을 수정할 필요가 생겼어. 네가 최소한으로 해야 할 일을 정해줄게. 네가 집안에 있는 가족들을 존중한다는 것을 보여주지 않는다면 세상에 나가 얼마나 많은 존경을 받든 개의치 않을 거야. 그걸 제대로 해내지 못한다면 밖에서 뭘 하든 그리 중요하다고 말할 수가 없어."

우리의 남자아이들은 양육과 보살핌, 사랑, 봉사 같은 활동에 아주 커다란 잠재력을 지니고 태어났다. 아이들에게서 그 능력을 빼앗는 길들이기는 이제 그만 멈추자.

몇 년 전 전남편이 이제 막 아기를 낳은 옛 친구와 저녁을 먹으러 나갔다. 둘은 몇 시간을 함께 보냈다. 크레이그가 집으로 돌아오자 내가 말했다. "전부 말해 봐! 아기 이름은 뭐야?"

크레이그가 말했다. "글쎄. 모르겠는데."

내가 말했다. "뭐라고? 그럼 집에서는 어떻게 지낸대? 지쳐 나가떨어지지 않았대? 아기는 잘 자고? 부인은 그 모든 일을 어떻게 하고 있대?"

"안 물어봤는데."

"좋아. 그 친구 어머니는 어때? 암이 더 심각해진 건 아니겠지?"

"아무 말도 못 들었어."

"그럼 두 시간 동안 도대체 무슨 *이야길* 한 거야?"

"잘 모르겠어. 일 얘기? 축구?"

크레이그를 보며 생각했던 것이 떠올랐다. *나는 이 세상 돈을 전부 준다 해도 저 남자와 자리를 바꾸지는 않겠다.* 그 모든 일이 얼마나 힘든지 터놓고 말할 수 있는 친구들이 없었다면 나는 초보 시절 양육을 제대로 해내지 못했을 것이다. 남자가 된다는 것은 아주 외로운 일임이 분명하다. 서로 도와야 해낼 수 있는 모든 일들을 혼자서 지고 나가는 것은 정말 어려운 일임이 분명하다.

나는 내 아들이 외로움에 길들기를 원치 않는다. 그래서 체이스와 아이의 친구들을 차에 태우고 여기저기를 다닐 때마다 나는 라디오를 끄고 말한다.

이번 주에 가장 당황했던 순간은 언제였니?

제프의 가장 좋은 점은 뭐니? 후안은? 체이스는?

이 녀석들아. 너희 반에서 가장 외로운 아이는 누구라고 생각하니?

다른 아이들이 슈팅 연습을 할 동안 친구들과 옷장에 숨어 있을 때 기분이 어땠어?

백미러를 통해 나는 아이들이 눈길을 서로 교환하는 것을 포착한다. 그러다 아이들이 말을 시작하면 나는 아이들 내면의 생각들, 감정 그리고 아이디어들이 얼마나 흥미로운지 감탄한다.

한번은 남자아이들 중 한 아이가 특히 취약한 어떤 특성에 대해 말하자 다른 아이들이 불편하게 낄낄거렸다. 내가 말했다. "얘들아. 누군가가 말한 걸 비웃을 때는 이걸 꼭 기억해라. 그건 말한 사람을 비웃는 게 아니라는 걸. 바로 비웃는 자신을 비웃는 거야. 친구는 솔직하게 말할 정도로 용감해. 너희도 그에 대처할 만큼 용감해야 해. 삶은 힘겨운 거야. 그러니 친구들은 서로에게 안식처가 되어줘야 해."

남자아이들은 여자아이들과 다를 바 없는 인간이다. 그들도 자신들의 인간성을 나눌 수 있도록 허용되어야 하고, 가능성, 안전한 장소를 필요로 한다. 우리 아들들이 친구들과 함께 진짜 약점을 드러내는 대화를 하도록 격려하자. 스포츠, 섹스, 뉴스, 날씨 이야기밖에 할 말이 없는 중년 남자가 되지 않도록 감정, 관계, 희망, 꿈에 관해 물어보자. 우리의 남자아이들이 혼자서 삶을 짊어지고 갈 필요가 없는 어른이 되도록 도와주자.

내 친구 제이슨이 자기 어린 시절 이야기를 들려주었다. 그는 욕실에서만 울 수 있었다고 했다. 우는 걸 엄마나 아빠가 좋게 생각하지 않았기 때문이었다. 부모는 "남자답게 행동해라."라고 말하고는 했다.

그와 아내 나탸샤는 아들을 다르게 키우려고 노력한다고 말했다. 그들은 아들 타일러가 자신의 감정을 안전하게 표현할 수 있기를 원했다. 그래서 제이슨은 아들과 아내 앞에서 한층 솔직하게 자신을 표현함으로써 약한 모습도 보여주고자 했다. 내게 이렇게 말한 다음 제이슨이 덧붙였다. "이건 머릿속에서만 하는 생각인데 내가 약한 모습을 보일 때마다 나탸샤가 불편해한다는 느낌을 받아. 내가 섬세했으면 좋겠다고 말은 하는데, 그

앞에서 두세 번 울거나 나도 걱정하고 있다는 것을 인정하면 그가 뒤로 물러난다는 느낌을 받아."

나타샤는 내가 좋아하는 친구다. 그래서 그 일에 대해 물었다. 제이슨이 한 이야기를 들려주자 그는 깜짝 놀랐다.

"그가 알아차렸다는 걸 믿을 수가 없네. 맞아, 그가 잘 봤어. 제이슨이 울면 난 좀 이상해. 내가 느끼는 감정이 혐오감 비슷한 거라고 말하자니 나도 당황스럽긴 해.

지난달에 제이슨이 자기도 돈 문제가 걱정이라고 인정하더라. 함께 헤쳐나가자고 말은 했어. 그런데 내심 다른 생각이 들더라고. '남자답게 행동해, 바보야.' 남자답게 행동하라고? 난 페미니스트야, 맙소사. 끔찍해. 정말 날 이해할 수가 없어."

그것은 끔찍한 일이 아니라 오히려 너무나 잘 이해가 되는 일이다. 여자들 역시 우리 문화의 남자다움이란 기준에 똑같이 중독되었기 때문이다. 우리는 남자들이 자신의 케이지 밖으로 나오려는 모험을 감행할 때 공포에 휩싸인다. 여자의 공포는 다시 그들을 부끄럽게 만들어 케이지로 들어가게 한다. 그러니 우리는 배우자들, 남자 형제들, 아들이 강하지만 외롭게 지내게 할지 아니면 자유롭게 함께 있게 할지 결정해야만 한다.

어쩌면 여자가 자신을 자유롭게 하는 노력의 일부는 여자의 파트너, 아빠, 형제, 그리고 아들을 자유롭게 하려는 것인지도 모른다. 남자와 남자아이들이 울 때 그들에게 "울지 마, 내 사랑."이라고 우리의 말이나 느낌을 담아 말하지 않도록 하자. 남자들이 부드럽고 일관되게 인간으로서의 고통을 표현하도록 편안한 마음으로 허용하자. 그래서 폭력성 표출이 그들의 유일한 선택지가 되지 않도록 하자. 우리의 남자들이 부드러워질 수 있도록 힘껏 안아주자. 우리들—남자, 여자, 그 사이의 혹은 그

것을 뛰어넘는 모든 사람들—의 완전한 인간성이 발현되도록
하자.

대화

티시가 9살 때 함께 우리가 좋아하는 서점에 갔다. 안으로 들어서자 티시는 잡지 판매대—금발에 아주 야윈 여자들, 멍한 표정의 표지 모델로 도배가 되다시피 한 벽—를 유심히 보았다. 유령이나 인형 같았다. 티시는 그것을 빤히 쳐다보았다.

평소라면 아이의 관심을 다른 곳으로 돌려서 그것들을 무시한 채 서둘러 지나치려고 했을 것이다. 그러나 이 메시지들을 그냥 지나칠 수는 없었다. 왜냐하면 이런 건 어디에나 있었기 때문이다. 우리는 아이가 그 메시지를 이해하도록 놔두거나 아니면 같이 헤치고 나가는 수밖에 없다.

나는 팔로 티시를 감싸 안고 한동안 조용히 그 표지 사진들을 같이 보았다.

나: 흥미롭네. 이 사진들은 여자에 대해 어떤 이야기를 하고

싶은 걸까?

티시: 마르고 금발에 희고 창백해. 또 화장이 진하고, 굽 높은 신발을 신고, 옷은 거의 벗고 있고.

나: 넌 어떻게 생각하니? 이 서점을 한번 둘러봐. 여기 서점 안에 있는 여자들과 이 잡지가 팔리고 하는 여자들에 관한 생각이 일치하는 것 같니?

티시가 주변을 둘러보았다. 가까운 데 있는 머리가 희끗한 직원이 책을 정리하고 있었다. 라틴계 여자는 회고록 탁자에서 책을 획획 넘기고 있었다. 파란색 펑키 머리를 한 임신부는 쿠키를 먹는 걸음마를 뗀 아기와 씨름하고 있었다.

티시: 아닌데. 전혀 아니야.

집으로 돌아온 뒤 티시는 제 방으로 사라졌다. 15분 남짓 지나자 방문을 열고 나와 계단 아래를 향해 소리를 질렀다. **"엄마! 청원, 철자가 어떻게 돼?"**

나는 행여 틀릴세라 구글로 검색을 했다. 어려운 단어다.

잠시 후 아이는 직접 만든 포스터를 들고 부엌으로 내려왔다. 아이는 목청을 가다듬고 읽기 시작했다.

인간성을 구하려고 합니다. 도와주세요!

세상 사람들에게. 이 청원은 나, 티시 멜턴이 강렬하게 느낀 점을 보여주려고 하는 청원입니다. 잡지는 외적인 아름다움이 가장 중요하다는 듯 보여줘서는 안 됩니다. 그렇지 않으니까요. 나는 잡지가 강하고, 친절하고, 용감하고, 사려 깊고, 독특한 여자들을 보여줘야

한다고 생각합니다. 다양한 머리 모양과 몸을 가진 여자들을 보여주
어야 합니다. **모든 여자들을 평등하게** 대해야 합니다.

나는 아이의 생각이 정말 마음에 들었다. 여자들이 남자와 평
등해지는 것만으로는 충분하지 않다. 여자들은 서로 평등할 필
요가 있다.

진정한 여자나 남자가 된다는 것이 어떤 의미인지에 대한 모
든 거짓말로부터 내 아이들을 지켜낼 수는 없다. 그러나 어떻게
그런 문화의 맹목적인 소비자가 아니라 문화비평가가 되어야
할지를 가르칠 수는 있다. 내 아이들이 그런 거짓말들을 허겁지
겁 삼키고 병이 드는 대신 그 거짓을 간파하고 화를 내도록 훈
련시킬 수는 있다.

열두 살의 나: 저게 여자에 관한 진실이야. 나는 저기에 맞춰나갈
거야.

열두 살의 티시: 저건 여자에 관한 거짓말이야. 나는 저기에 맞서
볼 거야.

티시: 체이스는 자기가 중학교 때 가입했던 클럽에 나도 가입
하래. 나는 그러고 싶지 않아.

나: 그럼 하지 마.

티시: 그렇지만 오빠를 실망시키고 싶지 않아.

나: 다른 누군가를 실망시키는 것과 너 자신이 실망하는 것
중에서 하나를 선택하는 상황이 종종 생기겠지. 그럴 때마
다 네가 할 일은 다른 사람을 실망시키는 것이란다. 평생에
걸쳐 네가 해야 할 일은 자신을 실망시키지 않기 위해 가능

한 한 많은 사람들에게 실망을 안겨주는 거야.

티시: 엄마한테도?

나: 특히 나를.

여덟 살의 티시: 케리는 날 좋아하지 않아.

서른여덟 살의 나: 왜? 무슨 일이 있었어? 어떻게 하면 될까?

열두 살의 티시: 사라가 날 좋아하지 않아.

마흔두 살의 나: 그래. 그런데 그건 문제가 아니라 그냥 사실일 뿐인 건 알지?

열두 살의 티시: 당연하지.

숲

내 친구 미미가 걱정거리가 있다고 했다. 중학생 아들이 방문을 닫아걸고 휴대전화만 만지작거리며 시간을 보낸다는 것이었다.

"아들이 포르노를 본다고 생각해?" 나는 그에게 물었다.

"아니야!" 미미가 말했다. "그럴 리가 없어. 아직 어려!"

"아이들이 포르노를 처음 보는 평균 나이가 열한 살이라는 기사를 읽었어."

"맙소사." 미미가 고개를 저었다. "난 그냥 아이를 감시하는 것 같아 기분이 안 좋을 뿐이야. 휴대전화는 걔 거잖아."

"아냐. 네가 전화비를 내고 있잖아. 그건 네 거야. 아들이 빌려 쓰는 거지."

"거기서 뭘 찾아내게 될까 걱정돼."

"알아. 나도 항상 그런걸." 나는 인정했다. "그렇지만 만약 아이가 이미 포르노를 보고 있다면? 벌써 그런 세상에서 헤어나지 못한다면? 뛰어들어서 아이를 꺼내 와야 하지 않겠니?"

"뭐라고 말해야 할지 모르겠어."

"잘 들어. 특정한 포르노에서 해방적인 기능을 찾아내는 어른들이 있다는 것도 알고는 있어. 하지만 인터넷에서 아이들이 접하는 대부분의 포르노는 여성혐오라는 독에 찌들어 있어. 우리는 아이들에게 설명해 줘야만 해. 섹스가 폭력적인 것이라고 배우지 않도록. 정말 나는 어떤 것이든 말하는 것—비록 아이들은 초조하게 눈치를 보고 우리는 어색하고 두렵고 더듬거리면서 말하지만—이 전혀 말을 하지 않는 것보다 낫다고 생각해.

이렇게 말하면 어떨까?

섹스는 사람에게 흥미롭고 놀라운 일이야. 섹스에 호기심을 갖는 건 자연스러운 일이야. 그리고 우린 뭔가 호기심을 가지면 인터넷에서 정보를 찾아보게 되잖아.

그렇지만 인터넷으로 섹스에 대해 배우는 건 문제가 많아. 우선 누가 가르치는지 알 수가 없잖아. 섹스를 돈벌이 수단으로 선택해서 삶의 전부인 양 포장해서 인터넷에 파는 사람들이 있어. 그 사람들이 파는 것은 진짜 섹스가 아니야. 섹스를 정말 섹시하게 만드는 연결성, 존중 그리고 섬세함이 결여되어 있어.

그런 포르노는 마약을 파는 사람들과 비슷한 사람들이 팔고 있어. 그들은 잠시 동안 쾌락을 주는 자극적인 물건들을 팔지만, 삶의 진정한 기쁨을 죽이는 사람들이지. 시간이 지나면 삶의 진정한 기쁨보다 약물 자극을 더 좋아하게 되기도 하고. 포르노를 아주 어려서부터 보기 시작한 사람들은 순간의 쾌락에 빠져들기 쉬워. 결국 그런 사람들은 진짜 인간과 나누는 부드럽고 섬세하고 실질적인 섹스를 즐기기 어렵지.

포르노로 섹스에 대해 배우는 것은 마치 주유소에서 파는 방향제 냄새를 맡으며 산을 알려고 하는 것과 같아. 진짜 산에 올라 순수하고 거친 공기를 호흡해 보면 혼란스러울 수도 있을 거야. 어쩌면 진짜보다 거짓된, 만들어진 방향제 같은 냄새를 원할지도 모르지.

섹스가 나쁜 것이라서 젊었을 때 포르노를 멀리했으면 하는 게 아니야. 진정한 섹스—인간성과 섬세함과 사랑이 있는—는 이루 말할 수 없이 좋기 때문에 포르노를 멀리하기를 바라. 우리는 너를 위해 가짜 섹스가 진짜 섹스를 망치게 내버려두고 싶지가 않아.

이런 식으로 말해 보면 어떨까?"

미미에게 이렇게 물었다.

"네가 아이를 데리고 나오는 게 무섭다고 해서 그 상냥한 아이를 혼자 숲에 두진 마."

아이들을 위해 정답을 가지고 있을 필요는 없다. 우린 그저 숲속으로 걸어 들어가 아이들에게 불편한 질문을 할 수 있을 만큼 용기가 있기만 하면 된다.

우리는 힘든 일을 해낼 수 있다.

크림치즈

지난달 메일함을 열었더니 제목에 "엄마, 엄마 차례야!"라는 제목의 이메일이 와 있었다.

아이의 학교 운동부에 아침을 제공할 차례가 되었다고 알려주는 메일이었다. 아이들은 이른 아침 연습을 하고 난 다음 아침을 먹는다. 매일 아침 학부모 중 한 사람이 베이글과 크림치즈, 주스 그리고 바나나를 학교에 가져다가 아이들이 연습을 끝내고 먹을 수 있도록 탁자 위에 차려놓아야 한다.

전날 밤 필요한 음식들을 배달시키려고 했는데 운동부 아이들 중 한 아이의 엄마로부터 또 다른 이메일을 받았다. 그는 내게 알려줄 것이 있다고 했다. 다른 학부모들은 아이들이 크림치즈를 취향껏 선택할 수 있도록 넉넉히 준비하지 않아 걱정이라고 했다. 지난 금요일에는 크림치즈가 두 종류 있었는데 몇몇 아이들은 자기가 좋아하는 게 없어서 어쩔 수 없이 크림치즈 없이 베이글만 먹었다는 것이다. 그는 해결책도 제시했다. "학교 근처에 베이글 가게가 있어요. 거긴 다섯 가지 크림치즈를 만들어 팔아요. 거기에 가면 다 준비할 수가 있어요."

전부 다. *다섯 가지 맛의 크림치즈.*

다섯 가지 맛 크림치즈가 아이가 사랑받고 있다고 느끼게 만드는 방법은 아니다.

다섯 가지 맛 크림치즈는 아이들을 꼴통으로 만드는 방법이다.

하지만 나는 크림치즈 부모다. 내 친구들도 모두 크림치즈 부모다. 크림치즈 육아법은 성공적인 양육이란 *아이들에게 최고만 제공한다*는 지침에 따른 결과다. 우리는 크림치즈 부모들이다. 왜냐하면 이런 질문을 하지 않고 있기 때문이다. 모든 것을 최고로 제공하는 것이 최선의 사람을 만드는가?

만약 지침을 수정한다면? 성공적인 양육이란 우리에게 맡겨진 특정한 아이들에게만이 아니라 모든 아이들에게 충분한 것을 제공하는 것이라고 한다면? 우리가 모성애를 우리에게 맡겨진 아이들에게 구멍을 뚫을 정도의 레이저가 아니라 모든 아이들을 따스하게 비추는 햇살처럼 사용한다면?

베이스

어느 날 아침 나는 잠에서 깨어 남쪽 국경에서 일어나고 있는 이야기를 읽었다. 망명을 요구하는 부모의 품에서 생후 4개월 남짓 된 아이들을 어떤 설명도 없이 떼어내 승합차에 태워 수용소로 보내버렸다는 것이다. 나는 이 사건에 대한 미국인들의 반응을 인터넷에서 찾아보았다. 모두가 나처럼 망연자실하고 분개하리라 확신하면서. 몇몇은 그랬다. 그러나 대부분의 사람들은 무덤덤했다. 읽고 또 읽었다. "그건 불행한 일이야. 하지만 이런 일이 일어나는 걸 원치 않았다면 여기로 오지 말았어야지."

특권은 3루 베이스에서 태어나는 것이다. 특권을 가진 무지한 사람은 자신이 3루타를 쳤기 때문에 거기에 있다고 생각할 것이다. 특권을 가진 악랄한 사람은 야구장 밖에서 굶주리고 있는 사람들이 참을성 있게 기다리지 않는다고 불평을 늘어놓는다.

내게 절망은 신체적으로 다가온다. 새로 접한 가슴 아픈 이미지와 비정한 반응으로 희망이 몸 밖으로 빠져나간 느낌을 받았다. 희망은 에너지다. 그날 아침 나는 희망과 에너지 모두 바닥이 났다. 나는 컴퓨터를 끄고 오후 3시에 침대에 누웠다. 애비가 시트를 여며주고 이마에 키스를 했다. 복도에서 딸의 목소리가 들렸다. "엄마, 괜찮아?" 애비가 말했다. "그래, 괜찮을 거야. 엄마는 지금 몸으로 느끼고 있어. 그래야 나중에 그게 에너지가 되거든. 엄마를 자게 하자. 일어난 다음엔 놀라운 일이 펼쳐질 거야."

만약 우리가 그 모든 것을 느낄 수 있다면? 만약 다른 사람의 고통이 우리를 꿰뚫고 지나가는 것이 약점이 아니라 강점이 되게 만든다면? 만약 그럴 만한 가치가 있는 것을 위해 우리의 삶과 세상을 멈추게 한다면? 만약 우리가 손을 들고 질문을 한다면? "잠깐이라도 여기에 멈춰 있을 수 있나요? 나는 아직 여기서 도망치고 싶지 않아요."

나는 내리 12시간을 자고, 새벽 3시에 흥분 상태로 잠에서 깼다. 애비가 침실에서 걸어 나올 때쯤엔 주방에 지휘소를 차려놓았다. 그는 내 얼굴과 한 무더기 파일들, 전화번호와 아이디어로 뒤덮인 이젤을 보자마자 이해했다. 그는 나를 보고 말했다. "좋아, 여보. 계속해. 그렇지만 먼저 커피부터 마셔."

해가 뜨자마자 우리는 〈투게더 라이징Together Rising〉 팀에 전화를 걸었다. 여동생, 앨리슨, 리즈에게. 한 사람은 휴가 중이었고, 한 사람은 직장에서 큰 프로젝트를 진행 중이었으며, 한 사람은 아픈 친지를 보살피고 있었다. 그들은 자신들의 세상을 멈추고 해변의 임대 사무실에서, 자기 사무실에서, 병실에서 각자 자신만의 지휘소를 차렸다. 우리는 인도주의의 심각한 위기마다 항상 대처해 왔던 방식대로 시작했다. 이 위기를 가장 먼저 이해하고 어떤 조직이 지혜와 효율성 그리고 성실성을 가지고 호응할지를 알고 있는 현장 활동가들부터 접촉했다.

〈투게더 라이징〉은 우리의 집단적인 고통을 효과적인 행동으로 옮기기 위해 존재한다. 우리는 두 팀의 전사들을 연결해주는 다리 역할을 한다. 멀리 떨어진 나라든 자신의 공동체든 그곳에 닥친 위기에 무감각하기를 거부하는 전 세계의 평범한 전사들—부엌에서, 차 안에서, 사무실에서—과 세상을 치유하고 삶을 지켜내는 일에 일생을 던진 현장의 전사들 사이에 다리를 놓는 것이다. 마음의 고통을 행동으로 잇는 다리를 건너 25달러라는 가장 손쉬운 기부로 〈투게더 라이징〉은 2,200만 달러를 모을 수 있었다.

〈투게더 라이징〉에 참여하는 우리는 전사가 아니다. 우리는 전사를 찾아낸다. 이것이 결정적인 일이다. 왜냐하면 가장 효율적인 팀들은 사람들이 기부하려고 줄을 서는 거대 기구가 아닌 경우가 종종 있기 때문이다. 우리가 함께 일했던 가장 치열한 그룹들은 작고 잘 알려져 있지 않은 여성들이 주도하는 팀들이다. 이들은 이미 피해 지역의 공동체로부터 신뢰를 얻고 있으며 실시간으로 반응하기에 충분할 만큼 민첩하다. 우리의 일은 그들을 찾아내고 그들이 싸움을 지속하기 위해 필요한 것이 무엇인지 묻고 진지하게 경청하는 것이다. 그런 다음 그들과 그들의 계획을 우리 곁에서 고통을 느끼고 있는 사람들에게 소개한다. 우리 쪽 사람들은 이 전사들이 일을 수행하는 데 필요한 도움을 준다.

우리는 국경 지역에서 일어난 행정부의 잔학 행위와 그것을 종식시키기 위해 일하는 전사들에 관한 이야기를 썼다. 그것을 공동체의 알림판에 게시했고, 여기에 공감한 다른 용감한 예술가들은 이를 널리 알리는 데 도움을 주었다. 그리고 9시간 만에 강제로 분리된 가족을 재결합시키기 위해 100만 달러를 모을 수 있었다. 몇 주 만에 우리는 460만 달러를 모았다. 우리는 정부가 책임을 지고 그 아이들을 부모의 품으로 돌려주도록 압박하기 위해 다음 해까지 다른 기관들과 함께 자금을 지원하고 협력했다.

어느 날 아침 나는 10개월 동안 떨어져 있던 가족의 품으로 돌아가는 아리엘이란 이름의 여섯 살 남자아이를 내 여동생이 데리고 가는 영상을 올렸다. 아리엘의 아빠는 합법적인 망명을 요청하기 위해 남쪽 국경으로 아리엘을 데려왔다. 그런데 도착하자마자 미국 국경순찰대가 아리엘을 아빠의 품에서 빼앗아 가버렸다. 그는 당국에 자신과 아들을—이제 그가 원하는 것은 아들을 되찾는 것이 전부였다—그냥 추방해 달라고 간청했다. 관리들은 거절했다. 그들은 아빠만 추방하고 아리엘을 보호소로 보냈다. 이 아빠—극도의 빈곤과 갱단의 폭력에 시달리던—는 자신의 공동체로 돌아가 아내에게 아들을 빼앗겼다고 말해야만 했다. 그와 아리엘의 엄마를 〈투게더 라이징〉의 기금을 받는 팀이 온두라스에서 찾아냈을 때 이들은 자신의 아들을 다시 보게 될 것이라는 희망을 잃어가고 있었다. 한 달 뒤 〈투게더 라이징〉 팀은 당국이 법을 준수하여 이 가족의 망명을 허용하고 아리엘을 되돌려줄 때까지 아리엘의 아빠, 엄마 그리고 누나들과 함께 9시간을 미국과 멕시코의 국경에 서 있었다. 그들 가족과 함께 국경을 넘은 지 일주일이 지난 다음 내 여동생이 아리엘을 워싱턴에서 가족들이 기다리고 있는 공항으로 데리고 갔다. 아리엘은 여동생에게 두렵다고 말했다. 왜냐하면 엄마와 아빠가 어떻게 생겼는지 기억이 나지 않았기 때문이다. 동생이 휴대전화를 꺼내 사진을 보여주자 그제서야 아리엘은 가족을 알아볼 수 있다는 안도감으로 활짝 웃었다. 몇 분 뒤 아리엘이 부모의 품으로 달려갔고, 10개월간의 고통스러운 이별은 끝났다. 내가 올린 공항에서 재결합하는 그들의 영상은 굉장한 호응을 얻었다. 아름답기도 했고 말 그대로 야만적이기도 했다. 감사와 분노의 반응들이 물밀 듯 밀려왔다.

그날 오후 나는 딸아이의 학교 복도에 서 있었다. 그때 어떤 어머니가 나에게 와서 말했다. "얘기 좀 할 수 있을까요?" 그의 말투는 가슴을 철렁하게 만들었다. "물론이죠." 내가 말했다. 우리는 밖으로 나갔다. 그가 입을 열었다. "오랫동안 당신을 응원해 왔지만 오늘은 그러고 싶지 않네요."

내가 말했다. "그래요. 그렇게 생각할 수도 있죠." 나는 뒤로 물러서기 시작했다.

그럼에도 그는 계속 자기주장을 했다. "그쪽 생각을 존중하지만 꼭 묻고 싶은 게 있어요. 왜 당신은 불법을 자행하는 사람들을 돕는 만큼 미국을 지키는 일엔 관심이 없는 거죠? 우리는 법을 지켜야 해요. 그들도 마찬가지고요. 그 부모는 그렇게 하면 자식을 빼앗길 것이라는 것을 이미 알고 있었어요. 그들은 알고 있었단 말이에요. 그런데도 어쨌든 온 거고요. 미안하지만 나는 내 딸을 보면 알고도 그랬다는 게 **상상**이 안 돼요. 도무지 **상상**도 못하겠어요."

나는 그를 보면서 생각했다. *정말인가요? 자신의 아이에게 안전, 희망 그리고 미래를 안겨주려고 위험을 무릅쓴다는 것—*

모든 것을 건다는 것—을 상상할 수가 없다고요? 아마 당신은 이들 부모만큼 용감하지 않나 봅니다.

상상할 수 없다는 말을 할 때 사람들은 두 가지 어조 중 하나를 사용한다.

첫 번째는 겸손, 경외심, 부드러움, 감사의 어조다. 거기에는 사태에 대한 고요한 승인이 있다. 하느님의 은총이 아니었다면 내가 저 사람이었겠지 하는 어조.

두 번째 어조—이 여자가 사용한—는 다르다. 그것은 묵살과 비판의 어조다. 거기에는 사태에 대한 확실성이 있다. 어쨌든, 나라면 절대 그렇게 하지 않는다는 어조. 우리는 전염의 공포를 느끼고 목에 건 마늘 목걸이 주문 같은 그 어조를 불러낸다. 우리는 이유를 찾고 비난할 사람을 찾아서 결과적으로 그 공포가 결코 우리에게 일어날 수 없도록, 일어나면 안 되게 스스로를 견고하게 지켜가고자 한다. 이때 우리의 판단은 자기 보호막이다. 주변에 둘러친 울타리다. 우리는 그 울타리가 위험에서 지켜줄 것이라 희망하지만 그것은 단지 부드러움과 공감이 끼어드는 것을 막아낼 뿐이다.

내가 복도에서 깨달은 것은 사람들이 첫 번째 어조를 사용할 때 이미 상상하고 있다는 것이다. 그런 사람은 자신이 알고 있는 경험과 알지 못하는 경험 사이를 잇는 다리로 상상력을 활용한다. 스스로를 다른 사람의 처지에 두는데, 그 도약은 사람들을 부드럽게 만든다. 왜냐하면 그들은 다소간 다른 사람이 보고 느낄지도 모르는 것을—상상력이라는 마술적인 도약대를 통해—보고 느낄 수 있기 때문이다. 그때야말로 상상력이 예술의 촉매일 뿐만 아니라 친절함과 연대의 핵심이기도 하다는 것을 깨닫는 때이다. 상상력은 두 사람, 두 문화, 두 이데올로기, 두 경험 사이를 연결하는 가장 가까운 거리다.

둘째 딸 앰마의 5학년 교실에는 토미란 이름의 작은 소년이 있다. 토미는 결코 숙제를 해 오지 않는다. 그래서 아이들이 빠짐없이 숙제를 해 올 경우 받기로 약속되어 있었던 보상을 토미 때문에 받지 못한다. 토미는 걸핏하면 교실에서 잠을 자고, 교사는 아이를 번번이 깨워야 했다. 그것이 수업을 방해하고 선생님으로 하여금 짜증을 내게 만든다. 앰마는 토미를 도무지 이해할 수가 없다.

얼마 전 학교를 마친 앰마가 집에 들어와 가방을 마룻바닥에 내던지며 말했다. "또 그랬어! 걘 숙제를 또 잊어버렸대! 우린 피자 파티를 열 수가 없어. 절대! 왜 걔는 할 일을 안 하는 걸까?"

다행스럽게도 나는 상상력의 힘을 기억해 냈다.

나: 딸이 화가 많이 났네.

앰마: 당연하지!

나: 토미는 숙제를 왜 하지 않았을까?

앰마: 걘 무책임하니까.

나: 그렇구나. 넌 책임감이 있다고 생각하니?

앰마: 그럼. 난 책임감이 있어. 나는 항상 숙제를 해 가고, 수업 시간에도 결코 자지 않아. 나는 **절대** 그렇게 안 해.

나: 그래. 넌 숙제를 해 가야 한다는 걸 어떻게 배웠니?

앰마: 엄마가 학교 갔다 오면 바로 숙제를 하라고 가르쳐줬으니까. 그리고 엄마가 매일 얘기해 주잖아.

나: 맞아. 넌 토미네 집에도 부모님이 항상 계시고 같이 앉아서 숙제를 했는지 확인하실 것 같니?

앰마: 그렇지 않을 게 분명해.

나: 역시 우리 딸이야. 왜 넌 토미가 낮에 그렇게 피곤해하는 것 같아?

앰마: 늦게까지 잠을 안 자는 게 틀림없어.

나: 만약 널 재우는 우리가 집에 없다면 넌 언제까지 깨어 있을까?

앰마: 난 밤새도록 안 잘 거야!

나: 그럼 낮 동안에 네게 어떤 일이 일어날까?

앰마: 나도 아마 많이 자게 되겠지.

나: 그래. 너랑 토미는 결국 그렇게 다르지 않아. 앰마, 넌 책임감이 있어. 그러나 너는 역시 정말 운이 좋은 거야.

앰마는 여전히 토미 때문에 성가셔한다. 그러나 아이는 자신을 부드럽고 개방적이게 해주는 상상력을 지니고 있다. 아이는 다른 사람의 처지에서 어떻게 상상해야 할지를 알고 있다. 나는 아이가 상상하는 것이 진짜인지 가짜인지는 중요하다고 생각하지 않는다. 그저 부드러움이 중요하다는 것을 알 따름이다. 아이는 자신의 경험과 다른 사람의 경험 사이에 놓인 거리를 메워주는 상상력을 어떻게 활용할지를 배우고 있다. 이 능력은 아이가 맺어나가는 관계 그리고 세상에 도움을 줄 것이다. 같은 반 아이가 숙제를 계속 해 오지 않는 이유를 상상해 보는 아이라면 왜 아빠가 아이만을 등에 업고 사막을 가로지르는 그토록 위험한 일을 했는지 상상할 수 있는 어른이 될 것이라 생각한다.

섬

친애하는 글레넌 씨.

제 10대 딸이 기숙학교에서 지금 막 우리에게 전화를 걸어 자신이 게이라고 말해줬어요. 우린 딸아이를 지지해요. 우리는 사랑은 그냥 사랑이라고 믿어요. 그런데 문제가 생겼어요. 부모님들이 크리스마스 휴일에 우리 집에 머무를 예정이랍니다. 그분들은 근본주의자들인데 딸아이를 모욕하고, '바꾸려고' 애쓰며 휴일을 보낼 것 같아요. 어떻게 해야 할까요?

존경을 담아, M

친애하는 M에게.

애비와 내가 사랑에 빠졌을 때 한동안 우리는 그 사실을 우리끼리만 간직하자고 했습니다. 그러다 함께 삶을 일구어가기로 결정한 다음 다른 사람들—아이들, 부모님들, 친구들, 세상 사람들—에게 우리의 관계를 알리기 시작했습니다. 사람들은 이 소식에 특별한 감정을 가졌습니다. 때로는 그들의 반응이 참을 수 없을 만큼 나를 두렵게 하고 방어적이 되게 만들었으며 화를 돋우기도 하고 벌거벗은 느낌이 들게도 했습니다.

어느 날 밤, 내가 은유를 통해 삶을 가장 잘 이해한다는 것을 알고 있는 애비가 이렇게 말했어요.

"글레넌. 난 우리 사랑을 섬이라고 생각했으면 좋겠어. 우리 섬에는 당신과 나, 아이들 그리고 진정한 사랑이 있어. 연애소설에서 묘사하는 그런 사랑, 사람들이 일생을 찾아 헤매는 사랑 말이야. 그건 성배와 같아. 가장 소중한 것. 우린 그걸 가졌어. 아직은 어리고 새롭지. 그러니 우리가 그걸 지켜나가야 해. 상상해 봐. 우리가 지금 악어로 가득 찬, 해자에 둘러싸인 섬에 있다고 말이야. 누군가의 두려움이 이 섬으로 건너올 수 있으니 다리를 내리진 않을 거야. 우리의 섬에는 오직 우리와 사랑만 있어. 다른 모든 것들은 해자 저편에 내버려둬. 저편에서는 어떻게 해도 우릴 다치게 할 수 없어. 우린 여기에 있어. 우리의 섬에서 행복하게. 그들이 두려움이든 증오든 무엇을 드러내든 저편에서 비명을 지르게 내버려둬. 우리는 그 소릴 들을 수조차 없어. 음악이 너무 많거든. 오직 사랑만을 노래하는 음악이야, 여보."

인터넷의 악한이나 언론인 혹은 근본주의 목사들이 매번 독선적인 평가를 내릴 때마다 나는 웃으며 상상해 봅니다. 해자 저편에서 소리를 질러대는 그들의 토마토처럼 붉은 얼굴을요. 그동안 애비와 아이들 그리고 나는 우리의 섬에서 계속 춤을 출 것입니다. 그 어떤 것도 우리를 건드리지 못해요. 그런데 가장 친한 친구, 동료, 엄마가 해자 반대편에 나타나 두 손에 두려움을 움켜쥐고는 우리에게 다리를 내려달라고 하면 사태는 훨씬 더 복잡해지겠죠.

제 엄마는 버지니아에 살고, 저는 플로리다에서 살아요. 그래도 우린 매일 이야기를 나눈답니다. 우리는 서로의 삶에 미묘하게 얽혀 있습니다. 최근에는 잠자리에 들기 전 이야기를 나누었는데 엄마가 다음 날 아침에 뭘 할 거냐고 물었어요. 나는 미용실에 예약을 해두었고 앞머리를 자를까 싶다고 말했습니다. 잘자라고 인사를 나눴죠. 그런데 다음 날 아침 6시에 전화벨이 울렸어요.

"미안, 너무 일찍 전화했지. 그런데 밤새 걱정하느라 잠을 못 잤어. 앞머리 때문에. 넌 지금 앞머리가 잘 어울려. 자르고 나면 금방 후회할 거야. 다시 되돌릴 수도 없고. 네 삶에는 그게 아니더라도 신경 써야 할 일이 많잖아. 앞머리를 자르는 게 너희 가족들 모두에게 잘못된 결정일지 몰라 정말 걱정이란다, 딸아."

앞머리를 자르겠다는 나의 결정이 엄마를 밤새 뒤척이게 만들 지경이니 남편과 이혼하고 여자와 결혼하겠다는 나의 결정에 엄마의 반응이 어땠을지는 상상할 수 있을 것입니다. 나는 엄마의 걱정을 모든 질문에서뿐만 아니라 질문과 질문 사이의 긴 침묵에서도 들을 수 있습니다. *아이들은 어떨까요? 아이들의 친구들은 무어라 말할까요? 세상은 잔인할 수도 있답니다.* 엄마는 흔들렸고, 그것이 또 나를 흔들기 시작했어요. 그날 엄마가 앞머리를 자르지 말라고 했다고 했죠? 난 그렇게 하지 않았어요. 엄마는 나를 아주, 아주 많이 사랑하니까 항상 내게 무엇이 좋은지를 알고 있다고 믿어왔어요.

우리의 앎과 동떨어져 두렵게 만드는 것은 우리를 미워하는 사람들의 잔인한 비난이 아니라 우리를 사랑하는 사람들의 조용한 관심입니다. 엄마의 두려움은 나를 앞으로부터 끌어내리기 시작했어요. 나는 평화를 잃었죠. 방어적이 되었고 화를 냈어요. 나는 내가 하려는 것이 무엇인지 잘 알고 있고 모든 것이 괜찮아질 것이라는 것을 엄마가 믿게 하기 위해 노력하면서, 나 자신을 설명하며 몇 주 동안 전화기를 붙잡고 보냈어요. 어느 날 여동생에게 엄마와 가장 최근에 나눈 대화를 들려주면서 스스로를 단단하게 다잡으려고 했어요. 그런데 여동생이 내 말을 가로막았습니다. "언니, 왜 그렇게 방어적이야? 방어는 뭔가를 빼앗기길 두려워하는 사람들의 특기야. 언니는 다 큰 어른이야, 젠장. 언니는 원하는 걸 할 수 있어. 그 누구도 언니에게 그걸 빼앗아 갈 수가 없어. 아무리 엄마라고 해도 마찬가지야. 이 사람은 언니 거야, 글레넌. 애비는 언니 거라고."

나는 전화를 끊고 생각했어요. *엄마는 나를 사랑한다. 그리고 무엇이 내게 가장 잘 맞는지에 관해 엄마와 나는 의견이 다르다. 나는 내가 더 믿는 사람의 결정을 따라야 한다. 엄마일까, 나 자신일까?* 내 인생에서 처음으로 나는 나 자신을 믿기로 결심했어요. 비록 부모님의 의견에 대놓고 정반대로 살게 될지라도, 나는 부모님 대신 나 자신을 기쁘게 해주기로 결정했어요. 나 자신의 삶, 나 자신의 기쁨, 나 자신의 가족을 책임지기로 결정했습니다.

그때야말로 내가 어른이 된 때예요.

그날 밤 애비에게 말했어요. "난 이제 우리 관계를 정당화하거나 나 자신을 해명하는 데 단 1초도 허비하지 않을 거야. 해명한다는 것은 입장을 변호할 때 하는 일인데 우리는 재판을 받는 게 아니잖아. 누구도 우리가 가진 것을 빼앗을 수 없어. 우리가 얼마나 잘 지내는지 끊임없이 말한다고 해서 우리 부모님을 설득할 수가 없어. 당신이 괜찮다는 것을 누군가에게 설득하는 유일한 길은 그냥 괜찮은 그대로 지내면서 사람들이 눈으로 확인하게 만드는 거야. 나는 더 이상 우리를 알리는 전도사가 되려고 우리의 섬을 떠나고 싶지 않아. 그건 너무 피곤해. 우리가 괜찮다는 걸 다른 사람들이 믿게 하려고 노력할 때마다 당신과 함께 있지도 못해. *정말 잘 지내지 못해.* 그래서 우리 섬에 표지판을 내걸려고. 세상 밖에 알리려는 것이 아니라 안쪽을 향하게 세울 거야. 우리를 향해. 상기하기 위해서 이렇게. '오직 사랑만 밖으로.'"

두려움은 들어오지 마시오. 두려움을 내보내지도 마시오.
오직 사랑만 안으로. 오직 사랑만 밖으로.

다음 날 나는 아들의 크로스컨트리 모임에 나가 40도 가까이 되는 더위를 피하려고 나무 아래에 서 있었어요. 엄마와 통화 중이었는데 엄마가 손주들을 보러 와도 되냐고 물었어요. 엄마의 목소리는 조심스러웠고 불안했고 떨리고 있었어요. 엄마는 여전히 염려하고 사랑을 요구하고 있었지요. 여전히 나의 앎을 믿지 못하고 있는 거죠. 그래도 처음으로 나는 나를 믿었어요. 나는 내 앎을 믿었어요.

다음은 엄마와 딸이 두 사람의 엄마들이 되는 이야기의 일부랍니다.

내가 말했어요. "엄마, 오지 마. 엄만 여전히 걱정하나 본데 그 걱정을 우리에게 가져오지 마. 우리 아이들은 걱정 안 해. 우린 아이들을 사랑과 진실을 존중하고 축하하도록 길렀어. 그게 어떤 형식이든 말이야. 아이들은 엄마가 가져올 두려움을 배우지 않았어. 그리고 나는 엄마 목소리로 엄마의 눈빛으로 그걸 아이들에게 가르쳐주고 싶지가 않아. 세상이 우리 가족을 거부하리라는 엄마의 두려움이 그 거부를 만들어내고 있어. 우리 아이들은 엄마 같은 두려움을 가지고 있지 않아. 만약 엄마가 그걸 여기로 가져온다면 아이들은 엄마를 도우려고 하겠지. 왜냐하면 아이들은 할머니를 믿으니까. 난 그런 불필요한 짐을 아이들에게 떠넘기고 싶지 않아.

그게 나를 위해서, 애비나 크레이그를 위해서, 엄마 손주들을 위해서 가장 쉬운 길이냐고? 물론 아니야. 그러나 가장 진실한 길이야. 우린 진실하고 아름다운 가족, 가정을 만들어가고 있고, 언젠가는 엄마도 그걸 기쁘게 받아들일 수 있기를 온 마음으로 바라고 있어. 그렇지만 우리는 엄마에게 우리를 사랑하고 받아들일 수 있다고 가르치고 싶지 않아. 아이들 엄마로서 내 의무는 엄마의 두려움이 아이들의 문제가 되지 않도록 하는 거야. 엄마, 우린 아무 문제가 없어. 엄마도 빨리 아무 문제 없이 우리에게로 왔으면 좋겠어.

이번이 우리를 위한 엄마의 걱정에 관해 이야기하는 마지막이야. 나는 정말 엄마를 사랑해. 잘 생각해 봐. 엄마가 우리 가족을 향한 따스한 인정과 기쁨과 축하만 가지고 우리 섬으로 올 준비가 되면 엄마를 위한 다리를 내려줄게. 그렇지만 그러기 전에는 절대 안 돼."

우리는 전화를 끊었어요. 그리고 나는 그늘에서 나와 우리 가족에게로 걸어갔답니다.

M, 내 말을 잘 들어요.

대부분의 10대들과 달리 하기 힘든 일을 해내고 있는 아이가 당신의 섬에 있어요. 아이는 기준이 되어주는 나무로 살고 있어요. 당신의 섬에서 자라고 있는 그 나무는 작고, 그저 어린 묘목일 뿐이에요. 아이가 뿌리를 내릴 시간을 갖기도 전에 문을 활짝 열어 폭풍우가 밀고 들어오게 하지 말아요.

아이를 위해 당신의 섬을 보호해요. 아이가 다리를 지켜내기에는 너무 어려요. 아직은 그것이 당신의 의무랍니다. 두려움 앞에 당신 가족의 다리를 내려주지 말아요. 설혹 그 두려움이 아이가 사랑하는 사람들의 것일지라도 안 돼요. 두려움이 신의 이름으로 나타날 때에도.

여자는 순종적인 딸이 되기를 멈출 때 책임 있는 부모가 됩니다. 그것을 마침내 이해할 때 부모가 만들어준 것과는 다른 무언가를 만들어낼 것입니다. 그때가 그들의 요구가 아닌 바로 자신의 요구에 따라 섬을 만들기 시작할 때입니다. 그 섬으로 오는 모두가 자신과 자신의 아이들을 인정하고 존중하도록 만드는 것은 자신의 의무가 아니라는 것을 마침내 이해하게 되는 때입니다. *사랑하고 존중할 만한 손님만 그 다리를 건너오게 하고, 이미 그렇게 된 사람들만 섬에 들어오게 하는 것이 부모의 의무입니다.*

오늘 밤 당신과 함께 섬을 만들어갈 사람과 나란히 앉아 서로 존중하며 허심탄회하게 섬에 있어야 할 것과 있으면 안 되는 것들을 정해봐요. 협상을 할 수 없는 사람이 *누구인가*를 정하는 것이 아니라 그들이 *어떤 사람인지*를 정하는 것입니다. 당신이 섬에 와도 좋다고 결정한 사람이 아니라면 그 누구에게도 다리를 내려주지 말아요.

지금 당장 당신은 순종하는 딸로 남는 것과 책임 있는 부모가 되는 것 중에서 하나를 선택하도록 요구받고 있습니다.

　엄마이길 선택해요. 이런 문제들이 닥칠 때마다 엄마이길 선택하세요.

　당신의 부모도 자신들의 섬을 만들었어요.

　이젠 당신 차례입니다.

바위

친애하는 글레넌에게.

이제 막 갓난쟁이 딸을 병원에서 집으로 데려왔어요. 아기띠에서 바닥에 내려놓자 숨 쉬는 법조차 잊은 것 같았어요. 이젠 어떻게 해야 할지 모르겠어요. 두려워요. 엄마는 절 그다지 사랑하지 않았어요. 적어도 하루에 한 번은 생각했어요. 왜 엄마는 나를 사랑할 수 없었을까? 엄마에게…… 아니면 내게 문제가 있나? 만약 문제가 내게 있는 거라면? 엄마의 사랑도 알지 못하는데 내 딸을 키우는 방법을 어찌 알 수 있을까요?

    H

친애하는 H에게.

내가 아는 건 이거예요.

부모는 자식을 사랑해요. 나는 그 예외를 경험한 적이 없답니다.

사랑은 강물이에요. 그래서 장애물이 사랑의 흐름을 멈추게 할 때도 있답니다.

정신 질환이나 중독, 수치심, 나르시시즘, 종교적·문화적 제도가 건네준 두려움 등이 사랑의 흐름을 가로막는 바위들이지요.

때로는 기적이 일어나서 그 바위가 제거되기도 해요. 어떤 가족들은 그런 기적을 경험하기도 합니다. 하지만 대개는 그러지 못해요. 규칙이나 이유도 없죠. 대부분의 가족들은 기적을 얻어낼 수가 없어요. 가장 깊이, 가장 좋은 방법으로 사랑한다고 해서 보상으로 치유가 일어나는 것도 아니에요.

부모가 다시 건강해질 때 아이는 부모의 사랑을 느끼기 시작합니다. 바위가 제거되면 물은 다시 흐르죠. 그것이 강의 순리고 부모가 자식을 사랑하는 방식입니다.

우리는 강이지 바위가 아니랍니다.

당신 어머니—형제나 친구, 아니면 당신을 사랑할 수 없었던 어떤 사람—의 사랑은 가로막혔던 거예요. 그 사랑은 흘러가지 못한다는 절망 속에서 휘돌고 썩어가고 포악해졌어요. 사랑은 거기에, 오직 당신을 위해 거기에 있었고 지금도 있어요. 그 사랑은 존재해요. 그저 바위를 넘지 못했을 뿐이에요.

이 말만큼은 믿어도 좋아요. 왜냐하면 나 또한 가로막힌 강이었던 적이 있었거든요. 중독이란 바위가 내 사랑을 가로막았고, 가족들 모두가 내게서 느꼈던 감정은 고통과 부재였어요.

아버지는 나에게 이렇게 묻곤 했어요. *왜냐, 글레넌? 왜 내 면전에 대고 거짓말을 하고 우리를 이렇게 끔찍하게 대해? 우릴 사랑하기는 해?*

나도 그랬어요. 나는 모든 사랑이 제자리를 맴돌다 썩고 있다고 느꼈고, 그 압력이 결국 나를 죽일 것 같은 느낌을 생생하게 받았어요. 그러나 그들은 그 어떤 바위도 느낄 수가 없었죠. 그들에게는 바위가 존재하지 않으니까요.

한참 뒤 나는 술을 끊음으로써 바위를 제거했어요. 그것은 자발적인 기적이자 지극히 힘겨운 일이기도 했어요. 결국 내 사랑은 사람들에게로 다시 흘러갈 수 있게 되었죠. 왜냐하면 나는 언제나 강이었지 바위가 아니었기 때문이에요.

절망에 빠진 사람들이 종종 내게 묻고는 해요. "어떻게 술을 끊을 수 있었어요? 가족들이 어떤 도움을 줬나요?"

가족들은 갖은 노력을 다했지만 그 어떤 것도 나의 회복과는 상관이 없었어요. 세상의 어떤 사랑도 바위를 움직일 수는 없어요. 왜냐하면 제거해야 할 것은 가로막힌 사람과 그를 사랑하는 사람 사이에 있지 않기 때문이랍니다. 엄밀히 말하면 제거해야 할 것은 가로막힌 사람과 그의 하느님 사이에 있습니다.

정말 유감이에요, H.

당신은 당신에게 전해져야 했던 어머니의 사랑을 받을 자격이 있었습니다. 매일매일 그의 사랑으로 뼛속까지 흠뻑 젖어야 마땅했습니다.

그러나 이젠 내 말을 들어줬으면 해요.

은혜의 기적을 당신이 전혀 받지 못했을지라도 당신이 줄 수는 있는 것입니다.

당신은 부모로부터 사랑을 받을 수가 없었습니다. 그러나 그들은 당신의 근원이 아닙니다. 당신의 근원은 하느님이에요. 당신이 당신의 근원입니다. 당신의 강은 강합니다.

당신의 어린 딸아이를 낮이고 밤이고 뼛속까지 사랑으로 적셔주세요.

그 강이 거침없이 흐르기를.

.

피투성이

『사랑의 전사』 북 투어를 하는 동안 전국에서 수천 명의 독자들이 모여들었다. 내가 항상 그래왔듯 내 삶의 진실에 대해 말해주길 기대하면서 말이다. 그러나 10년 만에 처음으로 그들은 아직 내 삶의 진실을 제대로 알지 못했다. 나는 크레이그와 이혼할 것이라는 사실은 알렸지만 애비와 사랑에 빠졌다는 것은 말하지 않았다.

나는 선택해야 했다. 준비되었다고 느끼기도 전에 새로운 관계를 밝히거나 아니면 독자들 앞에 서서 내 인생에서 일어난 가장 중요한 일을 숨겨야 했다. 첫 번째 선택지는 엄청난 공포로 느껴지기는 하지만 나의 소중한 '그 무엇'으로 보건대 명료한 방식이기도 하다. 그것은 금주다. 내게 금주는 단순히 어떤 것을 멈추는 것만이 아니라 시작하는 것이기도 하다. 특정한 삶의 방식을 실행하는 것이다. 이러한 삶의 방식은 통일성, 곧 내적 자아와 외적인 자아를 반드시 통합할 것을 요구한다. 통일성은 하나의 자아만이 존재함을 뜻한다. 두 자아로 분열—보이는 자아와 감추고 있는 자아—되었다는 것은 훼손되었다는 뜻이다. 온전하게 남기 위해서라면 나는 무엇이든 한다. 나는 세상에 맞추기 위해 나 자신을 조정하지 않는다. 나는 어디에 있든 나 자신이며 세상이 내게 맞추도록 만든다.

나는 결코 이러저러한 길을 택하겠다고 약속을 늘어놓지 않을 것이다. 다만 약속한 장소에 나타나겠다고 약속할 뿐이다. 있는 그대로의 나를, 내가 어디에 있든지. 그걸로 끝이다. 그것이 전부다. 사람들이 나를 좋아하든 아니든. 사람들에게 사랑받는 것은 나의 소중한 그 무엇이 아니다. 내게 소중한 것은 통일성이다. 그래서 나는 진실에 따라 살아야 하고 진실을 말해야만 한다. 사람들은 주변으로 모여들기도 하고 떠나기도 할 것이다. 어느 쪽이든 상관없다. 진실을 말함으로써 잃을 수도 있는 일이나 사람은 결코 내 것이 아니다. 누군가가 나 자신의 어떤 부분을 계속 감추기를 요구한다면 그가 누구든, 무엇이든 나는 기꺼이 잃을 것이다.

그래서 세상 사람들에게 내가 애비와 사랑에 빠졌다고 말하기로 결심했다. 그 사실을 알리기 전날 밤 나의 팀원 중 한 사람이 말했다. "자, 우린 갈게요. 내일은 피투성이가 되겠네요." 나는 그 말에 담긴 염려를 이해했다. 사람들이 무척 놀랄 것이며 수많은 질문을 던질 것이다.

누군가는 감탄하며 말할 것이다. "난 당신을 지독히도 존경해요. 무슨 배짱으로 그럴 수 있나요?" 또 누군가는 경멸하며 말할 것이다. "난 당신을 존경했어요. 그런데 누가 당신에게 그럴 권리를 줬나요?"

어느 쪽이든 내 대답이 같을 것이라는 것은 알았다.

"난 18년 전 엄마가 되기 위해 술을 끊었어요. 같은 이유로 애비와 삶을 꾸리기 위해 남편과 헤어졌어요. 왜냐하면 갑작스럽게도 과거에 살았던 것보다 나 자신을 위해 더욱 진실하고 아름다운 것을 상상할 수 있었기 때문이에요. 가장 진실하고 가장 아름다운 삶, 가족 그리고 세상을 감히 상상하는 것, 그게 내 삶의 방식이에요. 내가 상상한 것을 현실로 만들 용기를 끌어모을 것입니다.

30대에 나는 인생에는 느껴보고 싶은 고통이 있다는 것을 배웠습니다. 그것은 아름다운 것들—믿음, 꿈, 건강, 동물, 관계, 사람 등—을 상실할 수도 있는, 불가피하고 몹시 아프면서도 필요한 고통입니다. 이러한 고통은 사랑의 비용, 용감하고 솔직한 삶을 살기 위해 치러야 하는 비용입니다. 그렇다면 나는 대가를 치를 것입니다.

그러나 아름다운 것들을 상실하는 데서 오는 고통이 아니라 그것들을 얻으려는 노력조차 할 수 없는 상황에서 다가오는 또 다른 고통이 있습니다.

나는 그런 고통을 삶에서 느꼈던 적이 있습니다. 나는 다른 사람의 얼굴에서도 그 고통을 느낍니다. 연인이 옆에 있지만 전적으로 외로움을 느끼는 여자의 눈에서 갈망을 봅니다. 행복하지는 않지만 어쨌든 웃어야 하는 여자의 눈에서 분노를 봅니다. 아이들을 위해 사는 대신 아이들을 위해 서서히 죽어가는 여자의 눈에서 자포자기를 봅니다. 그리고 나는 그 소리를 듣습니다. 나는 일어나서 하던 빨래를 마저 해낼 수 있다고 거짓말을 하는 여자의 쓰라림 속에서 그 소리를 듣습니다. 할 말이 있지만 결코 하지 않았던 여자의 절망적인 목소리에서 그 소리를 듣습니다. 용감했더라면 바꿔볼 수 있었을 텐데도 불의를 받아들인 여자의 냉소 속에서 그 소리를 듣습니다. 바로 자기 자신을 서서히 포기했던 여자들이 내는 고통의 소리입니다.

나는 지금 마흔네 살이며 그와 같은 고통을 다시 선택해야 한다면 그것은 저주입니다.

나는 남편과 헤어져 애비와의 삶을 꾸려낼 것입니다. 왜냐하면 지금 성숙한 여자로서 그것이 내가 미치도록 원하는 일이기 때문입니다. 깊은 존경과 사랑으로 말하건대, 당신 역시 하나뿐인 소중한 삶을 정말 원하는 것을 하면서 살길 간절한 마음으로 바랍니다.

진실은 내 삶을 당신이 어떻게 생각하는지 전혀 중요하지 않다는 것입니다. 가장 중요한 것은 당신이 자신의 삶에 대해 생각하는 것입니다. 남들의 평가란 우리가 느끼고, 알고, 상상할 필요가 없는, 우리가 살고 있는 또 다른 케이지입니다. 남들의 평가에 휘둘린다는 건 자신이기를 포기하는 것입니다. 당신은 내 삶이 당신이 보기에 충분히 진실하고 아름다운지 평가하면서 시간을 낭비하기 위해 여기에 있는 것이 아닙니다. 당신은 자신의 삶이, 관계가, 세상이 당신에게 충분히 진실하고 아름다운지를 판단하기 위해 여기에 있는 것입니다. 만약 아니라면 과감하게 그 사실을 인정해야만 합니다. 그리고 충분히 진실하지도 아름답지도 않은 것들을 밑바닥에서부터 태워버리고 새로운 것을 세우기 시작할 배짱과 권리—어쩌면 의무일지도—를 발휘할지 결정해야만 합니다.

그것이 내가 지금 모범을 보이고 싶은 것입니다. 이것이야말로 우리 모두를 위해 내가 하고 싶은 일입니다. 나는 우리 모두가 자신의 감정, 자신의 '앎', 상상력 속에서 너무도 편안하게 성장하기를 바랍니다. 다른 사람들이 우리를 판단하는 것에 연연하기보다 자신의 기쁨, 자유 그리고 진실성에 더욱 전념하기를 바랍니다. 나는 우리가 스스로를 배반하는 것을 거부하기를 원합니다. 세상이 진보하기 위해 지금 당장 필요한 것은 허락을 구하거나 설명을 제시하지 않고 자신의 가장 진실하고 아름다운 삶을 살아가는 한 여자를 지켜보는 것이기 때문입니다."

다음 날 아침 나는 일어나서 커피를 마시고 나서 컴퓨터를 켜고 길게 심호흡을 했다. 그리고 백만 명의 사람들을 향해 사진 한 장을 올렸다. 사진 속에서는 애비와 내가 현관 앞 그네 의자에 앉아 껴안고 있는데 애비는 다른 손에 기타를 들고 있고, 둘 다 카메라를 똑바로 보고 있었다. 우리는 확신에 차 보였다. 만족, 정착, 안도감. 나는 애비와 사랑에 빠졌고, 아이들과 아이들의 아빠와 함께 삶을, 새로운 가정을 꾸려나갈 계획을 세웠다고 썼다. 그 이상의 내용은 쓰지 않았다. 나는 사과하거나 변명하거나 정당화하지 않으려고 조심했다. 그냥 있는 그대로 읽히도록 내버려뒀다. 자리에서 일어나며 진실을 말할 책임이 내게 있지만 그것에 대한 다른 사람의 반응은 내 책임이 아니라고 생각했다. 난 내 할 일을 했다.

한 시간 남짓 지난 뒤에 여동생이 전화를 걸어 왔다. 목소리는 떨리고 있었다. "언니." 그가 말했다. "무슨 일이 일어나고 있는지 믿지 못할 거야. 앉아서 사람들이 단 댓글을 읽어봐. 그들이 뭐라고 하는지. 이 공동체가 언니와 애비를 어떻게 보고 있는지."

나는 컴퓨터를 열고 수천 개의 멋지고, 다정하고, 은혜롭고, 지적이고, 넉넉하고, 부드럽고, 다감한 의견들을 보았다. 나를 사랑하기 위해 나를 이해할 필요까지는 없다는 것을 아는 공동체의 사람들로부터 온 것들이었다. 그것은 피투성이가 아니었다. 오히려 세례에 가까웠다. 그들은 이렇게 말하는 듯했다. "글레넌, 이 세상에 온 것을 환영해. 우리는 널 얻었어."

그날 밤 친구가 전화를 걸어 말했다. "글레넌. 하루 종일 이런 생각을 했어. 넌 다른 여자들을 위해 이 공동체를 만들었지. 그런데 이 공동체는 사실상 너를 위해 만든 건지도 몰라. 언젠가 네가 뛰어내릴 때 받쳐줄 그물을 그동안 만들어왔던 거야."

우리 모두가 가장 진실한 자아를 펼칠 수 있는 자유로운 공동체에서 살 수 있기를.

인종 차별주의자

내가 폭식증 치료를 받기 시작한 것은 열한 살 때였다. 그때만 해도 정신의학계는 식이장애를 지금과는 달리 다루었다. 아이가 이런 증세를 보이면 망가진 것으로 추정했다. 이 병을 앓고 있는 수많은 아이들이 가족 혹은 문화, 아니면 그 둘 모두가 뿜어내는 공기 속에서 어쩔 수 없이 독소를 마신, 탄광의 카나리아들임을 이해하지 못하고 있었다. 그래서 나는 격리되었고 이 사회는 내가 숨 쉬는 공기의 독소를 제거하는 대신 나를 바로잡기 위해 치료사와 의사에게 보냈다.

고등학교를 다닐 때 한 치료사가 최후 방편으로 가족들에게 내가 듣는 상담수업 중 하나를 들어보라고 권했다. 수업이 시작되고 몇 분 뒤 치료사는 아빠를 보고 물었다. "글레넌의 병에 의도치 않게 영향을 미치고 있다고 생각해 본 적은 없나요?" 아빠는 몹시 화를 냈다. 그러고 일어서서 나가버렸다. 나는 아빠가 그러는 이유를 이해했다. 아빠의 최우선 과제는 좋은 아빠가 되는 것이었다. 어린 딸을 어떤 식으로든 다치게 했을지도 모른다는 것을 감히 상상조차 할 수 없을 정도로 아빠는 좋은 아빠라는 정체성을 단단하게 붙잡고 있었다. 그의 마음속 좋은 아빠는 가족의 장애에 원인을 제공해서는 안 된다. 그러나 아빠들은 언제나 원인을 제공한다. 좋은 아빠 역시 인간이기 때문이다. 돌이켜보면 우리 가족은 끄집어내서 낱낱이 밝히고 닦아냈더라면 건강해졌을 음식, 조절, 몸에 관한 생각들을 가지고 있었던 듯하다. 그런데 그 속을 들여다보기를 아빠가 거부했다는 것은 결국 내가 오랫동안 혼자였음을 의미했다. 나 말고는 어느 누구도 자신의 내면을 겉으로 드러내지 않았다.

치료사의 상담실에서 그런 일이 있은 지 몇십 년 후 도널드 트럼프가 대통령으로 당선되었다. 한 친구가 내게 전화를 걸어 말했다. "이거야말로 종말이다. 이건 우리가 알던 미국의 종언이야." 내가 말했다. "나도 차라리 그랬으면 좋겠다. 그런데 종말론은 들춰내는 걸 의미해. 제대로 회복하려면 먼저 들춰내야만 해."

그가 말했다. "오, 맙소사. 회복에 관한 말이라면 더는 꺼내지도 마. 지금은 아니야."

"아니야, 들어봐. 이젠 우리가 바닥을 친 거란 느낌이 들어! 아마도 우리가 마침내 다음 단계를 밟을 준비가 되었다는 뜻인지도 몰라. 어쩌면 미국이 통제 불가능 상태라는 걸 인정해야 할 거야. 어쩌면 도덕 명세표를 들고 이미 드러난 가족의 비밀을 정면으로 마주해야 할 때일지도 모르지. '만인을 위한 자유와 정의'에 기반하고 있다는 이 나라가 수백만 명을 살해하고,

노예로 삼고, 강간하고, 정복하며 세워진 나라라는 비밀 말이야. 어쩌면 만인을 위한 자유는 항상 이성애자에 돈 많은 백인 남자들을 위한 자유였는지도 몰라. 그러니 이제 온 가족—여자들과 게이, 흑인과 황인종, 권력자까지—이 모여 모든 것을 바로잡는 길고 지난한 작업을 시작해야겠지. 나는 이런 과정을 거쳐 사람들과 가족들을 치유하는 모습을 본 적이 있어. 우리나라도 이런 식으로 치유할 수 있을지도 몰라."

나는 단호하고 정의로웠다. 그러나 병든 시스템이 병든 사람들로 이루어져 있다는 것을 잊었다. 과거의 나 같은 사람들 말이다. 건강해지고 싶다면 다들 치료사의 방에 그대로 남아 저마다 내면을 드러내야만 한다. 어떤 가족도 개별적인 구성원이 회복되지 않고서는 건강해질 수 없는 법이다.

친구와 나눈 대화를 생각하면서 딸들에게 바로 지금 말하기로 결심했다. 나는 거실 소파에 앉아 왼쪽과 오른쪽 자리를 툭툭 치며 딸들에게 말했다. "애들아, 이리 앉아봐." 둘은 앉아서 나를 올려다보았다. 나는 딸들에게 1년 전 한 백인 남자가 교회로 걸어 들어가 흑인 9명을 총으로 쏴 죽였다고 말했다.

그리고 처음으로 체이스 또래인 흑인 소년에 관해서도 들려줬다. 그 아이는 집으로 가던 중 쫓기다가 살해되었다. 나는 딸들에게 살인자는 그 소년이 총을 가진 줄 알았다고 진술했다고 알려주었다. 소년이 실제로 들고 있었던 것은 사탕 봉지였다. 엠마가 말했다. "왜 그 사람은 사탕을 총이라고 생각했지?" 내가 말했다. "실제로 그렇게 생각한 건 아닐 거야. 엄마 생각에는 그냥 죽일 구실이 필요했던 것 같아."

우리는 한동안 이 문제들을 생각하며 앉아 있었다. 아이들은 더 많은 질문을 했다. 나는 최선을 다해 답해 주었다. 그리고 악한에 대해서는 충분히 이야기했다고 생각했다. 이제 영웅들에 관해 말할 차례다.

나는 특별한 책을 찾기 위해 서재로 갔다. 그 책을 책장에서 꺼내 소파로 돌아와서 다시 딸아이들 사이에 앉았다. 책을 펼쳤다. 우리는 마틴 루터 킹 주니어, 로자 파크스^{Rosa Parks}, 존 루이스^{John Lewis}, 패니 루 해머^{Fannie Lou Hamer}, 다이앤 내시^{Diane Nash}, 데이지 베이츠^{Daisy Bates}에 대해 읽었다. 우리는 인권운동 행진을 찍은 사진을 보며 왜 사람들이 행진하는지에 관해 이야기했다. "누군가 행진을 발로 하는 기도라고 말했어." 내가 아이들에게 말했다.

엠마는 팻말을 들고 유색인들의 바다에서 행진하는 한 백인 여자를 가리켰다. 아이는 눈이 휘둥그레진 채 말했다. "엄마, 이 사람 봐! 우리도 그들과 함께 행진했을까? 이 여자처럼?"

나는 이렇게 대답하려고 입을 열었다. '물론이지. 우리도 물론 했을 거야, 아가.'

그러나 내가 말을 꺼내기도 전에 티시가 말했다. "아니야, 엠마. 우리가 그때 살았다면 그들과 행진하지는 않았을 거야. 지금도 하지 않고 있잖아."

딸들이 나를 바라보고 나도 딸들을 보았다. 나는 아주 오래전 심리치료사의 사무실에 있던 아빠를 떠올렸다. 마치 딸들이 나를 보고 묻고 있는 것 같았다. "엄마, 미국의 병폐에 우리가 의도치 않게 영향을 미치고 있다고 생각해 본 적은 없어?"

일주일 후 나는 마틴 루터 킹 주니어 목사의 유명한 에세이 「버밍엄 감옥에서 보내는 편지」를 읽다가 다음과 같은 구절과 마주쳤다.

나는 지난 몇 년 동안 백인 온건파에게 몹시 실망하고 있던 참이었음을 고백해야겠다. 자유를 향한 행진에서 흑인의 가장 커다란 걸림돌은 백인시민평의회나 KKK단이 아니라 정의보다 '질서'에 더 헌신하고 있는 백인 온건파들이라는 유감스러운 결론에 도달했다. 그들은 정의의 현존인 긍정적인 평화보다 긴장이 없는 부정적인 평화를 더 선호한다. 그들은 항상 말한다. "당신이 추구하는 목표에 나도 동의한다. 그러나 직접적인 행동이라는 당신의 방법에는 동의하지 않는다."

이때 나는 내가 어떤 사람인지를 규정하는 언어와 처음으로 마주쳤다. 나는 스스로 인권운동의 편에 서 있다고 상상해 온 백인이었다. 왜냐하면 나는 정당한 이념으로서 평등을 강력하게 믿는 괜찮은 사람이기 때문이다. 그러나 엄마가 가리킨 사진 속 백인 여성은 집에 가만히 앉아서 믿고만 있지 않았다. 그는 스스로를 입증하고 있었다. 그의 얼굴은 조금도 *멋져 보이지* 않았다. 급진적으로 보였다. 분노하고 있었고 용감했고 두려워하고 있었다. 피곤해 보였고 열정적이었고 단호했다. 장엄했고 조금은 무섭기까지 했다.

나는 나를 킹 목사와 나란히 서 있는 그 백인과 같은 사람일 것이라고 상상해 왔다. 왜냐하면 *지금* 그를 존경하기 때문이다. 거의 90퍼센트에 가까운 미국 백인들이 킹 목사를 지지한다. 하지만 그가 살아 있던 시절, 변화를 요구했을 때 고작 30퍼센트—오늘날 콜린 캐퍼닉Colin Kaepernick(미국의 미식축구 선수이자 인권운동가. 2016년 미식축구 시합 전 미국 국가가 연주되는 동안 미국 내의 인종적 불평등과 경찰의 잔혹한 흑인 살해에 맞서 무릎을 꿇고 항의 시위를 벌였다.—옮긴이)을 지지하는 미국 백인들과 같은 비율로—만이 그를 지지했다.

그러므로 지금 킹 목사에 대해 어떻게 생각하냐고 물어봤자 과거에 킹 목사를 어떻게 생각했는지는 알 수 없다. 지금은 콜린 캐퍼닉에 대해 어떻게 생각하는지 물어야 한다. 만약 〈프리덤 라이더스Freedom Riders〉(버스조차 자리를 정해둔 흑백 인종 분리 정책에 맞서 1961년 워싱턴에서 뉴올리언스까지 버스를 타고 이동한 미국의 인권운동 단체—옮긴이)에 대해 어떻게 생각하는지 알고 싶다고 해도 지금 질문해서는 답을 알 수 없다. 대신 나는 스스로에게 물어야 한다. 〈흑인의 목숨도 중요하다Black Lives Matter〉 시위에 대해 지금 어떻게 느끼는지를 말이다.

만약 과거의 인권운동에 내가 참여했을지 궁금하다면 스스로에게 물어야 한다. 인권운동이 한창인 오늘 나는 어떻게 스스로를 입증할 것인가?

나는 미국 내 인종에 대해 다루는, 손에 잡히는 모든 책들을 읽기로 결심했다. 내 소셜 미디어의 게시글들은 유색인종 작가들과 활동가들로 채웠다. 소셜 미디어의 게시글이 얼마나 강력하게 나의 세계관을 형성하는지는 금세 명확해졌다. 나와 비슷한 백인의 목소리와 얼굴들, 나와 비슷한 경험을 담고 있는 글들로 채워진 게시판을 보고 세상이 그런대로 괜찮게 돌아가고 있구나 하고 생각하기는 쉬웠다. 하지만 일단 흑인과 다른 인종들의 시각을 매일 읽어가기 시작하자 나는 모든 것이 늘 그래왔듯이 괜찮은 것과는 거리가 아주 멀다는 것을 알게 되었다. 나는 만연한 경찰의 폭력성, 유치원에서 감옥으로 이어지는 파이프라인, 이민자 수용소의 열악한 상황, 원주민 토지의 약탈

등에 대해 알게 되었다. 내 시야는 넓어지기 시작했다. 나는 그동안 세뇌된, 하얗게 탈색된 미국 역사 이야기를 지워나갔다. 나는 내가 스스로 상상하던 사람이 아님을 발견하고 있었다. 나는 나의 조국이 그동안 배웠던 대로가 아님을 새로이 배워나갔다.

이처럼 지우고 배우는 경험은 내게 중독에서 깨어나는 금주 과정을 상기시켰다. 우리나라의 유색 인종과 소외된 사람들의 경험에 대해 실제로 더 깊이 듣고 생각하기 시작할수록 처음 술을 끊었을 때 가졌던 느낌을 받았다. 진실이 나의 안락한 무감각을 뒤흔들면서 점점 더 불편해졌다. 나의 무지와 침묵이 다른 사람들에게 상처를 입혔다는 사실들을 알게 되면서 부끄러움을 느꼈다. 지워버려야 할 것이 점점 더 많아졌고, 새로 고쳐나가야 할 것들이 너무나 많아졌고, 해야 할 일이 너무나 많아졌다. 진이 다 빨린 듯한 느낌이었다. 금주 초기 단계와 마찬가지로 백인 우월주의와 단절하고자 하는 초기 단계에 나는 무지했던 특권을 서서히 내려놓으면서 떨리고 튀어 오르고 흔들리고 부서지는 듯했다. 그것은 고통스러운 각성 과정이었다.

마침내 목소리를 높일 때가 되었다. 나는 내가 읽고 있던 사람들의 목소리를 공유하고 미국의 지난날 인종 차별주의와 현 정부의 편협하고 전략적인 분열 정책에 반대하는 목소리를 내기 시작했다. 그럴 때마다 사람들은 화를 냈다. 나는 그래도 상관없다고 생각했다. 왜냐하면 목표한 대로 사람들을 분개하게 만들고 있는 듯했기 때문이다.

한참 뒤 나는 유색인 여자들이 이끄는 활동가 모임에 참여해 달라는 요청을 받았다. 그리고 흑인 지도자 중 한 사람이 나와 또 다른 백인 여성에게 온라인 세미나를 계획하는 일을 맡겼다.

다른 백인 여성들을 인종적 정의의 대열에 참여시키기 위함이었다. 우리의 과제는 대략 두 가지였다. 백인 여성들을 교육하는 것과 매일매일 선두에서 활동하는 흑인 활동가들을 보석으로 감옥에서 꺼내 오고 휴식 시간을 주는 데 필요한 기금을 마련하는 것이었다.

우리는 그 일을 받아들였다. 온라인 세미나 계획을 짜기 위해 통화를 하면서 우리는 각자 역할을 정했다. 그는 불의에 맞선 백인 여성들의 연대의 역사에 초점을 맞추고, 나는 백인 우월주의의 내부에서 자신의 위치를 자각하는 백인 여성으로서 내 개인적인 경험에 초점을 맞추기로 했다. 나는 백인 여성들에게 인종주의에 대한 각성 초기에 겪게 될 혼란과 부끄러움, 두려움과 탈진 등이 예측할 수 있는 부분임을 알려주고자 했다. 그러면 이들이 반인종주의 진영에서 계속 활동할 여지가 더 많아질 것이라 생각했다. 또한 자신들이 느낀 것을 공개적으로 공유해야 한다고 잘못 생각하지 않고 자신의 인종주의에 개인적으로 맞서는 데에도 더욱 효과적인 준비가 될 것이라 생각했다. 내게는 이 점이 중요하게 여겨졌다. 왜냐하면 흑인 지도자들 역시 좋은 의도를 가진 백인 여성이 가지고 있는 선한 무지와 치우친 감정이 저항의 주된 걸림돌이라고 내게 말했기 때문이다.

나는 그들이 말하고자 하는 것이 무엇인지 알았다. 나 또한 그런 일이 거듭 일어나는 것을 본 적이 있었다. 백인 여성들이 인종주의에 반대하는 초기 단계에서 일어날 수 있는 우리의 경험을 알지 못한다면 자신의 반응이 특별하다고 생각할 것이다. 그런 상태에서 백인 여성들이 인종 간의 대화에 너무 일찍 참여하면 자신의 감정, 혼란, 의견을 지나치게 앞세우게 되리라는 것이다. 그렇게 되면 우리는 거듭 스스로를 중심화하고, 어쩔 수 없이 우리가 속해 있던 결코 중심이 아닌 곳으로 되돌아가게 된다. 이는 우리를 한층 더 초조하게 만든다. 우리는 우리의 존재에 고마움을 표시하는 사람들에게 익숙해져 있다. 그래서 고마워하지 않으면 감정이 상한다. 두 배로 지치는 일이다. 우리는 "적어도 나는 이렇게 노력한다. 그런데 아무도 고마워하지 않는다. 내가 하는 일마다 공격하려 든다."라는 식으로 말한다. 사람들은 화를 낸다. 왜냐하면 "나를 공격하려 든다."라는 말은 실제 일어난 일을 정확히 설명하는 것이 아니기 때문이다. 사람들은 그저 처음으로 우리에게 진실을 말하고 있을 따름이다. 그 진실이 우리에겐 공격처럼 느껴진다. 왜냐하면 우리는 아주 오랫동안 안락한 거짓말에 둘러싸여 보호받고 있었기 때문이다.

우리는 어안이 벙벙하다. 우리는 항상 틀린 말을 하고, 사람들이 항상 우리에게 화를 내는 것처럼 느낀다. 그러나 나는 우리가 틀린 말을 한다는 이유만으로 사람들이 화를 낸다고 생각하지 않는다. 사람들이 분노하는—그리고 우리가 방어적이 되고 상처받고 좌절하는—이유는 덫에 빠져 있기 때문이라고 나는 생각한다. 그 덫이란 인종주의에 대한 각성이 옳은 것을 말하는 것이라는 믿음이다. 사실 옳은 것은 말하는 것이 아니라 *실천해야* 하는 것인데 말이다. 그렇게 보여주는 것은 *변혁*이 아니라 연기에 가깝다. 우리가 보여주기 식이 되어버리는 것은 올바른 것을 *말하려 하기* 전에 올바름에 필요한 공부와 듣기가 제대로 *이루어지지* 않았기 때문이다.

우리는 뭔가로 가득 찬 머그잔들이며 계속해서 부딪힌다. 만약 머그잔이 커피로 채워져 있다면 커피가 쏟아질 것이다. 홍차로 채워져 있다면 홍차가 쏟아질 것이다. 부딪히는 것은 불가피하다. 만약 우리에게서 쏟아져 나오는 것을 바꾸고 싶다면 우리 안에 담긴 것을 바꾸는 작업을 해야만 한다.

인종주의에 대한 각성 초기 단계에서 "내가 인종 문제에 관한 대화에 어떻게 참여할 수 있을까?"라는 질문은 그릇된 질문이다. 우리는 공개적으로 참여하는 대화보다 개인적으로 반성하게 되는 대화에 관해 더 많은 이야기를 하게 될 것이다. 그 대화에서 우리가 변화를 위해서 존재하는지 혹은 보여주기 위해서 존재하는지는 공간을 차지하는 방식에 의해 자명해진다. 각성 과정에 있는 백인 여성이 공개적으로 나설 때 겸허한 존중감을 가진다면 조용하고 꾸준하며 그리고 양보하는 존재 방식이 될 것이다. 손을 비비 꼬는 부끄러움도 없어야 한다. 지나친 자기 폄하는 주의를 끌려는 또 다른 방식이기 때문이다. 감정이 있긴 하겠지만 사람들에게 그 감정을 강요하는 대신 자신의 내부에서 그것이 어떤 감정인지를 따져볼 것이다. 사람들이 죽어가는 판국에 자신이 어떻게 느끼는지는 그다지 상관없다는 것을 깊이 이해하고 있기 때문이다.

나는 이 모든 것을 온라인 세미나에서 공유하리라 계획했다. 내 바람은 이것을 공유함으로써 인종주의에 대한 각성 초기 단계에 있는 참여자들을 준비시키고, 우리의 활동가 그룹이 더 큰 사회적 정의를 실현하려 노력하는 데 도움을 주는 것이었다. 우리는 이 온라인 세미나 계획에 검토와 승인을 받기 위해 모임의 지도자들에게 보냈다. 이후 그들이 제안한대로 내용을 수정하고 세미나 내용을 온라인에 게시했다. 수천 명이 세미나에 참석하기 위해 등록했다. 그제서야 나는 잠자리에 들었다.

다음 날 아침 친구가 보낸 문자 때문에 잠이 깼다. "글레넌, 네가 어떤지 궁금해서. 온라인에 올라오는 글들을 보고 있어.

괜찮은지 알려줘."

인스타그램을 열어보고는 심장이 철렁 내려앉는 기분이었다. 거기에는 수백 명—나중에는 수천 명—이 쓴 댓글들이 있었는데 대다수는 나를 인종 차별주의자라 규정하고 있었다.

나는 그때까지만 해도 인종적 정의을 지향하는 운동에서 백인 여성이 어떻게 활동할 것인가에 대한 몇몇 타당하기도 하고 모순적이기도 한 생각의 흐름들이 존재한다는 것을 알지 못했다. 그 관점 중 하나는 백인 여성—유색인 여성들이 책임을 지고 이끌어나갈 때—이 다른 백인 여성들을 반인종주의적 활동에 참여시키고자 한다면 유색인의 목소리와 플랫폼을 사용해야 한다는 것이다. 또 다른 관점은 백인 여성은 이미 그 활동을 하고 있는 유색인을 인용할 때만 그들(백인 여성)의 목소리를 내야 한다는 것이다. 후자의 철학에 동의하는 사람들이 이 온라인 세미나에 관해 내게 분노를 터뜨리고 있었다.

이미 이 활동을 하고 있는 유색인 여성들을 따르지 않고 왜 당신이 가르치려고 드는가? 왜 당신은 그렇게 많은 유색인 여성들이 계속 작업해 온 이 운동에 자리를 차지하려고 하는가? 무료 강좌를 여는 것은 흑인 교육자들의 주머니를 털어가는 셈이다. 인종 문제에 대해 대화하려는 백인 여성들에게 "안전한 공간"을 제공하는 것은 잘못된 일이다. 백인 여성들은 안전할 필요가 없고 교육받을 필요가 있을 뿐이다. 우리는 당신을 거부한다. 당신은 인종 차별주의자다. 글레넌, 당신은 인종 차별주의자다. 당신은 그저 한 사람의 인종 차별주의자일 따름이다.

곳곳에서 인종 차별주의자라는 말이 난무했다.

나는 망연자실했다.

나는 비판에 익숙한 사람이다. 나는 전국을 순회하는 기독교

강연회를 하면서 한 여자와 약혼했음을 공개적으로 선언한 여자다. 나는 교단에서 공개적으로 조롱받고 파문당했다. 나는 나를 미워하는 '다른 쪽' 사람들에 익숙하다. 나는 그런 역풍을 영광스러운 훈장으로 달고 다닌다. 그러나 같은 편이라 생각한 사람들이 지른 불은 새롭고 지독했다. 내가 바보 같다고 느꼈고 후회가 밀려들었다. 조용히 입을 닫고 있는 현명한 사람들이 끔찍하게 부러웠다. "당신이 입을 열고 스스로 바보임을 입증하는 것보다 조용히 입을 닫고 바보 같은 생각을 하는 것이 낫다."라는 말이 떠올랐다. 나는 방어적이 되었고, 상처를 받았고, 좌절했고, 두려웠다. 인종 차별주의자라고 불리는 것이 다른 어떤 것보다 견딜 수 없었다. 그것은 돌로 된 바닥이었다.

다행스럽게도 나는 돌로 된 바닥이 끝인 것처럼 보여도 항상 무언가의 새로운 시작이라는 것을 반복해서 배워온 여자이기도 하다. 나는 지금이 자기 연민과 체념이란 이중의 충격으로 인해 안 좋은 원래의 상태로 되돌아가거나 아니면 인종주의에 대한 각성을 두 배로 실행해 가야 하는 순간임을 알았다. 나는 스스로에게 말했다. 숨을 쉬자. 당황하지 말고 흔들리지도 말자. 가라앉자. 모든 것을 느끼자. 침잠하자. 상상하자. 불타게 두자.

마침내 어떤 기억이 떠올랐다.

어린 시절, 우리 가족은 매일 밤 거실 소파에 함께 앉아 저녁 뉴스를 보곤 했다. 마약과의 전쟁이 한창이던 시절이었다. 나는 교외에 살았지만 도시에서는 사태가 훨씬 더 끔찍했다. 뉴스에는 마약이 도처에 널려 있었고, 이른바 "약쟁이"와 "복지여왕"(미국에서 사기, 아동 학대, 허위 등록 등을 통해 과도한 복지 급여를 받는 여성을 지칭하는 경멸적인 용어. 1976년 레이건이 선거 운동 때 본격적으로 사용한 용어로 종종 흑인 미혼모를 지칭하기도 했다.—옮긴이)도 있다고 주장했다. 밤마다 우리는 젊은 흑인의 몸뚱이가 바닥에 내던져지고, 한 묶음으로 경찰차로 끌려가는 것을 보았다. 밤 뉴스가 끝난 다음에는 「캅스」라는 드라마를 보았다. 수백만 미국인 가정과 다를 바 없이 우리 가족은 함께 앉아 「캅스」를 시청했다. 매일 밤마다 나는 대개 백인인 경찰들이 가난한 흑인 남자들을 체포하는 장면을 보곤 했다. 그것도 오락으로. 우리는 그것을 보면서 팝콘을 먹었다.

그로부터 30년 뒤 찰스턴 대학살(2015년 미국 남캐롤라이나의 찰스턴 교회에서 일어난 총기 난사 사건. 백인 우월주의자에 의해 성경 공부를 하던 흑인 9명이 살해되었다.—옮긴이) 이후 부모님이 살던 시골 버지니아 마을은 미국인의 의식을 뒤흔드는 인종 차별 문제에 어떻게 대응할지를 두고 시끌벅적했다. 지역 교회는 공동체 사람들을 불러 모아 그 문제를 논의하기로 했다. 내 부모님도 거기 참석하였다.

그들은 수백 명의 백인들로 가득 찬 커다란 방에 앉았다. 한 여자가 일어서면서 회의가 시작되었다. 그는 자신과 몇몇 여자들이 마을 건너편, 주로 흑인 아이들이 다니는 학교에 지원 꾸러미를 보내기로 했다고 알렸다. 그는 사람들을 그룹으로 묶어 모을 수 있는 항목들을 고르자고 제안하였다. 실내에는 안도의 한숨이 터져 나왔다. 맞아요. 행동으로 보여주자! 변화 대신 연기! 우리 내부는 안전해!

아빠는 혼란스러웠고 실망했다. 손을 들었다. 여자가 아빠를 호명했다.

아빠는 일어서서 말했다. "나는 여기 꾸러미를 만들기 위해 온 것이 아닙니다. 대화를 하기 위해 있는 것입니다. 나는 인종 차별이 만연한 남부 지역에서 성장했습니다. 거기서 흑인에 관해 아주 많은 것들을 배웠습니다. 이 배움을 수십 년 동안 마음과 가슴속에 담고 있었습니다. 그러나 그 내용이 거짓이라는 것을, 그것도 참담한 거짓말이라는 것을 알게 되었습니다. 나는 이 독약을 손주 세대에 물려주고 싶지 않습니다. 이 독약을 내게서 몰아내고 싶습니다. 그러나 어떻게 하면 되는지를 모릅니다. 나는 내 안에 인종 차별주의가 있음을 알고 있고 그것을 씻어내고 싶습니다."

아빠는 나와는 전혀 다르게 보이는 아이들을 지원하는 학교에서 평생을 보낸 사람이다. 그는 우리에게 매일 인종 차별주의는 죄악이라고 가르쳤다. 그러나 이제 아빠는 한 사람이 선할 수도 있고 동시에 병들어 있을 수도 있다는 것을 이해했다. 아빠는 고도로 작동하는 인종 차별주의가 미국에 존재한다고 이해했다. 그는 온 마음을 다해 선하고 친절하고 정의를 사랑하는 사람이 될 수 있다는 것을 배울 만큼 겸손하다. 그러나 미국에서 산다면 숨을 쉬듯 인종 차별주의에 중독된다. 아빠는 용감하게도 병든 미국의 가정에서 자신이 어떤 역할을 해야 하지 않을까 생각했다. 그는 '선한 백인'이란 정체성을 불태울 준비가 되어 있었다. 아빠는 상담실 문을 박차고 나가지 않고 자신의 속내를 드러낼 준비가 되어 있었다.

나는 페미니스트지만 성차별적인 문화에서 자랐다. 나는 매체를 통해, 종교 단체를 통해, 부적합한 역사책을 통해, 미용 산업을 통해, 여성의 몸은 남성의 몸보다 훨씬 가치가 없으며, 특정한—마르고 키가 크고 젊은—여성의 몸이 다른 여성의 몸보다 훨씬 더 가치 있다고 믿게 만드는 세상에서 자랐다.

상품화된 여성의 몸 이미지, 삐쩍 마른 여성의 몸을 여성 성취의 정점으로 떠받드는 맹공격, 여자는 남자를 기쁘게 하기 위해 존재한다는 만연한 메시지가 내가 숨 쉬는 공기 속에 퍼져 있었다. 나는 광산에서 살았고, 독소는 여성혐오였다. 나는 그 때문에 병에 걸렸다. 내가 못된 성차별주의자라서가 아니라 내가 여성혐오라는 공기를 들이마셨기 때문이다.

나는 폭식증에 걸렸고 회복하는 데 평생이 걸렸다. 자기혐오에 빠지면 새로 배우기보다 배운 것을 지워나가기가 더 힘들다. 여전히 심각하게 병든 세상에서 여자가 건강하기는 어렵다. 여자에겐 그럴 권리가 없다고 주장하는 세상을 살아가면서 자신과 다른 여자들을 사랑하는 법을 찾아낸다면 그것은 엄청난 승리다. 그래서 나는 매일 건강과 온전함을 위해 열심히 일하고 있다. 나는 여성의 평등권을 주장한다. 왜냐하면 근본적으로 나는 진실을 알기 때문이다. 나는 내 몸이 무엇을 위한 것인지 알고 있다. 내 몸은 남자의 쓸모를 위해 존재하는 것이 아니다. 팔기 위한 것도 아니다. 내 몸은 사랑하고 배우고 쉬고, 정의를 위해 싸우고자 존재한다. 나는 이 땅의 모든 몸이 평등하며 저마다 최상의 가치를 가지고 있음을 알고 있다.

그러나 아직은.

나는 여전히 내 안에 독소를 품고 있다. 나는 아직 수십 년 동안 내게 주입된 모든 편견들을 가지고 있다. 지금도 내 몸을 사랑하기 위해 매일 싸운다. 나의 일상적인 사고들 가운데 50퍼센트는 내 몸에 관한 것이다. 나는 여전히 나 자신의 가치를 확인하기 위해 체중계 위에 올라선다. 무의식적으로 살찌고 늙은 여자보다 날씬하고 젊은 여자가 훨씬 더 가치 있다고 판단하고 있는지도 모른다. 나는 자동화된 반응이 대부분 태생적인 것이 아니라 길들여진 것임을 알고 있다. 그래서 처음의 잘못된 판단을 바로잡을 수는 있지만 여기에는 세심한 노력이 필요하다. 우리는 우리가 숨 쉬는 공기가 된다.

나는 서른다섯 살 때 앞이마의 주름이 점점 깊어지는 것을 알아차리자마자 바로 병원으로 차를 몰고 가는 나를 발견했다. 그곳에서 텔레비전에 나오는 사람처럼 젊고 매끈한 얼굴을 만드느라 앞이마에 보톡스 독을 고통스럽게 주사하는 데 수백 달러를 들였다. 나는 말 그대로 그런 데 훤했다. 그러나 나의 무의식은 그렇게까지 알지 못했다. 내 무의식은 아직 내 마음과 정신을 따라잡지 못하고 있었다. 왜냐하면 여전히 중독되어 있었기 때문이다. 스스로 중독을 멈추기 위해서는 의식적인 결심이 필요하다. 여성혐오가 내 피부 속으로 주입되는 데 돈을 지불하지 않으려면 의식적인 결심이 필요하다. 나는 과격한 페미니스트며 영원한 페미니스트다. 그러나 아직도 성차별과 여성혐오가 내 혈관을 타고 흐르고 있다. 당신과 당신의 잠재의식은 별개일 수 있다.

나는 우리 문화가 공기 중에 뿌린 여성혐오가 얼마나 우리에게 깊은 영향을 미치는가에 대해 항상 여자들에게 이야기한다. 어떻게 그것이 우리 자신에 대한 생각을 덧칠하고 여성을 적대시하게 만드는지. 어떻게 잘 계획된 독이 우리를 병들고 비열하게 만드는지. 우리 모두가 자신과 다른 여성에게 상처를 주지 않으려면 어떻게 독소를 뽑아내려고 힘겹게 노력해야만 하는지. 여자들은 울면서 고개를 끄덕이며 말한다. "그래요, 나도 그래요. 나도 내 안에 여성혐오를 가지고 있어요. 그것을 없애고 싶어요." 어떤 여성도 자신이 내면화된 여성혐오를 가지고 있다고 인정하기를 두려워하지 않는다. 그것을 인정한다고 해서 비도덕적인 것이 아니기 때문이다. 여성혐오에 영향을 받았다고 해서 그 사람을 나쁜 사람이라고 생각할 사람은 없다. 여성이 여성혐오란 독소를 해독하는 데 일조하고 싶다고 말할 때 그를 여성혐오자라고 딱지 붙이지는 않는다. 다만 여성혐오자와 여성혐오에 영향을 받았으나 해독을 위해 적극적으로 활동하는 사람 사이에는 차이가 있다. 그들은 둘 다 여성혐오를 주입받았지만 전자는 그것을 사용하여 권력을 행사함으로써 사람들에게 상처를 입히고, 후자는 사람들에게 상처 주기를 멈출 수 있게 그 힘으로 자신을 해체하는 일을 한다.

내가 인종 차별주의를 들고 나오자 같은 여자들이 말한다.

"난 인종 차별주의자가 아니야. 난 편견이 없어. 난 그보다는 더 잘 자랐어."

우리가 여성혐오에 대해 생각하듯이 인종 차별에 대해 생각하기 전에는 결코 인종 차별을 우리에게서 몰아낼 수 없을 것이다. 우리는 인종 차별을 개인의 도덕적 결함이 아니라 우리가 숨 쉬고 있는 공기처럼 생각해야 한다. 땅바닥에 팽개쳐진 흑인 이미지들을 내가 얼마나 많이 접했던가? 흑인들로 가득 찬 감옥 사진을 얼마나 많이 보았던가? 얼마나 많은 인종 차별적인 농담들을 삼켰던가? 우리는 흑인 남자는 위험하고, 흑인 여자는 아무짝에도 쓸모가 없고, 흑인의 몸은 백인의 몸보다 가치가 떨어진다고 믿게 만드는 이미지와 이야기 속에 잠겨 있었다. 이 메시지들은 공기 속에 있었고 우리는 그저 숨을 쉬고 있다. 우리가 인종 차별에 중독됐음을 인정하는 것은 도덕적인 실패가 아니다. 우리 안에 독이 있음을 부정하는 것이야말로 도덕적인 실패다.

혁명이 일어나기 전에는 계시가 선행되어야 한다. 술, 가부장제, 백인 우월주의를 끊는 것은 영화에서 빨간 알약을 삼키고 나서 우리가 그 속에서 살았던 나머지 보이지 않던 잘 짜인 매트릭스를 보게 되는 것과 다소 비슷하다. 알코올 중독을 해독해 가는 과정에는 소비를 하면 고통에 무뎌질 거라고 믿게 만든 소비 문화의 매트릭스를 인식하게 되는 것이 포함된다. 식이장애를 해독하는 과정은 배고픔을 느끼거나 지구상의 공간을 차지하는 것도 가당치 않다고 믿게 만든 가부장제의 거미줄을 보는 것을 의미했다. 그리고 인종 차별을 해독하는 과정은 유색인보다 내가 더 나은 사람이라고 믿도록 부추긴 백인 우월주의의 정교한 거미줄에 눈을 뜰 것을 요구한다.

미국에는 인종 차별주의자와 반인종 차별주의자만 존재하지 않는다. 미국에는 세 가지 부류가 있다. 인종 차별주의에 중독되고 그것을 적극적으로 퍼뜨리려는 사람들. 인종 차별주의에 중독되었음을 인지하고 적극적으로 해독하고자 하는 사람들. 인종 차별주의에 중독되었으나 자신 안의 그 존재를 부정하는 사람들.

나는 나를 인종 차별주의자라고 부르는 것이 옳다고 판단했다.

그리고 틀리기도 했다.

나는 두 번째 부류다. 나는 인종 차별에 대해 말하려고 나섰을 때 내 안에 인종 차별주의가 있는 상태였기에 나를 인종 차별주의자라고 부른다는 결론에 도달한 백인 여자다. 내가 말한 것과 말하지 않은 것으로, 내가 말하는 방식으로 사람들은 외부에서 나의 내면에 있는 인종 차별주의를 볼 수 있다. 그들이 보고 지적하는 것은 진실이다.

공공연하게 자신을 드러내 보이고 진실을 말하는 모든 백인은—그는 인류라는 가족의 구성원으로 그것이 자신의 의무라고 믿기 때문에—자신의 인종 차별주의를 드러낼 것이다. 그는 자신을 드러내는 방식에 다른 사람들이 이견을 갖는 것, 그리고 다른 사람들은 동의하지 않을 권리가 있다는 사실을 받아들여야 할 것이다. 그는 분노의 대부분이 진실이고 현실이며 필요하다는 것을 앎으로써 사람들의 분노를 견뎌내는 법을 배워야 한다. 그는 자신이 불태워버릴 특권 중의 하나가 자신의 정서적 위안이라는 사실을 받아들일 필요가 있다. 그는 인종 차별주의자라고 불리는 것이 가장 최악은 아님을 상기할 필요가 있다. 가장 최악은 다른 사람들이 고통을 겪고 죽어갈 동안 안전하고 비난을 받지 않고 편안하게 머무르며 자신의 인종 차별주의를 은밀하게 감추는 것이다. 비판받는 것보다 더 나쁜 것은 비겁한 사람이 되는 것이다.

나는 1년이 지난 뒤에야 출간될 책 속에 이런 생각을 적는 것이 두렵다. 나중에 다시 이 책을 읽으면 그 속에서 지금 당장은 볼 수 없는 인종 차별주의를 보게 되리라는 것을 알고 있다. 그러나 나는 시인이자 인권운동가인 마야 안젤루Maya Angelou의 말을 생각한다. "더 잘 알게 될 때까지 할 수 있는 최선을 다 하라. 그럼 잘 알게 되었을 때 더 잘 해낼 것이다." 지금 최선을 다하는 것은 적극적인 행동이며 더욱 잘 알아가려는 것이다. 나서지 않고 마술처럼 알게 될 때까지 기다린다. 우리는 드러내고 또 고쳐나가야 지속적으로 해낼 수 있다. 우리는 다음에 더 잘 알기 위해 열심히 듣는다. 우리는 다음에 더 잘 알기 위해 스승을 찾는다. 우리는 다음에 더 나아지기 위해 선하고 좋은 의미에 관한 관념들을 태워버린다. 더 잘 알기 위해 배우는 것은 헌신이다. 이미 형성된 것을 계속해서 버리지 않으면 더 잘 알 수가 없을 것이다.

그래서 나는 최선을 다해 곡진한 겸허함과 실천으로 의견을 피력할 것을 약속한다. 나는 계속 잘못을 저지르기도 하겠지만 그것은 잘못을 바로잡을 기회에 가장 근접했다는 의미이기도 하다. 나는 마음을 열고 교정을 받을 것이며 계속해서 배워나갈 것이다. 내가 깨어 있는 사람들 중 가장 깨어 있는 사람이 되고 싶기 때문이 아니다. 아이들이 인종 차별주의로 죽어가고 있기 때문이다. 애초에 다른 사람의 아이들이란 없다. 감춰진 인종 차별주의는 삶을 파괴하고 끝장낸다. 인종 차별주의로 인해 경찰관은 백인 남자보다 흑인 남자를 3배나 더 많이 죽인다. 인종 차별주의는 국회의원들이 깨끗한 물을 위한 예산을 삭감하게 함으로써 흑인 아이들을 위험에 빠뜨린다. 인종 차별주의로 인해 백인 여자보다 3배에서 4배 많은 흑인 여자들이 출산 중이나 출산 후에 죽는다. 인종 차별주의는 학교 관리들이 백인 학생들보다 흑인 학생들을 3배나 더 많이 유급시키거나 퇴학시키게 한다. 인종 차별주의는 판사들이 흑인 마약 사범을 백인 마약 사범들보다 6배나 더 구금시키게 한다. 그리고 인종 차별주의는―다른 사람들을 비인간화시키는 체계에 내가 연루되어 있기 때문에―나를 비인간화시킨다. 잘 짜인 인종 차별주의의 독이 주입되었다는 사실은 우리의 잘못이 아닐 수 있지만 그것을 몰아내는 것이 우리의 책임이라는 점은 확실하다.

그래서 "글레넌, 당신이 우리의 병에 영향을 미치고 있다고 생각해 본 적은 없나요?"라는 질문―내 가족, 내 공동체, 내 조국에 관한 것이든──을 받았을 때 나는 그 자리에 머물러 있고 싶다. 그러나 나는 느끼고 상상하고 경청하고 일하고 싶기도 하다. 나는 스스로 내면을 드러냄으로써 우리의 공기를 깨끗하게 만들고 싶다.

질문

최근 중서부 지역에서 주민들을 위한 행사에 강연자로 참석했다. 청중석에는 천 명 남짓 되는 여자들과 드문드문 흩어져 앉은 남자들, 그리고 칭얼거리는 아기들이 있었다. 질문 순서가 되었을 때 뒤쪽에서 천천히 손이 올라오는 것을 알아차렸다. 진행을 돕는 사람이 급히 달려가 손을 든 사람에게 마이크를 건네며 일어서달라고 요청했다. 짧은 회색 머리에 깊게 주름이 지고 온화하고 진지한 얼굴을 한 여자가 천천히 일어섰다. 그는 성조기와 '할머니'라는 단어가 알록달록하게 프린트된 티셔츠를 입고 있었다. 마이크를 잡은 그의 손이 조금 떨렸다. 나는 즉각 그를 사랑하게 되었다. 그가 말했다.

"안녕하세요, 글레넌. 나는 10년 동안 당신 책을 찾아 읽었어요. 그래서 다른 사람에게 질문하기가 두려워 당신에게 질문을 하려고 여기에 왔어요. 난 요즘…… 혼란스러워요. 내 남자

조카가 지금은 조카딸이 되었거든요. 그를 아니 그녀를—죄송해요—정말 좋아해요……. 또 손녀는 학교 축제에 작년에는 남자애를 데리고 갔는데 올해는 여자애를 데리고 갔어요. 그런데…… 당신 역시 게이잖아요? 공격하려는 의도는 전혀 없어요. 그냥 묻고 싶어요. 왜 모두 갑자기 게이가 되는 거죠?”

실내가 갑자기 찬물을 끼얹은 듯 조용해졌다. 여자를 향해 있던 수많은 머리들이 일제히 내 쪽으로 천천히 방향을 바꾸었다. 눈들이 휘둥그레졌다. 나는 실내에 들어찬 집단적인 스트레스를 느꼈다. 그에게, 나에게, 우리 모두에게. (오, 주여. 불쾌했나? 질문하면 안 되는 거였나? 글레넌이 화났어? 그런데 왜 갑자기 다들 게이가 되는 거지?) 사람들은 우리가 이제 막 충돌하고 불에 타버리지나 않을까 걱정하고 있었다. 나는 사람들이 우리를 주시하고 있음을 알았다. 사태를 어색하게 만들만큼 용기있는 사람에게 복이 있을 것이다. 왜냐하면 그들은 우리를 일깨우고 앞으로 전진하게 해주니까.

나는 말했다. “대부분 너무 두려운 나머지 의문을 갖는 것조차 인정하지 않는 질문을 해줘서 고마워요. 묻지 못하는 질문들은 편견이 됩니다. 당신의 조카딸과 손녀딸에게 당신이 있어 정말 다행입니다. 이름을 말해주실래요?”

“조앤이에요.”

“알겠어요. 나는 왜 모두 갑자기 게이가 되는지에 대해 알 것같아요. 조앤, 그 빌어먹을 GMO 때문인가 봐요.”

안도의 웃음이 파도처럼 퍼져나갔다. 어떤 숙녀들은 너무 웃은 나머지 우리 모두가 하나의 거대하고 집단적인 유기농 농산물의 세례를 받기라도 한 것처럼 눈물이 얼굴에서 굴러떨어질 지경이었다. 웃음이 잦아들었을 때 나는 심호흡을 한번 해보자고 제안했다. 웃는 것, 깊은 숨을 쉬는 것은 언제든 기분을 좋게 해준다. 모든 일을 끔찍하게 여길 것까지는 없는 법이다. 이것이 바로 삶이고 지금 막 사람들은 서로를 이해하려고 노력하는 중이었다. 우리 자신을 이해하려고 노력하고 있었다. 숨을 쉰 다음 나는 이렇게 말했다.

"사람들의 내면에는, 그리고 사람들 사이에는 우리가 결코 이해할 수 없는 거칠고 신비로운 힘이 존재합니다. 믿음의 힘이나 사랑, 성욕 같은 힘 말이죠. 우리는 이 신비로운 힘들을 이해하거나 조절하지 못하는 우리의 무능함에 불편을 느낍니다.

그래서 우리는 야생의 믿음—인간과 신 사이의 끊임없이 변화하는 신비로운, 규정할 수 없는 흐름—을 종교로 포장했습니다.

우리는 야생의 성적 욕망—인간과 인간 사이에 끊임없이 변화하는 신비로운, 규정할 수 없는 흐름—을 성적 정체성으로 포장했습니다.

그것은 유리잔 속에 담긴 물과 같습니다.

믿음은 물입니다. 종교는 유리잔이고요.

성적 욕망은 물입니다. 성적 정체성은 유리잔이고요.

우리는 담을 수 없는 힘들을 담으려고 이 유리잔들을 만들었습니다.

그러고 나서 사람들에게 말합니다. 잔을 선택하라. 이성애자인지 동성애자인지.

(그런데 동성애자의 유리잔을 선택하면 당신은 법으로 보호받지 못하고, 공동체에서 배척당하고, 신에게서 추방될 것이다. 그러니 현명하게 선택하라.)

그래서 사람들은 폭 넓고 유동적인 자신을 이토록 좁고 자의적인 유리잔 속에 담으려고 노력했습니다. 세상이 그것을 기대하기 때문입니다. 수많은 사람들이 조용한 절망 속에서 살아야 했으며, 그 틀에 맞추려고 숨을 참아낸 나머지 서서히 숨이 막혀왔습니다.

어느 곳에서 언제인가 누군가가—어떤 용감한, 기적 같은 이유 때문인지—마침내 내면의 용을 인정하였습니다. 그는 자신이 느끼는 것을 믿기로 하고, 알게 된 것을 안다고 하기로 했고, 자유로워질 수 있는 보이지 않는 질서를 당당히 상상하게 되었습니다. 그는 작은 유리잔 속에 자신을 담기를 거부했습니다. 그는 내면의 목소리를 겉으로 말하고 정말 태워버리자고 결심했습니다. 그래서 손을 들고 말했습니다. "그런 규정들은 내겐 진실로 느껴지지 않아. 나는 그 어느 유리잔에도 나를 욱여넣고 싶지 않아. 내게는 맞지 않아. 그것이 무엇인지는 아직 몰라. 그런데 이 유리잔은 아니야."

다른 누군가가 첫 번째 용감한 사람의 말을 듣고 자신의 혈관을 흐르는 짜릿한 희망을 느꼈습니다. 그는 생각했어요. *잠깐만. 나 같은 사람이 또 있다고? 내가 문제가 있는 게 전혀 아니라면? 만약 유리잔 시스템 자체가 잘못된 것이라면?* 그는 손을 들어 "나도 그렇다!"라고 목소리를 높였습니다. 그러자 또 다른 사람의 손이 올라가고, 또 다른 사람이, 다른 사람이. 마침내 손들이 바다를 이루었습니다. 어떤 사람은 손을 흔들고, 누구는 주먹을 쥐었어요. 진실, 희망, 자유의 연쇄 반응이었습니다.

조앤, 나는 게이가 되는 것에 전염성이 있다고는 생각하지 않습니다. 그러나 확신합니다. 자유는 전염성이 있습니다.

자유라는 관점으로 우리는 많은 유리잔들을 추가했습니다. 우리는 말했습니다. "좋아. 네가 무슨 얘길 하는 건지 알겠어. 지금 있는 유리잔들은 네게 맞지 않아. 그래서 여기 널 위해 양성애란 유리잔을 준비했어! 너에게는 범성애란 유리잔이 어때?" 우리는 결국 영어 철자를 다 써버렸다고 느낄 때까지 계속 LBGTQ와 같은 모든 문자로 된 꼬리표가 달린 유리잔을 추가했습니다. 이것이 더 낫긴 합니다. 그러나 정확하게 옳은 것은 아닙니다. 왜냐하면 어떤 유리잔을 선택한다는 것은 여전히 줄어든 권리와 더 커진 부담으로 다가오기 때문입니다. 그래서 어떤 사람들, 나 같은 사람들은 정확하게 맞다고 생각되는 유리잔을 아직 찾지 못했습니다.

나의 느낌으로 사람들은 항상 50가지 그림자를 가진 게이였습니다. 나는 유리잔을 추가하는 대신에 사람들을 유리잔 속에 가두는 것 자체를 멈추면 어떨까 생각합니다. 아마도 결국 우리는 함께 유리잔 시스템을 제거해 나갈 것입니다. 믿음, 성적 욕망 그리고 젠더는 모두 유동적입니다. 유리잔이 아니라 모두 바다입니다.

그러나 낡은 구조물을 불에 타게 내버려두는 것은 불편할 수도, 방향을 잃게 될 수도 있습니다. 시끌벅적한 자유는 처음에는 혼돈처럼 느껴지기 때문에 두렵기까지 합니다. 대명사는 뭘 쓰고 화장실은 어떻게 해? 여자가 여자를 파티에 데려간다고? 맙소사! 그러나 '진보'는 있는 *그대로의* 모습에 아주 딱 맞는 새로운 시스템을 만들어내기 위해 더 이상 진실이 아닌 것을 영원히 무너뜨리는 것입니다. 사람들은 결코 변하지 않습니다. 그저 처음으로 사람들에게 자신의 본질을 더 이상 바꾸지 않아도 될 만큼 자유가 생기는 것입니다. 진보는 존재하는 것과 항상 존재해 왔던 것을 인정하는 것입니다. 진보는 항상 원래대로 돌아가는 것입니다.

어쩌면 우리는 성적 욕망이라는 멋진 신비를 이해하기 위해 군이 힘들게 노력할 필요가 없을지도 모릅니다. 대신 그저 나 자신과 서로에게 두려움 없이 호기심과 사랑을 지닌 채 귀를 기울이기만 하면 됩니다. 우리는 사람들이 있는 그대로 존재하게 하고, 한 사람 한 사람이 자유로울수록 우리 모두가 더 나아질 수 있다고 믿으면 됩니다. 성적 욕망에 대한 우리의 이해는 성적 욕망 그 자체처럼 유동적일 수 있습니다. 우리는 그것이 아무리 불편할지라도 사람들이 자신의 유리잔에서 흘러넘치게 하는 것이 가치 있음을 기억할 것입니다. 혼란스럽지만 개방적이고 친절한 우리의 의지가 생명을 구할 것입니다.

어쩌면 용기는 우리 자신을 두려워하지 않는 것뿐만이 아니라 다른 사람들 또한 두려워하지 않는 것인지도 모릅니다. 우리는 공동의 기초를 찾으려는 노력을 멈추고 모두가 바다가 되도록 내버려두어야 합니다. 이미 그들은 존재합니다. 그러니 그대로 두어야지요."

허가증

한 근본주의 기독교 단체가 최근 "복음주의 교회"에서 나를 파문했다고 발표했다. 나는 이를 아주 재미있게 받아들였다. 시트콤 「사인펠드Seinfeld」의 주인공 크레이머가 된 기분이었다. 드라마에서 크레이머는 취직도 하지 않고 직장에 다녔는데 사장이 그를 해고하려고 한다. 그러자 크레이머는 당황해서 반항하듯 말한다. "당신은 날 해고할 수가 없어요. 내가 실제로 여기에서 일을 하는 것도 아니잖소."

이 이야기를 친구에게 했더니 이렇게 말했다. "정말 끔찍하네. 왜 그들은 네가 원래 그렇게 생겨먹었다는 걸 이해하질 못하지? 너도 어쩔 수가 없잖아! 바꿀 수도 없는 것 때문에 너를 단죄한다는 게 얼마나 잔인한 일이니."

음. 나는 생각했다. 꼭 그렇지만은 않아.

간혹 우리가 사랑한다고 믿는 것이 실제로는 길들이기인 경우일 때가 있다.

할 수 있다면 도왔겠지만 어쩔 수 없는 일이라는 것도 있다.

물론 나의 성적 욕망을 바꿀 수 있다고 해도 나는 결단코 그렇게 *하지 않을 것이다*. 하느님, 감사합니다! 나는 내 삶을 여자와 나누는 것을 사랑한다. 나는 우리가 서로를 이해하기를 얼마나 갈망하는지 알고, 어쩔 수 없을 때까지 서로의 곁을 결코 떠나지 않으리라는 것을 사랑한다. 난 이미 우리가 서로를 이렇게나 잘 이해하고 있는 것도 사랑한다. 왜냐하면 우리는 같은 케이지에서 벗어나 스스로를 자유롭게 하고자 노력하는 두 여자이기 때문이다. 나는 함께 있는 우리의 삶이 잠잘 때만 잠시 멈추는, 하나의 영원한 대화라는 점을 사랑한다.

나는 아내와의 섹스를 사랑한다. 섹스하고자 하는 마음을 전하는 손길을 사랑하고, 눈길이 얽히고 마침내 사랑을 나누기로 결심하는 순간도 사랑한다. 우리가 서로의 몸을 아주 잘 이해하고 있다는 것도 사랑하고, 그의 액체로 된 듯한 벨벳 같은 피부도 사랑한다. 사랑을 나누는 동안의 부드러움, 강렬함, 인내, 관대함을 사랑하고, 그 후 침묵 속에서 서로의 팔에 안겨 안도와 감사로 천장을 보며 미소 짓는 순간도 사랑한다. 우리 중 한 사람이 참지 못하고 낄낄거리며 *"이게 정말 우리의 삶이란 말이지!?"*라고 말하는 것도 사랑한다.

나는 이성과의 결혼과 동성과의 결혼을 모두 경험했다. 내게는 동성 결혼이 훨씬 더 자연스럽게 느껴진다. 왜냐하면 문화에 의해 아주 다르게 사랑하며 살도록 훈련받아 온 두 젠더 사이의 간극을 어떻게든 메우고자 하지 않아도 되기 때문이다. 지금의 아내와 나는 이미 다리를 두고 같은 쪽에 있다. 애비와의 결혼 생활은 춥고 피곤한 여행에서 돌아와 집에 도착한 느낌이다.

그는 몸이 폭 파묻히는 소파이며, 맨발에 닿는 보들보들한 깔개이며, 타닥타닥 타오르는 벽난로이며, 나를 감싸는 담요이며, 그 담요에 싸여 있을 때조차 나를 떨리게 만드는 부드러운 재즈 음악이다.

내가 말하고자 하는 것은 이렇다. 만약 내가 이렇게 태어난 것이 아니라면? 내가 게이이기 때문만이 아니라 *현명하기 때문*에 애비와 결혼했다면? 내가 나의 성적 지향과 결혼을 *선택했*고 그 선택이 생애에서 내가 내린 가장 진실하고, 가장 현명하며, 가장 아름답고, 가장 믿음직하고, 가장 신성한 결정이라면? 만약 내가 동성애를 확고한 선택—정말 *탁월한* 생각—이라 생각한다면? 남들에게 *강력하게 추천하고 싶은* 그 무엇이라 여긴다면?

그리고 만약 내가 "이렇게 생겨 먹었"고 "어쩔 수 없"기 때문이 아니라 매해 매 순간마다 나의 사랑과 나의 몸으로 선택하는 것이 무엇이든 그렇게 할 수 있는 자유를 요구한다면? 나는 살고 싶은 대로 살고, 사랑하고 싶은 대로 사랑하기 위해 어떤 구실도 늘어놓을 필요가 없는 다 큰 성인 여자가 아닌가.

이미 자유롭기 때문에 내게는 당신의 허가증이 필요 없다.

인정

얼마 전에 애비와 아이들, 그리고 나는 소파에 함께 드러누워 우리가 가장 좋아하는 가족 드라마를 보고 있었다. 인상적인 장면이 진행되면서 10대 딸이 부모에게 자신의 성적 지향이 남들과 다르다고 말하려 하고 있었다. 부엌 아일랜드 식탁에 서 있는 딸이 말했다. "엄마 아빠께 드릴 말씀이 있어요. 사실 난 여자가 좋아요."

그다음 잠시 정적이 흘렀다. 드라마 속 부모와 우리 가족 다섯 명 모두는 소파에서 일제히 숨을 죽였다.

그 엄마가 딸의 손을 잡고 말했다. "우린 널 사랑해, 딸아……."

나는 속삭였다. '그 말은 하지 마. 제발 그 말만은.'

"무슨 일이 있더라도……."

제기랄. 말해버렸다.

나는 이 드라마가 진보적이려고 노력한다는 것을 알고 있었다. 그리고 그것을 이 부모가 이성애자인 딸을 안아주는 것과 똑같이 동성애자인 딸을 안는 것으로 입증하고자 했다. 그렇지만 만약 이 여자아이가 부모에게 자신이 남자를 좋아한다고 말했더라도 부모는 "무슨 일이 있더라도 우린 널 사랑해."라고 말했을까. 결코 아닐 것이다. "무슨 일이 있더라도"란 말은 누군가가 자신을 실망시켰을 때 하는 말이다.

만약 아들이 시험을 치르며 부정행위를 하다 들켰다면 우리는 결과에 책임을 지도록 훈계하면서도 무슨 일이 있어도 그를 사랑한다는 걸 분명히 할 것이다. 만약 내 딸이 은행을 털었다고 말한다면 나는 아이의 손을 잡고 우리는 무슨 일이 있더라도 널 사랑한다고 말할 것이다. "무슨 일이 있더라도"란 말은 비록 내 아이가 한 어떤 일이 내 기대에 미치지 못할지라도 내 사랑은 여전히 아이를 안아줄 정도로 강하다는 것을 의미한다.

내 아이들이 어떤 사람인지에 관해 나는 기대가 넘치는 부모가 되고 싶지는 않다. 나는 아이들이 내가 마련해 둔 자의적인 목록을 충족시키려고 애쓰기를 원하지 않는다. 나는 보물 사냥꾼 부모가 되고 싶다. 아이들이 직접 파보고, 자신이 누구인지에 관해 더 많은 것을 찾아내고, 그리고 마침내 찾은 것을 자신이 신뢰하는 운 좋은 사람들과 함께 나누며 삶을 꾸려나가는 것을 격려해 주고 싶다. 아이가 안에서 보물을 찾아 그것을 보여주려고 꺼내면 나는 눈을 휘둥그레 뜨고 감탄하며 박수를 쳐 줄 것이다. 달리 말하면, 만약 내 딸이 자신이 동성애자라고 말했다면 나는 '그럼에도 불구하고' 아이를 사랑하지는 않을 것이다. '그렇기 때문에' 아이를 사랑할 것이다.

만약 양육이 우리 아이들에게 무엇이 '되어야 한다'는 말을 줄이고 거듭거듭 지금 무엇이 되어 있느냐고 묻는다면 어떻게 될까? 그러면 아이들이 말할 때 우리는 마지못해 인정하는 대신 마음껏 축하할 수 있을 것이다.

'네가 엄마의 기대치를 충족시키든 아니든 무슨 일이 있더라도 나는 널 사랑해.' 이것은 답이 아니다.

'내 유일한 기대치는 네가 너 자신이 되는 거란다. 내가 널 더 깊이 알면 알수록 난 널 더 아름답게 여기게 될 거야.' 이것이 답이다.

만약 누군가가 당신에게 아이들이 어떤 아이들이냐고 묻는다면 그들이 얼마나 은혜로운 선물인지를 생각하라.

퇴출 계고장, 허가증 혹은 인정 연설 등으로 대응하지 말라.

당신이 신이라는 생각을 버려라.

경외심으로 감탄하며 열렬히 박수를 쳐주어라.

매듭
애비에게

오늘 밤 당신과 나는 텍사스 어딘가에 있는 목사의 집무실에 있어. 우리를 기다리는 청중들에게 강연을 하기 전 수다를 떨고 있지. 당신은 웅장하고 목소리가 왕왕 울리는 이 장소를 좋아하지 않아. 그래도 어쨌든 나와 함께 오긴 했어. 당신은 맨 앞자리에 앉아 하느님과 하느님을 느끼는 예감에 대해 내가 하는 강연을 들어.

당신은 하느님이 존재한다고 믿는 내가 틀렸다고 생각해. 그러나 그 믿음이야말로 당신이 나를 사랑하고 원하는 이유야. 우리가 이웃집 와이파이를 빌려 쓰는 것처럼 당신은 내 믿음을 빌려서 쓰고 있거든.

목사는 당신을 편하게 하려고 말을 몇 마디 건넸지. 당신은 손을 내려다보면서 말했어. "전 교회가 편치 않아요. 어렸을 때 전 동성애자란 걸 알았어요. 교회, 엄마 그리고 하느님을 선택할지 아니면 저 자신을 선택할지를 결정해야만 했어요. 전 절 선택했어요."

"아, 그랬군요." 목사는 헛기침을 했고 나는 그를 보고 웃었지. 그러나 "아, 그랬군요."는 적당한 말이 아니었어.

나는 당신 쪽으로 얼굴을 돌렸어. 당신의 손을 잡았지.

"여보, 잠깐만. 그래. 당신은 어렸을 때 당신을 지키기 위해 마음에서 교회를 밀어냈어. 교회가 당신을 갈갈이 찢어놓게 내버려두지 않고 자신을 온전히 지켜냈어. 그들이 요구하는 대로 스스로를 왜곡하는 대신 태어난 그대로의 자신을 붙잡았어. 자신을 포기하는 대신 자신에게 충실해 왔어.

당신이 교회에 마음의 문을 닫아버린 건 *당신 안의 하느님을 지키기 위해 그런 거야*. 당신의 야생성을 지키기 위해서였어. 당신은 그 결정이 당신을 나쁘게 만들었다고 생각하지? 아니야. 그 결정이 당신을 거룩하게 만들었어.

애비, 내가 말하고 싶은 건 이거야. 당신이 아주 어렸을 때 하느님과 교회 대신에 당신을 선택한 것이 아니었어. 당신은 *교회 대신 하느님과 당신을 선택한 거야*. 자신을 선택했을 때 하느님을 함께 선택한 거지. 교회에서 멀어져갈 때 당신은 하느님과 함께 멀어진 거야. 하느님이 당신 안에 계셔, 애비.

그리고 오늘 밤 당신과 나 그리고 하느님, 이렇게 셋이 이 교회를 막 방문한 거야. 우리 셋은 방문할 목적으로 돌아와, 하느님이 처음 우리를 만들었을 때처럼 자신의 삶 전체를 온전하고 자유롭게 지켜내기 위해 싸워온 당신 같은 용감한 사람들의 이야기를 들려줄 거야. 그렇게 이 사람들에게 희망을 전하려고 왔어. 오늘 밤 일이 끝나면 당신과 난 돌아가겠지. 당연히 하느님도 우리와 함께 갈 거야."

당신은 언제나 나를 바라보고 있었지. 그런데 지금 이 목사관에서 나를 바라보는 눈길은 새로워. 크게 뜬 눈이 촉촉이 젖어 있고 붉게 달아올랐어. 당신이 나를 그렇게 보았을 때 목사는 가고 없었어. 이제 당신과 나 그리고 하느님만이 여기에 있어.

"우아!"라고 당신이 말했지.

내 이름자 "G"가 새겨진 당신의 목걸이가 엉켜 매듭이 생긴 그때도 그랬어.

당신은 침대 옆에 짜증을 부리며 서 있었어.

당장이라도 목걸이를 내던져버릴 것처럼 씩씩대면서.

나는 목걸이를 달라고 했지.

손에 쥐고 보니 거의 보이지도 않는 섬세한 백금으로 되어 있었고 매듭을 풀기는 불가능해 보였어.

당신은 방에서 나가버렸지.

나는 한참을 매듭에 매달렸어.

나의 인내심에 내심 감탄하며.

그러다 어떻게 된 건지 중심이 될 것이라 생각한 매듭 하나를 당겼더니 모두 풀려버렸어.

당신은 다시 우리 방으로 돌아왔어.

나는 목걸이를 자랑스럽게 들어보였어.

"우아!" 당신이 말했지.

당신은 허리를 숙였고, 나는 목걸이를 당신 목에 걸어주었어.

나는 당신의 볼에 입을 맞추었어.

우리 아이들의 목에도 우리가 더 우아한 아이디어들을 걸어 줄 수 있기를.

복제품

내가 아이들과 씨름하느라 기진맥진한 채 고립되고 허우적거리던 초보 엄마였을 때의 일이다. 지역 교회에서 온 엽서를 하나 받았는데 예배 시간 동안 무료로 아이를 돌봐준다고 했다. 나와 당시의 남편은 그 주 일요일 그 교회에 가서 도처에서 우리를 환영하는 가족들을 만났다. 교회에는 감동적인 설교, 커피, 아침 식사, 음악 그리고 돌봄까지 모든 게 있었다. 교회는 젊은 부부가 삶에서 부대끼는 문제들을 알고 있었고 하나도 빠짐없이 한 시간 만에 해결해 주었다. 천국이 따로 없었다. 적어도 처음에는.

그런데 어느 일요일, 목사가 동성애와 낙태의 "죄악들"에 관해 논의하기 시작했다. 마치 반동성애와 반낙태가 이 교회를 세운 기둥이기라도 하다는 듯이. 내 속이 부글부글 끓어올랐다. 예배가 끝난 다음 나는 목사에게 찾아가 이야기를 나누었다. 그에게 물었다. "만약 당신의 교회가 고아와 과부, 무장하지 않은 사람, 이주민, 병자, 소외된 자 그리고 가난한 자들에 대해 끊임없이 말했던 예수님을 본보기로 삼고 있다면 왜 낙태와 동성애를 비난의 대상으로 삼나요?"

수많은 언쟁 끝에 그는 한숨을 쉬며 나를 향해 웃어 보였다. 그리고 말했다. "당신은 현명한 여성입니다. 당신이 말하는 것을 이 세상의 방식으로는 이해할 수 있습니다. 그러나 하느님의 방식은 우리의 방식과 다르답니다. 당신은 자신의 이해에 기대서는 안 됩니다. 당신은 선한 심성을 가진 듯합니다. 그러나 마음이란 변덕스러운 것입니다. 신앙은 믿음입니다."

생각하지 말라. 느끼려고 하지 말라. 알려고 하지 말라. 당신의 가슴과 마음을 믿지 말고 우리를 믿어라. 그것이 믿음이다.

그는 내가 자기를 믿는 것이 하느님을 믿는 것이라고 생각하기를 원했다. 그러나 그는 하느님과 나의 연결 고리가 아니었다. 내 마음과 정신이 하느님과의 연결 고리였다. 만약 내가 그것을 내려놓는다면 하느님을 믿는 대신 이 교회를 이끄는 사람들을 믿는 셈이 될 것이다. 나는 그들의 이해에 의지하게 될 것이다.

나를 가장 깊이 생각하게 만들고 의문을 품게 만드는 사람은 내게 생각도, 질문도 하지 말라고 경고하는 지도자다. 나는 내 신앙과 우리 아이들의 신앙이 다른 사람의 말에 좌우되도록 하지는 않을 것이다. 나는 엄마고, 책임을 져야 한다. 내 아이들뿐만 아니라 모든 아이들을.

미움이나 분열이 우리의 종교에 만연해 있을 때 우리는 세 가지 중 하나를 선택한다.

1. 침묵한다. 그것은 동의를 의미한다.
2. 권위에 큰 소리로 도전한다. 그리고 변화시키기 위해 미친
   듯이 노력한다.
3. 가족을 데리고 떠난다.

그러나 설교에서 독이 뿜어져 나와 우리 아이들의 살갗 아래
로 스며드는 것에 조용히 동의하기는 정말 힘들었다.

많은 부모들이 내게 말한다. "내 아이가 지금 나한테 자기가
게이라고 말했어요. 우리는 이 교회에 10년을 다녔어요. 목사
가 내 딸 같은 사람을 어떻게 생각하는지 듣고 제 엄마도 같은
생각이겠거니 하며 무슨 생각을 했을까요? 그 아이가 거기에서
들은 것을 어떻게 씻어낼 수 있을까요? 나는 그 주장에 결코 동
의하지 않으며, 아이는 있는 그대로 완벽하다고 생각한다는 것
을 어떻게 딸아이가 믿게 할 수 있을까요?"

어린 시절 우리가 받아 든 하느님의 말씀은 우리의 심장에
새겨진다. 지워버리기가, 젠장, 너무도 어렵다.

모든 사람들, 특히 다른 사람을 비난하는 믿음을 선택한 사람
들은 자신이 무엇을 믿도록 배웠는지를 자기 자신과 주변 사람
들 그리고 세상에 검증할 의무가 있다. 그는 '내가 이것을 믿음
으로써 누가 이익을 보는가?' 같은 질문을 스스로에게 던져야
만 한다.

목사가 내게 생각을 멈추라고 말한 뒤 나는 더 열심히 생각
하기 시작했다. 나는 조사를 마다하지 않았다. 그가 내게 전해
주고자 했던 "좋은 기독교인은 동성애와 낙태를 용납하지 않
는 믿음에 기반을 두고 있다."라는 지침은 40년 전에야 쟁점이
되기 시작했을 뿐이다. 1970년대에 소수의 부유하고 권세 있

는 백인 (겉으로는) 이성애자 남자들은 어떻게 하면 사립 기독교 학교를 인종적으로 계속 분리시키고 세금을 면제받는 특권을 유지할 수 있을지 궁리했다. 그 남자들은 자신의 돈과 권력을 인권운동이 위협하고 있다고 느끼기 시작했다. 통제권을 되찾기 위하여 그들은 복음주의 추종자들을 정치적으로 부추기고 통합하기에 충분한, 자극적이고 감정적인 쟁점을 만들어낼 필요가 생겼다.

그들은 낙태에 초점을 맞추기로 결정했다. 그 전에―로^{Roe} 대 웨이드^{Wade}에 관한 대법원의 판결(1973년 로 대 웨이드 소송에서 미국 연방 대법원은 여성이 임신 후 6개월까지는 낙태할 수 있는 헌법상의 권리를 가진다고 판결하였다.―옮긴이)이 내려진 뒤 만 6년이 되기까지―복음주의의 입장은 생명이 아기의 첫 번째 호흡과 함께 탄생한다고 주장했다. 그럼에도 대부분 복음주의 지도자들은 로 편을 든 대법원의 결정에 무관심했다. 그리고 몇몇은 그 결정을 지지한다고 언급하기도 했다. 그런데 지금은 그렇지 않다. 그들은 "미국을 위대하게 만드는 근본주의적인 도덕으로 이 나라를 되돌려 놓고자 하는…… 성스러운 전쟁"이라는, 새삼스럽게 꾸며낸 분노와 수사로 가득 찬 새로운 지침을 만들었다. 그들은 1만5,000명 목사들의 모임―그들이 종교적인 원탁회의라 지칭하는―을 재정적으로 지원하였다. 이는 목사들을 훈련하여 신도들이 반낙태와 반동성애를 주장하는 후보에게 투표하게 만들려는 수작이었다. 이것이 그들이 이 지침을 복음주의 목사들에게 퍼뜨리고, 목사들은 다시 미국 전역의 신도들에게 전달한 과정이다. 지침에는 *예수님과 함께하기 위해, 가족의 가치를 지키기 위해, 도덕적인 사람이 되기 위해 우리는 낙태와 동성애자들에 반대하고, 반낙태와 반동성애를 주장하는*

후보자에게 투표해야 한다고 쓰여 있다.

대통령 후보 로널드 레이건—미국 법안 중 가장 자유주의적인 낙태법에 캘리포니아 주지사로서 서명했던 사람—이 새로운 지침에 따른 언어를 사용하기 시작했다. 복음주의자들은 레이건의 뒤에 서서 전력을 다했고, 레이건을 대통령으로 당선시키기 위해 처음으로 패거리를 이뤄 투표했다. 종교적 우파가 탄생한 것이다. 운동의 겉모습은 수백만 명의 지지를 받는 "생명의 가치, 가족의 가치를 위하여"였지만 운동의 혈관에는 인종차별주의와 소수의 탐욕의 피가 흐르고 있었다.

그렇게 해서 백인 복음주의자들은 미국에서 가장 강력하고 영향력 있는 유권자 세력이 되고 미국의 백인 우월주의라는 강력한 엔진의 연료가 되었다. 복음주의 지도자들은 자신들의 돈, 인종 차별주의, 여성혐오, 계급주의, 민족주의, 무기, 전쟁, 부패를 유지하는 뻔뻔한 위선을 지속하면서 한편으로는 전쟁을 종식시키고, 고아와 과부를 섬기며, 아픈 자를 고쳐주고, 여자와 아이들을 우선시하며, 가난한 자들에게 힘과 돈을 나누어 주는 데 생애를 바친 남자 행세를 하고 있는 것이다. 그것은 곧 왜 모든 정치 후보자들이 복음주의의 지지를 얻어내기 위해 낙태 반대와 동성애 반대를 주장해야만 하는지에 대한 이유이기도 한 것이다. 설혹 그 후보자가 여성을 혐오하고 학대하는 남자일지라도, 축재를 일삼고 이민자들을 거부하는 남자일지라도, 인종차별주의와 심각한 편견을 부추기는 남자일지라도, 예수의 가르침에 사사건건 반대되는 방식으로 살아가는 남자일지라도 마찬가지다. 예수님, 십자가 그리고 "생명 존중"이라는 정체성은 복음주의 지도자들이 자신의 이해관계 위에 찰싹 붙여 만든 복제품일 뿐이다. 그들은 계속 지침을 들이민다. "생각하지 말

라. 느끼지 말라. 알려고 하지 말라. 그저 낙태와 게이를 반대하고 열심히 투표하라. 그것이 예수와 같이 살아가는 방법이다." 악마가 승리하기 위해 전력을 기울여만 하는 일은 자신을 하느님이라고 믿게 만드는 것이다.

내 복음주의 친구들은 낙태와 성 소수자에 반대하는 것은 태어나면서부터 내재된 것이라고 주장한다. 그들은 신실하고 믿음에 차 있다. 그러나 나는 모르겠다. 우리는 종교적 믿음이 우리의 심장과 하늘의 별에 새겨진다고 믿는다. 우리는 우리가 곁에 두고 살아가는 대부분의 지침들이 사실상 고도로 동기 부여된 남자들이 쓴 것임을 끊임없이 상기해야 한다.

나는 이제 나를 기독교인이라 부를 수 있는지조차 모르겠다. 그 꼬리표는 확신을 의미하는데 나에게는 그것이 없다. 그 꼬리표는 다른 사람들을 개종시키고자 하는 욕망을 암시하는데 그것은 내가 끝까지 하고 싶지 않은 일이다. 그 꼬리표는 배타적인 소속감을 의미하는데 나는 더 이상 내가 어디에 속해 있는지 확신할 수가 없다. 나의 일부는 꼬리표를 떼어내 버리고 싶어 하며, 그리하여 사람들을 어떤 차별도 없이 개별적인 하나의 영혼과 영혼으로 만나려고 노력한다.

그러나 완전히 놓아버릴 수 없는 스스로를 발견한다. 왜냐하면 예수의 이야기를 내 손에서 씻어버리는 것은 돈에 굶주린 납치범 앞에서 아름다운 무언가를 포기하는 것과 같기 때문이다. 그것은 마치 아름다움의 개념을 패션 산업에 넘겨주거나 인터넷의 포르노 장사치들에게 성적 욕망의 마법을 넘겨주는 것과 다를 바가 없기 때문이다. 나는 아름다움을 원하고, 나는 섹스를 원하고, 믿음을 원한다. 나는 납치범의 상품화된, 독이 들어찬 판본을 결코 원하지 않는다. 나 자신을 납치범들과 동일시하고 싶지도 않다.

그래서 이제 이렇게 말하려고 한다. 나는 예수의 이야기에 아직도 갇혀 지낸다. 예수의 이야기는 오래전에 있었던 일을 밝히는 역사가 아니라 지금의 인류를 치유하고 자유롭게 하기 충분할 만큼 강력한, 혁명적인 이념을 환하게 밝히는 시다.

지구상에는 인류가 스스로에게서 등을 돌렸던 때—지구에서 늘 일어나는 일이긴 하지만—가 있었다. 아이들이 굶주리는 동안 소수의 사람들은 어마어마한 부를 축적했다. 사람들은 서로가 서로를 강간하고, 강탈하고, 노예로 삼았으며, 권력과 돈을 위해 전쟁을 일삼았다.

거기에도 정의롭지 못하고, 진실하지 않으며, 아름답지 않은 이 세상의 질서를 꿰뚫어 보는 소수—그런 사람은 항상 소수이다.—의 현자들이 있었다. 그들은 돈 때문에 서로를 죽이는 것이 터무니없다고 생각했다. 왜냐하면 개별적인 인간의 내면은 금붙이보다 훨씬 더 가치 있기 때문이다. 그들은 노예 제도와 계급 질서가 악덕임을 알아보았다. 왜냐하면 누구도 다른 사람보다 더 가치 있는 자유와 권력을 가지고 태어나지 않았기 때문이다. 그들은 폭력과 탐욕이 희생자들을 파괴하는 것과 마찬가지로 권력자들 또한 파괴한다는 것을 알았다. 왜냐하면 다른 사람의 인간성을 모욕하는 것은 자신의 인간성을 매장하는 것이기 때문이다.

그들은 더욱 진실되고 아름다운 세상의 질서가 인류의 구원을 위한 유일한 희망임을 알았다.

그들은 스스로에게 물었다. 어떤 이야기가 더 가치 있는 것과 덜 가치 있는 것이 따로 있다고 가르친 거짓말 너머를 볼 수 있도록 해줄까?

어떤 이야기가 원래의 야성으로, 서로를 두려워하라고 훈련받기 전 그들이 알고 있던 사랑으로 사람들을 되돌릴 수 있을까?

어떤 이야기여야 종교가 지배하는 위계 장치에 망가지고 있는 사람들이 반란을 일으키게 하고, 그 너머에 살 수 있게 될까?

그들의 생각은 다음과 같이 이어졌다.

그동안 하느님에 관해 말해 왔던 이야기들을 다시 생각해 보자. 하느님이 이 세상을 운영하는 힘 있는 남자들과 다르다고 감히 상상해 보자. 실제로 하나님은 이들 통치자가 죽여버린 사람과 비슷하다고 상상해 보자. 하나님이 종교적·정치적 지배 집단에 의해 가장 경멸받는 집단, 그 집단의 가난한 홀어머니에게서 태어난 가장 연약한 아이라 상상해 보자. 그는 그들 가운데에서도 가장 힘없는 사람이었다. 그래서 그들은 이 사람을 지목했다. 하느님이 이 사람 속에 있다고 말했다.

이 현명한 이야기꾼들이 오늘날 미국에서 살았다면 가난한 흑인 트랜스젠더 여성을 지목하거나 수용소에서 혼자 망명을 기다리는 아장아장 걷는 아기를 지목하며 이렇게 말할지도 모른다. "하느님이 이 사람 안에 있다."

이 사람은 중요한 순서대로 우리가 만들어낸 위계 가장 바깥, 가장 끄트머리에 있는 사람이다. 이 사람은 우리가 중심에 두는 사람들로부터 가장 멀리 떨어져 있는 사람이다.

이 사람은 우리와 같은 살, 같은 피 그리고 같은 영혼으로 만들어진 사람이다.

우리가 그를 해친다면 혈육을 해치는 셈이다.

이 사람은 우리 중의 한 사람이다.

이 사람은 우리다.

그러니 우리가 그를 보호하자. 그에게 선물을 가져다주고 그 앞에 무릎을 꿇자. 그와 그의 가족이 나 자신과 가족들이 갖기를 원했던 모든 좋은 것들을 가질 수 있도록 싸우자. 우리가 스스로를 사랑하듯 이 사람을 사랑하자.

이 이야기의 초점은 이 사람이 다른 사람들보다 훨씬 더 하느님 같다는 것이 결코 아니다. 만약 우리가 나쁘게 보도록 훈련받은 이 사람들에게서 좋은 점을 찾을 수 있다면, 만약 우리가 가치 없게 보도록 규정된 이 사람들에게서 가치를 찾을 수 있다면, 만약 우리가 다른 존재로 보도록 세뇌된 이 사람들에게서 우리 자신을 찾을 수 있다면, 그렇다면 우리는 그들에게 상처를 입히지 않게 될 것이라는 것이 초점이다. 우리가 그들을 해치기를 멈춘다면 우리는 자신을 해치기를 멈추는 것이다. 우리가 자신을 해치기를 멈춘다면 치유가 시작된다.

예수의 생각에 따르면 정의란 세상에서 가장 넓은 그물을 던졌을 때 누구도 그물의 바깥에 놓이지 않게 하는 것이다. 그러면 거기에는 어떤 타자도 존재하지 않으며, 그저 우리만이 있을 뿐이다. 하나의 그물 속에 있는 우리는 서로 얽히며, 두려움과 증오의 케이지에서 자유로워질 것이다. 우리 가운데 어떤 면에서든 가장 뒤처진 마지막 한 사람이 선택되고 자유로워진다는 이 혁명적인 생각, 이것이 구원이다.

여성형의 하느님

"글레넌, 당신은 하느님을 '그녀'로 지칭하곤 합니다. 신이 여성이라고 믿나요?"

그렇지 않다. 나는 하느님을 이렇게 저렇게 젠더로 구분할 수 있다는 생각 자체가 황당하다. 그러나 많은 사람들이 하느님을 여성으로 표현하는 것은 상상할 수 없다고 하는 반면 남성으로 표현하는 것은 전적으로 받아들이고 있는 한, 그리고 여자들이 지속적으로 이 지구에서 낮게 평가되고 학대받고 통제받는 한, 나는 계속 여성형으로 지칭할 것이다.

갈등

내가 떠나온 교회의 오래된 지인으로부터 최근 이메일을 받았다.

"당신에게 묻고 싶은 게 있어요. 난 당신과 애비가 서로 굉장히 사랑한다는 걸 알아요. 정말 대단한 일이에요. 동시에 나는 여전히 동성애가 잘못된 것이라고 믿고 있어요. 나는 당신을 무조건 사랑할 수 있었으면 좋겠는데 그러자면 내 믿음을 포기해야만 해요. 이걸 뭐라고 표현해야 할까요? *하느님과의 갈등?*"

나는 그 입장을 이해했다. 그는 이렇게 말하고 있었다. "나는 당신을 자유롭게 사랑하고 싶다. 그러나 나는 내 믿음의 케이지에 갇혀 있다."

나는 답장을 썼다.

"먼저 당신이 선택의 여지가 있음을 알고 있다는 게 고마워요. '*난 당신을 사랑해, 그러나……*' 이런 식으로 비판하지 않아서 고맙고요. 우리는 사랑이 '그러나'가 아님을 알고 있어요. 만약 당신이 나를 변화시키고자 한다면 그건 날 사랑하지 않는 것이랍니다. 만약 당신이 나를 향해 따스함을 느끼면서도 내가 지옥불에 타버릴 것이라고 믿는다면 당신은 날 사랑하는 게 아닙니다. 만약 당신이 내가 잘되기를 원하지만 내 가족이 법의 보호를 받는 것에 반대표를 던진다면 그 역시 나를 사랑하는 것이 아닙니다. 나를 사랑한다는 말은 당신과 당신 가족에게 모든 좋은 것을 빌어주듯 나와 나의 가족을 위해서도 그렇게 한다는 의미임을 이해해 줘서 고마워요. 그보다 못하다면 사랑이 아닌 것이겠죠. 그래요. 그래서 나는 당신에게 선택이 있다는 것에 동의합니다. 당신은 나를 사랑하는 것과 믿음을 지키는 것 중 하나를 선택해야만 합니다. 이에 대해 지적으로 솔직하게 말해 줘서 고마워요.

두 번째, 내가 경험했기 때문에 당신의 갈등을 이해합니다. 지금도 여전히 갈등하고 있어요. 한동안 나는 두려웠습니다. 왜냐하면 하느님과의 갈등은 내가 하느님에게 도전하는 것이라 생각했기 때문입니다. 지금에서야 나는 종교에 도전하는 것이 내 안에 있는 하느님이라는 것을 압니다. 그것은 나의 진정한 자아가 각성해서 말하는 것입니다. *잠깐만! 하느님에 대해, 나 자신에 대해, 다른 사람들에 대해 믿도록 배운 이것은 내가 사랑에 대해 뿌리부터 알고 있는 것과 일치하지 않아요. 그럼 어떻게 해야 할까요? 나의 뿌리로부터 알게 된 것을 거부해야 할까요, 아니면 배운 것을 거부해야 할까요?*

나는 스스로 알게 된 것을 말할 수 있을 뿐입니다.

처음에는 스스로에게 돌아가는 것이 혼란스럽습니다. 우리 안의 목소리를 듣는 것만큼 단순하지 않습니다. 왜냐하면 때때로 우리가 진실을 말할 것이라고 추정했던 내 안의 목소리마저 무엇을 믿어야 할지를 말해 준 사람의 목소리에 불과하기 때문입니다. 하느님이 어떤 존재이며 하느님이 승인하는 것이 무엇인지 우리에게 말해주는 내면의 목소리는 종종 하느님이 아니라 우리의 교리입니다. 그것은 교사, 부모, 전도사—우리에게 신을 대변한다고 주장해 온 누군가—의 목소리이며 메아리입니다. 그들은 대개 좋은 뜻을 가지고 있었겠지만 어떤 사람들은 단지 우리를 통제하려고만 했습니다. 어느 쪽이든 그중 단 한 사람도 하느님이 정한 대표자는 아니었습니다. 단 한 사람도 당신보다 자신 속에 더 많은 하느님을 담고 있지 않았습니다. 하느님을 소유하는 교회란 없습니다. 하느님을 소유하는 종교도 없습니다. 문지기도 없습니다. 이 가운데 어떤 것도 호락호락하지 않습니다. 당신의 믿음을 바깥에 맡겨버릴 수는 없습니다. 오직 당신과 하느님이 있을 뿐입니다.

우리 생애에서 가장 힘들고 중요한 일은 교사의 목소리와 지혜를, 선동과 진실을, 두려움과 사랑을 분리하는 법을 배우는 것입니다. 우리의 경우 자칭 하느님의 대리인이 내는 목소리와 하느님의 목소리를 분리하도록 배우는 것입니다.

당신이 아는 것과 다른 사람이 당신에게 믿으라고 가르친 것 가운데 하나를 선택해야 한다면 당신이 아는 것을 선택해야 합니다. 시인 휘트먼Whitman은 "학교나 교회에서 혹은 어느 책에서 들은 모든 것을 되살펴라. 그리고 당신의 영혼을 모욕하는 것이라면 무엇이든 무시하라."라고 말했습니다.

당신의 영혼을 모욕하는 것을 무시할 용기를 갖는 것은 사느냐 죽느냐의 문제입니다. 하느님이나 진실을 위해 말한다고 주장하는 사람들은 당신으로 하여금 *알게* 하는 대신 *믿게* 만들며, 당신의 뿌리 대신 자신의 규칙에 따라 살게 하며, 당신 내면의 고요하고 작은 목소리 대신 중간자의 목소리를 믿으라고 합니다. 그렇게 그들은 당신을 통제합니다. 그들이 당신 스스로 믿지 못하게―느끼지 못하게, 앎에 저항하게, 상상하기를 멈추게―만들고 그들에게만 의지하게 만든다면, 그들은 당신 자신의 영혼에 *반하는* 행동을 *하게* 할 수도 있습니다. 그렇게 된다면 당신이 자신을 따르게 만들 수 있고, 그들에게 투표하게 할 수 있고, 그들을 위해 누군가를 비난하거나 심지어 누군가를 죽이게 할 수도 있습니다. 이 모든 것을 '*결코 그렇지 않다.*'라고 속삭이는 하느님의 이름으로 자행하는 것입니다.

믿음의 갈등은 사실 하느님에 관한 갈등이 아닙니다. 아마 갈등이 곧 하느님일 것입니다. 깊이 새겨주세요."

상류

좋은 예술은 뽐내고 싶은 욕망이 아니라 스스로를 표현하고 자 하는 욕망에서 비롯된다. 좋은 예술은 항상 숨 쉬고, 보여주고, 사랑받고자 하는 절박한 욕망에서 나온다. 일상생활에서 우리는 사람들의 반짝이는 외모만 보는 데 익숙하다. 예술은 예술가의 절박한 중심—그리고 우리 각자의 중심 역시 절박하다—에서 나오기 때문에 우리를 덜 외롭게 만든다. 그 절박함 때문에 좋은 예술은 언제나 우리에게 위안을 준다.

사람들은 종종 내 글에서 위안을 느낀다고 말한다. 그다음에 느끼는 것은 나의 제안에 반응하고자 자신들의 이야기를 내게 들려주고자 하는 화급한 욕망이다. 수년 동안 나는 강연이 끝난 뒤에도 몇 시간씩 강연장에 머무르고는 했다. 그동안 여자들은 줄 지어, 내 팔을 잡으며 "당신에게 이 얘길 꼭 하고 싶어요."라고 말했다.

결국 나는 사서함을 개설했고, 하고 싶은 이야기를 써서 보내주면 빠짐없이 읽겠다고 약속했다. 매주 편지들이 쏟아져 들어왔다. 편지 상자는 내 침실과 사무실에 쌓여 있다. 이걸 아흔 살이 될 때까지 읽어야 하지 않을까 상상하곤 한다. 일주일에 몇 번이고 나는 전화기를 내려놓고 뉴스를 끄고 침대에 엎드려 편지들을 읽는다. 그 편지들은 항상 위안을 준다. *그래, 이것이 사람들의 본래 모습이다. 우리는 모두 엉망진창이며 동시에 마법 같은 존재다. 삶은 아주 잔인하고도 아름답다.* "삶은 브루티플(brutiful: brutal+beautiful)하다." 우리 모두의 삶이 그렇다. 나는 마음에 새겨둔다. 만약 지치고 무감각해지고 싶다면 뉴스를 보라. 만약 인간으로 남고자 한다면 편지를 읽어라. 인간성을 이해하고 싶다면 직접 들려주는 이야기를 들어라.

어느 날 밤 편지를 쌓아놓고 여동생과 몇 시간 동안 읽어나갔다. 우리는 편지 뭉치를 보며 생각했다. 이 중 많은 사람들은 충분한 것 이상을 가지고 있다. 또 많은 사람들은 충분히 갖고 있지 못하다. 그러나 모두 목적과 연대에 굶주려 있다. 그들 사이에 다리가 되자. 우리는 〈투게더 라이징〉을 시작하기로 결심했다. 이것이 내가 이른바 자선가라고 부르는 사람이 된 과정이다.

8년 전에 〈투게더 라이징〉을 창립한 이래 다섯 명의 여성 이사회와 열성적인 자원봉사자들은 고통받는 사람들에게 우리가 가용할 수 있는 모든 자원—돈, 봉사, 자매결연, 희망 등—을 밤낮을 가리지 않고 연결시켜 왔다. 우리는 도움을 주는 모든 사람과 연결되어 있기 때문에 대체로 사람들이 최선을 다하고 있음을 직접적으로 배우고 있다. 그러나 많은 사람들이 아직도 식탁에 음식을 올리지 못하거나 아픈 어머니가 적절한 의료 서비스를 받게 해주지 못하거나 아이들을 키울 수 있는 안전한 공간을 마련하지 못하고 있다. 매일 밤 우리는 염려하며 잠자리에 든다. 왜? 이렇게나 열심히 노력하는데 왜 여전히 그렇게 혹독하게 상처받고 있는지?

그러다 어느 날 이 문장을 읽었다.

> 강에서 사람들을 끌어올리기를 멈춰야 할 시점이 온다. 우리는 상류로 올라가 그들이 왜 빠졌는지를 알아내야 한다.
>
> —데스몬드 투투Desmond Tutu 주교

상류 쪽을 살피기 시작하자 커다란 고통이 있는 곳에는 종종 커다란 이익이 있음을 알게 되었다. 이제 물에 떠 있으려고 발버둥치는 사람을 만나면 먼저 이렇게 묻는다. "지금 당장 어떻게 도와드릴까요?" 그리고 그가 안전한 땅 위에 올라 젖은 몸이 마르면 다시 묻는다. "어떤 제도나 사람이 당신의 고통에서 이익을 얻죠?"

모든 자선가들은 지속적으로 관심을 기울이다 보면 결국 활동가가 된다. 그렇게 하지 않으면 권력과 공존하게 될 위험에 직면한다. 체제가 이익을 끌어모으는 동안 우리는 체제의 희생양들을 구조하고, 권력은 우리의 머리를 쓰다듬으며 칭찬한다. 모르는 사이에 우리는 권력의 말단 보병이 된다.

상류의 흐름에 합류하는 것을 피하기 위해 우리는 반드시 두 가지 역할을 해야 한다. 강에서 형제와 자매들을 끌어냄과 동시에 상류로 올라가 그들을 밀어버린 사람들을 확인하고 대면하고 책임을 물어야 한다.

우리는 총기 폭력의 희생자가 된 아이의 장례를 치르는 부모를 돕는다. 그리고 그들의 고통에서 이익을 얻는 총기 제조업자들, 정치인들과 싸우기 위해 상류로 올라간다.

우리는 아빠가 투옥된 뒤 가족을 홀로 부양하고 있는 엄마들을 위해 그 아빠의 빈자리를 메우려고 노력한다. 그리고 부당한 대량 투옥을 무너뜨리기 위해 상류로 올라간다.

우리는 약물 중독으로 고통받는 사람들을 위한 회복 프로그램을 후원한다. 그리고 상류로 올라가 아이들이 한 명씩 낚일 때마다 거대 제약회사와 부패한 의사가 더 부자가 되는 체계에 항의를 한다.

우리는 집 없는 LGBTQ 아이들에게 안락한 피난처를 제공한다. 그리고 종교에 바탕을 둔 편협함, 가족의 거부, 동성애 혐오 정책을 중지시키기 위해 상류로 올라간다. 그 정책으로 말미암아 LGBTQ 아이들이 또래의 이성애자나 시스젠더^{cisgender}(타고난 생물학적 성과 젠더의 정체성이 일치하는 사람을 이른다. 트랜스젠더와 반대되는 개념이다.—옮긴이)에 비해 두 배나 더 많이 노숙을 경험한다.

우리는 마땅히 필요한 외상 후 증후군 치료를 받으려고 고군분투하는 퇴역군인들을 돕는 한편, 군산복합체와 맞서기 위해 상류로 올라간다. 군산복합체는 우리 아이들을 전쟁터로 보내기에 혈안이 되어 있고 그들이 전쟁터에서 돌아오면 가차 없이 관심을 끊어버린다.

더 진실하고 더 아름다운 세상을 만들려면 '그리고/두 가지 모두'의 사람이 되어야만 한다. 강물에 빠진 사람들을 영원히 건져내자. 그리고 매일매일 상류를 감시하며 사람들을 강물로 밀어 넣은 이들에게 생지옥을 안겨주자.

거짓말

친구와 나는 소파에 누워 우리가 지난 2년 동안 불사르고 일으켜 세운 것에 놀라기도 하며, 울고 웃고 있다. 내가 "이러려고 난 가족을 버렸어."라고 말하자 친구가 정색을 했다.

"그런 식으로 말하지 마. 아무리 네 일이라도 사실이 아닌 일을 말하진 마. 넌 가족을 버리지 않았어. 단 한 순간도. 심지어 넌 전남편도 버리지 않았어. 넌 결혼 생활을 버렸어. 그게 전부야. 그게 네가 버린 거야. 그리고 그건 진짜 가족을 만들기 위해 버려야만 했던 거야. 다시는 네가 가족을 버렸다고 말하지 않았으면 좋겠어. 너 자신에 관해 이야기할 땐 더 조심해."

택배

나는 내성적이고 예민한 여자다. 이 말은 내가 인간을 사랑하기는 하지만 내게 실제 사람들은 여간만 버거운 존재가 아니라는 의미다. 나는 인간은 사랑하지만 *사람을 직접 대면하는 것은* 사랑하지 않는다. 예컨대 널 위해 죽을 수는 있지만 너랑 커피를 마시려고 만나고 싶진 않다는 식이다. 나는 작가가 되었기에 잠옷 차림으로 집에 혼자 있을 수 있고, 인간의 연대와 공동체의 중요성에 관해 읽고 쓸 수도 있다. 거의 완벽한 생활이다. 더러 뜻밖의 사건이 일어나기도 하지만 생각하고 글을 쓰고 가장 좋아하는 장소—내 머릿속 가장 깊은 곳—에서 생활하고 있는 것이다. 그러다 갑작스럽게 사이렌 같은 소리가 우리 집을 뒤흔든다. 나는 얼어붙는다.

그것이 무슨 소리인지 이해하기까지 족히 몇 분이 걸린다. 사이렌은 초인종이다. 어떤 *사람*이 초인종을 눌러대고 있다. 나는 이 갑작스러운 가택 침입에 나처럼 놀라서 얼어붙은 채 어떻게 대처할지 지침을 기다리는 아이들을 찾기 위해 서재에서 뛰쳐나온다. 우리는 서로 마주 보고, 머릿수를 세고, 초인종이 불러 일으킨 슬픔의 다섯 단계를 집단적으로 경유한다.

1. 부인: 이런 일은 있을 수가 없어. **이 집에 들어와도 되는 사람들은 모두 이미 집 안에 있어.** 어쩌면 텔레비전 소리인지도 몰라. **텔레비전이 켜져 있나?**
2. 분노: **누가 이런 짓을 하지? 어떤 분별력 없는 침입자가 대낮에 남의 집 초인종을 눌러?**
3. 협상: 움직이지 마. 숨도 쉬지 말고. 그럼 갈지도 몰라.
4. 우울: 왜? 왜 우리 집이야? 도대체 누가? 왜 내 삶은 늘 이리 힘들지?
5. 인정: 지옥에나 가. 너—어린 놈—기다려. 우리가 나서줄게. 바지를 입고 평범하게 행동하자. 그리고 초인종 소리에 응답하자.

이건 과장이지만, 어쨌든 초인종 소리가 나면 언제나 응대해야 한다. 만약 아이들이 집에 없으면 내가 직접 응대할 것이다. 어른 노릇에 문을 열어주는 것이 포함되어 있기 때문에? 물론 아니다. 내가 초인종 소리에 대답하는 것은 문을 열었을 때 문 앞에 나를 기다리는 택배가 있을지도 모른다는 마음속 은빛 희망 때문이다. 택배!

술을 끊었을 때 힘겨운 감정들이 갑자기 끼어들어 나를 공황 상태로 빠뜨리고는 흥미진진한 꾸러미를 남겨두고 가곤 했다. 그게 마치 초인종 소리 같았다. 금주는 멍한 상태와 힘든 감정

탓을 중단하고 문을 두드리는 소리에 응답하겠다는 결정이다. 그래서 술을 끊은 다음 불쑥 찾아오는 감정이 나를 방해하도록 내버려두었다. 그것은 두려운 일이었다. 왜냐하면 내 감정이 너무 크고 강력해서 영원히 나를 압도하여 결국 나를 죽일 것이라고 항상 생각했기 때문이다. 그러나 힘든 감정은 영원히 머무르지 않았으며 나를 죽이지도 않았다. 대신 왔다가 갔고, 그 후에 내게는 전에 없던 것이 남았다. 바로 *자신에 대한 앎*이다.

힘든 감정이 초인종을 울리고, 나 자신에 대한 아주 멋진 새로운 정보가 가득 담긴 꾸러미를 내게 남겨준다. 이 새로운 정보는 확신과 창조성을 가지고 삶의 다음 단계로 내딛을 수 있게 하는, 항상 내가 *정확하게* 알아야 할 필요가 있는 것들이었다. 내가 가장 필요로 하는 것은 평생 동안 달아나려고 했던 내면의 한 곳, 곧 고통 속에 있음이 명확해졌다. 이 *다음*에 내가 알아야 했던 모든 것 역시 *지금*의 불편함 속에 있었다.

힘겨운 감정도 필요한 만큼 와서 머무르고 가도 좋다고 허용하면서 나는 스스로를 알아가게 되었다. 힘겨운 감정을 참아낸 보상으로 나의 잠재력, 나의 목표, 그리고 나의 사람들을 찾았다. 정말 감사한 일이다. 영원히 자신을 알지 못한 채 남아 있는 것보다 더 큰 비극은 상상할 수가 없다. 그것은 궁극적인 자기 방기일 것이다. 그래서 나는 나 자신의 감정을 두려워하지 않게 되었다. 왜냐하면 나는 그들이 내게 나 자신을 늘 배달해 줄 것이라 알고 있고 믿고 있기 때문이다. 이제 힘겨운 감정이 초인종을 누르면 나는 낡아서 편해진 여성용 바지를 꿰어 입고 문을 열어젖힌다.

분노

전남편의 외도를 알게 된 후 몇 년 동안은 몹시 화가 났다.

그는 누군가에게 상처를 준 사람이 할 수 있는 일은 모두 했다. 깊이 사과했고 심리치료를 받기 시작했으며 망설임 없이 인내했다. 나 역시 바람직한 모든 일들을 했다. 심리치료를 받았고 기도했으며 용서하기 위해 노력했다. 간혹 아이들과 함께 있는 그를 보면 분노가 희미해졌고 우리의 미래에 대한 희망과 안도감을 느끼기도 했다. 그러나 신체적으로 정신적으로 그에 대해 너그러워지려고 노력할 때마다 분노가 내 몸에 가득 차올랐다. 나는 그를 마구 몰아세우고 마음의 문을 닫고는 내 속으로 되돌아갔다. 이 반복되는 과정은 우리 모두를 지치고 우울하게 만들었다. 그러나 나는 하늘이 보상을 내려 용서할 수 있게 되기를 기다리는 것 말고는 이 고통에 대응해 무엇을 해야 할지 알 수 없었다. 용서하는 것은 시간문제라고 생각했다.

어느 날 저녁 크레이그와 나는 거실 소파에 마주 보고 앉아 있었다. 내가 그를 향해 조용히 씩씩거리는 동안 그는 마냥 즐겁게 텔레비전을 보고 있었다. 어찌된 셈인지 나는 시야를 공중에 띄워 우리를 내려다보고 있었다. 아래에는 분노에 휩싸인 내가 있었고, 전혀 방해받지 않고, 내가 비참함을 느끼고 있다는 것조차 알지 못하는 크레이그가 있었다. 모든 불은 *내 안에* 있었다. 그에게는 전혀 없었다. 나는 생각했다. *어떻게 그에게 이다지도 분노할 수 있단 말인가? 그는 그 사실을 느끼지도 못하는데.* 갑자기 나의 분노에 강한 소유욕과 보호 본능을 느꼈다. 나는 생각했다. *이 분노는 내 몸 안에서 일어나고 있다. 그러므로 분노가 나를 위한 것이라고.* 나의 분노를 부끄러워하거나 두려워하지 않기로, 그리고 나 자신을 부끄러워하지도 않고 두려워하지도 않기로 결심했다.

그때부터 화가 솟구칠 때마다 나는 마음을 연 채 호기심을 가지고 화를 응시하는 연습을 했다. 나는 분노와 함께 앉았다. 분노가 마음대로 하게 내버려뒀다. 나와 나의 분노는 서로에게 귀를 기울이며 많은 시간을 보냈다. 나는 분노에게 이런 질문들을 했다. "내게 말하고 싶은 것이 뭐니? 그에 대해서가 아니라 나에 대해서 말이야." 나는 내 몸 안에서 반복되는 이 과정을 아주 주의 깊게 살펴보기 시작했다. 왜냐하면 내 몸은 마음이 너무 복잡하고 희망적이라 받아들이기 힘든 것조차 내게 명료하게 말해주곤 하기 때문이다. 몸은 거짓말을 하지 않는다. 심지어 그렇게 하라고 사정할 때조차. 크레이그에게 정서적으로 육체적으로 나를 열어 보일 때마다 분노가 차오르는 것을 알아차렸다. 나의 분노는 그가 아이들과 함께 있을 때는 완전히 사라졌다. 면밀하게 주의를 기울이기 시작하기 전에는 내 마음이 변덕을 부린다고 생각했다. 그러나 시간이 지나면서 분노가 무작위가 아니라 믿을 수 없을 만큼 특정한 것임을 이해하기 시작했다. 분노는 되풀이될 것이다. "글레넌, 네겐 크레이그가 가족으로서 친밀감을 주는 건 괜찮아. 육체적·정서적 친밀감은 결코 그렇지 않고."

나도 그런 줄 알고 있었다. 내 몸도 알고 있었다. 그런데 나는 알고 있던 것을 무시해 왔다. 그것이 내가 그렇게나 화가 났던 이유였다. *나는 스스로에게 화가 났던 것이다.* 크레이그는 길을 잃은 사람이었지만 결혼 생활을 유지하면서 상처받은 채 매일매일 화를 내며 살고 있는 사람은 나였다. 나는 알고 있었던 것을 무시했다. 그리고 그 사실을 굳이 알게 만든 그에게 벌을 주고 있었다. 내가 알게 된 것 중에 그가 바꿀 수 있는 것은 아무것도 없었다. 어쩌면 질문은 "어떻게 그가 내게 이런 짓을 할 수 있지?"가 아니라 "어떻게 나는 나 자신에게 계속 이럴 수 있지?"여야 했다. "어떻게 나를 버릴 수가 있어?"를 영원히 반복하는 대신 "나는 왜 스스로를 계속 버리는 거지?"라고 물었어야 했다.

결국 나는 자포자기를 멈추기로 결정했다. 그것은 내 분노를 소중히 여기는 것을 의미했다. 나는 떠나는 것이 옳은지 그른지 다른 사람에게 물을 필요가 없었다. 더 이상 분노를 정당화할 필요가 없었다. 내가 해야 하는 것은 내 아이들의 아빠를 용서하는 것이었다. 그와 이혼을 하자마자 나는 그렇게 할 수 있었다.

이혼 조정 후 크레이그와 나는 엘리베이터를 타고 나란히 서서 층수를 가리키는 번호에 차례대로 불이 들어오는 것을 지켜보고 있었다. 나는 크레이그를 살펴보고 몇 년만에 처음으로 그에게 진정한 공감, 부드러움, 온화함을 느꼈다. 다시 한번 나는 친구가 되고 싶은 좋은 사람으로 그를 볼 수 있었다. 나는 진정한 용서를 느꼈다. 몇 년만에 처음으로 안전함을 느꼈기 때문이다. 나는 나 자신의 경계선을 회복했다. 나는 나 자신을 신뢰하기 시작했다. 왜냐하면 나는 거짓 평화를 지키기 위해 나를 포기하기를 거부한 여자였기 때문이다.

내게도 외도가 일어난 다음 자신의 결혼 생활에서 안전과 지속적인 용서를 찾아냈던 친구들이 있었다. 배신 이후에 찾아오는 것이 다툼이나 현실 왜곡, 혹은 옳고 그름에 대한 자의적인 생각을 존중하려는 노력이어서는 안 된다. 다음에 오는 것은 스스로에 대한 존중이어야만 한다. 우리는 저 바깥에 있는 *당위*를 무시해야만 하며, 여기 진짜 존재하는 것에 직면해야 한다. 만약 끊임없는 분노가 여기에 진짜 존재하는 것이라면 우리는—자신을 위해서나 상대방을 위해서나—그에 대처해야 한다. 왜냐하면 우리가 용서할 수 없는 사람들을 가까이 두고 있으면서 그들을 영원히 처벌하는 것은 인간적이지 않기 때문이다. 만약 용서한 다음 앞으로 나아갈 수 없다면 용서보다 먼저 앞으로 나아갈 필요가 있다. 그러면 자연히 용서가 뒤따를 것이다. 용서는 접근을 의미하지 않는다. 우리는 다른 사람에게 용서라는 선물을 주는 동시에 자신에게 안전과 자유라는 선물을 줄 수 있다. 두 사람이 두려워하지 않게 되고 벌을 내리지 않는다면 그것은 바람직한 작별이다. 분노로부터 벗어나는 일은 우리에게 저절로 주어지지 않는다. 그것은 우리가 벼려나가야만 하는 것이다.

분노는 우리의 경계를 가로지르는 한 지점에 관한 중요한 정보를 준다. 문을 열고 배달된 물건을 받아들일 때, 우리는 자신을 더 잘 알기 시작한다. 침해받고 있었던 경계를 복구할 때 우리는 자신을 존중하게 된다. 우리가 자신을 알게 되고 존중하게 될 때 온전함, 평화 그리고 힘을 가지고 살아간다. 우리가 스스로를 돌볼 만큼 충분히 용감하고 지혜로운 여자임을 이해하며 살아간다. 이토록 멋진 여자임을 이해하며.

이뿐만이 아니다. 더욱 깊이 파고들면 더 좋은 점이 드러난다. "여기까지가 내 한계야."라고 말할 때 한계란 도대체 무엇인가?

한계란 우리 자신과 세계에 관한 뿌리 깊은 신념들의 가장자리다.

우리는 컴퓨터와 같고, 신념은 우리가 프로그래밍되어 있는 소프트웨어다. 신념은 문화, 공동체, 종교 그리고 가족에 의해 모르는 사이에 우리에게 프로그래밍되어 있다. 우리가 이 잠재의식 속 프로그램을 선택하지 않을지라도 그것은 우리의 삶에 작동한다. 이 프로그램은 우리의 결정, 시각, 감정 그리고 상호 작용 들을 통제하며 그 결과 우리의 운명을 결정한다. 우리가 믿는 것이 우리가 되는 것이다. 실제로 자신과 세상에 대해 진실이라고 믿는 것을 드러내기보다 더 중요한 것은 아무것도 없다. 그리고 무엇이 우리를 화나게 만드는가를 검증하는 것보다 우리가 진정으로 믿는 것을 더 빨리 밝혀주는 것은 없다.

전남편에 대한 나의 분노는 내가 주요한 한계를 넘어섰음을 알려주는 끈질긴 초인종 소리였다. 나의 한계는 뿌리 깊은 나의 믿음—*결혼 생활에서 가장 중요한 가치는 정직, 충실함 그리고 성실함이며 그것들이 없어지면 나는 더는 안전하지 않다*—으로 둘러쳐져 있다.

나의 그 믿음은 옳지도 그르지도 않다. 믿음은 객관적이고 보편적인 도덕성과 어떠한 상관도 없으며 그저 모든 것이 개인적이다. 이 경우 나는 결혼 생활과 충실함에 관한 이 뿌리 깊은 신념을 받아들이고 유지하기로 결정했다. 왜냐하면 그것이 나를 보살피고 내게 안전하다는 느낌을 주며 진실이라 느껴졌기 때문이다. 나는 그 택배를 받아들고 곧바로 두 번째 결혼 생활에까지 가지고 왔다.

그러나 때때로 나의 분노는 문 앞에서 내가 받아들이고 싶지 않은, 뿌리 깊은 믿음을 배달하기도 한다.

애비는 열심히 일하고 열심히 쉰다. 주중에 그는 소파에 드러누워 좀비들이 나오는 드라마를 종종 본다. 그가 이럴 때마다 무언가가 날 꽉 움켜쥐고 조이는 듯한 느낌이 든다. 나는 동요하고 화가 난다. 왜냐하면 그가 나를 등한시하고 있기 때문이다. 그러면 나는 소파 근처에서 큰 소리를 내며 공격적으로 정리를 시작한다. 내가 내는 거친 소리를 듣고는 그가 묻는다. "왜 그래?" 나는 말한다. '무슨 일'이 있다는 것을 암시하는 어조로 "아무것도 아니야."라고. 이 과정은 반복된다. 애비는 소파에 널브러져 있고, 그래서 나는 화가 나고, 내가 화가 났다는 것 때문에 애비도 화가 난다.

우리는 이 문제를 반복해서 이야기한다. 내향적이고 영적인 데다 둘 다 술을 마시지 않기 때문에 달리 할 일도 없는 결혼한 두 여자들의 끊임없는 대화를 보기 전까지 당신은 대화라는 것을 안다고 할 수 없다. 우리는 서로를 사랑한다. 결코 서로에게 상처를 입히고 싶지 않다. 우리는 서로를, 그리고 자신을 이해하길 원한다. 우리는 문제의 바닥까지 가 닿기를 원한다. 그래서 대화를 거듭하고 항상 이러한 결론에 도달하는 듯하다. 애비는 성인 여자이며, 그는 자신의 주인이다. 글레넌은 애비의 결정에 화를 내지 말아야 한다.

나는 항상 이 결론에 동의한다. 적어도 *마음으로는* 그렇다. 그러나 내 몸은 이 지침을 어떻게 받아들일까? '*해야 한다*'가 내게 무슨 도움이 되는가? 나는 본질적인 문제를 고민하는 것이므로 '*해야 한다*'는 결코 도움이 되지 않는다. 감정 위에 이성적인 판단을 겹겹이 덧씌운다고 감정이 달라지는 것은 아니다. 어떻게 하면 화를 내지 않을 수 있을까? 어떻게 해야 나는…… 화를 촉발하지 않을 수 있을까?

어느 날 거실에 들어갔는데 애비가 소파에서 펄쩍 뛰어내려 나를 위해 바쁘고 생산적인 일을 하는 듯이 보이려고 베개를 정돈하기 시작했다. 나는 어린 시절의 기억이 마음속에 떠올라 멈춰 서서 그를 뚫어져라 보았다. 어렸을 때 집에서 소파에 널브러져 있다가 부모님이 주차장에 차를 대는 소리를 들으면 나는 당황해서 소파에서 펄쩍 뛰어내려와 문이 열리기 전에 바쁜 척했다. 애비가 하는 짓과 똑같았다.

나는 애비를 보던 눈길을 거두고 생각했다. *내 화가 애비에 대해 말해주는 것은 뭐지?* 그리고 묻기 시작했다. *내 화가 나에 대해 말해주는 것은 뭐지?* 내 화가 뿌리 깊은 믿음—어린 시절 내게 프로그래밍되어 있었던 믿음—중 하나가 담긴 꾸러미를 배달하고 있었다. 휴식은 *게으름이고 게으름은 무례한 것이다. 바람직한 가치와 선함은 바쁜 가운데 얻어진다.*

애비가 바로 내 눈앞에서 쉬고 있을 때—*가족이 정하고 승인한 휴식 시간 이외에*—그는 그 뿌리 깊은 믿음에 도전하는 것이다. 애비는 그것을 활성화하고, 그것을 밝혀내며, 내가 볼 수 있는 밝은 곳으로 끌어냈다. 그러나 정직과 충실함에 대한 나의 뿌리 깊은 믿음과 달리 나는 이것은 좋아하지 않았다. 이것은 진실하지 않은 듯 느껴졌다. 왜냐하면 애비가 쉬고 있는 것을 보았을 때 나의 화는 거의 *쓰라린 갈망*이었기 때문이다.

좋겠다.

한낮에 빈둥거리니 좋겠군.

매 순간 지구상에서 한 자리를 차지하려고 발버둥치지 않아도 되니 얼마나 좋을까.

쉬면서 여전히 쓸모 있는 사람이라고 느끼다니 좋겠다.

나도 쉬면서도 쓸모 있다고 느끼고 싶다.

나는 애비를 변화시키고 싶지 않았다. 내가 가진 가치에 관한 신념을 바꾸고 싶었다.

분노가 우리의 초인종을 누르면 뿌리 깊은 믿음 중 하나가 배달되어 온다. 이것은 좋은 정보다. 그러나 다음에 오는 것은 정보 그 이상이다. 그것은 혁신이다. 분노가 배달하는 모든 믿음들은 모두 반송 딱지와 함께 온다.

꾸러미에는 스티커가 있고 거기에는 이렇게 쓰여 있다. "여기 당신의 뿌리 깊은 믿음 중 하나가 있습니다. 보관할지 반품할지 선택하세요. 아니면 다른 것으로 교환하겠습니까?"

애비에 대한 나의 분노가 배달한, 바람직한 가치에 대한 뿌리 깊은 믿음을 나는 뚫어지게 바라보았다. 그리고 생각했다. 아니야. 나는 받고 싶지 않아. 이것은 내가 만든 것이 아니라 물려받은 것이야. 나는 이제 자라서 이것이 맞지 않아. 더 이상 바람직한 가치에 관한 나의 가장 진실한, 가장 아름다운 믿음이 아니야. 이것을 믿기에는 이제 아는 게 많아. 이것은 가혹하고 나와 내 결혼 생활에 상처를 줘. 나는 이것을 내 아이들에게 물려주고 싶지 않아. 그러나 반품하고 싶지도 않아. 나는 이것을 이렇게 수정한 것으로 교환하고 싶어.

열심히 일하는 것은 중요하다. 놀이와 비생산성도 마찬가지다. 나의 가치는 생산성이 아니라 나의 존재에 달려 있다. 나는 쉴 자격이 있다.

가치에 관한 뿌리 깊은 믿음을 바꾸자 삶이 변화되었다. 나는 조금 더 늦게 잔다. 나는 제시간에 독서, 산책, 요가를 하고 가끔 주말 한낮에 텔레비전을 보기도 한다. 천국이 따로 없다. 이것은 진행 중인 과정이다. 애비가 쉬고 있는 것을 보면 아직도 반사적으로 짜증이 난다. 그러나 그때 스스로를 점검한다. 나는 생각한다. 왜 지금 작동하려고 하는 거지? 아, 맞아. 낡은 신념. 오, 잠깐 기다려. 이미 교환했잖아. 애비가 "뭐가 문제야?"라고 물을 때 "아무것도 아니야, 여보."라고 말할 수 있다. 대부분 진심이다.

분노는 우리가 둘러친 한계를 배달해 준다. 우리의 한계들은 우리가 믿는 것들을 배달한다. 우리의 믿음은 어떻게 우리가 세상을 경험하는가를 결정한다. 따라서 그 믿음이 무서울지라도 현명하게 문을 열고 응대해야 할 것이다.

마음의 고통

여자들의 이야기를 10년 동안 들으면서 나는 우리의 가장 깊은 곳에 있는 두려움이 다음과 같다고 믿게 되었다.

1. 목적을 전혀 찾지 못하고 사는 것.
2. 진정한 소속감을 찾지 못하고 죽는 것.

거듭 여성들은 내게 물어온다. "인생의 목적을 어떻게 찾을 수 있을까요? 내 사람들을 어떻게 찾을 수 있을까요?"

최선의 조언은 '마음의 고통이 초인종을 울리면 문을 열고 응답하라.'라는 것이다.

이런 말은 문을 열고 응답하기를 거부하는 듯이 들린다.

불의에 대해 좀 더 많이 알았더라면 좋았을 텐데…… 아픈 친구를 찾아갔더라면 좋았을 텐데…… 그 일을 해결하는 데 참여할 수 있었더라면 좋았을 텐데…… 그 글을 읽었더라면 좋았을 텐데…… 그 가족을 위해 뭔가를 했으면 좋았을 텐데…… 그러지 않았더니 마음이 아파 견딜 수가 없어.

이런 말들은 마치 우리 마음이 어딘가에 숨겨져 있고, 깨지지 않도록 비닐로 포장되어 있으며, 갇혀 있다고 믿는 것과 다를 바 없다. 마치 삶의 핵심은 움직이는 것이 아니라는 듯. 그러나 그것은 사실이 아니다. 우리가 스스로를 움직이도록 할 때 무엇이 우리를 움직이게 하는가를 발견하게 된다. 마음의 고통은 회피해야 할 것이 아니라 일부러라도 찾아나서야 하는 것이다. 마음의 고통은 우리네 삶의 가장 위대한 단서 중 하나다.

마음의 고통이라는 마법은 어떤 특별한 것에 반응하여 개개인의 마음속에 초인종을 울린다. 무엇이 당신의 초인종을 울리는가? 인종적인 불의인가? 집단 괴롭힘인가? 동물 학대? 기아? 전쟁? 환경? 암에 걸린 아이들? 마주칠 때마다 외면하고 싶을 정도로 당신에게 깊이 영향을 미치는 것은 무엇인가? 저기를 보라. 당신이 정말 견딜 수 없는 세상의 고통은 어디에 있는가? 저기에 서 보라. 당신의 마음을 아프게 하는 것은 치유를 돕기 위해 당신이 존재한다는 뜻이다. 세상을 변화시키는 이들의 모든 활동은 가슴 아픔으로 시작된다.

나는 아이오와에서 사산이나 유아 사망으로 아이를 잃은 여러 여성들을 만났다. 그들은 서로 자매로서 연을 맺고, 교육을 비롯한 여러 가지 지원을 통해 그 지역의 사산율을 현격하게 낮추는 데 기여하였다. 의사들이 "믿을 수 없다, 고맙다."라고 말하며 머리를 긁적일 정도였다. 그들은 고통으로 움츠러들거나 외면하는 대신 곧장 그곳을 향해 달려갔다. 그들이 함께 나눈 고통이 유대가 되었고 연료가 되었다. 이제 그들은 그들을 함께하게 만든 바로 그 마음의 고통을 느끼는 다른 사람들을 구하고 있다.

마음의 고통은 당신에게 목적을 배달해 준다. 만약 당신이 그 배달을 받아들일 용기가 있다면, 그리고 세상을 특별하게 변화시키는 일을 하는 사람들을 찾는다면, 당신은 당신의 사람을 찾을 수 있다. 세상을 치유하는 일 속에서 맺어진 사람들이 갈고 닦은 유대감에 견줄 수 있는 것은 어디에도 없다.

절망은 "마음의 고통이 너무나 크다. 나는 너무 슬프고 너무 작은데 세상은 너무나 크다. 나는 아무것도 할 수가 없다. 그러니 나는 어떤 것도 하지 않을 것이다."라고 말한다.

용기는 "내가 모든 것을 할 수 없다는 사실이 나로 하여금 할 수 있는 일조차 못하게 막지는 못할 것이다."라고 말한다.

우리 모두는 목적과 연대를 원한다.

당신의 마음을 고통스럽게 하는 것이 무엇인지 내게 알려달라. 그러면 나는 그 두 가지, 목적과 연대로 향하는 길을 당신에게 알려주겠다.

슬픔

14년 전 나는 여동생과 함께 여동생이 당시 남편과 함께 살던 집의 침대에 앉아 있었다. 이제 겨우 몇 달 된 티시는 손가락을 빨고 칭얼거리며 나무로 된 마룻바닥에 놓인 카시트에 앉아 있었다. 여동생과 나는 말이 없었다. 동생과 남편이 결혼 생활을 두고 다투고 있었는데 문제가 아주 혼란스럽고 어려웠다.

동생의 휴대전화가 땡하고 소리를 내자 동생이 휴대전화를 보고 밀쳐버렸다. 그러자 전화기가 의자 밑으로 떨어졌다. 나는 마루에서 전화기를 집어 동생의 남편이 보낸 문자를 보았다. 그들의 결혼 생활이 이제 끝났다는 문자였다. 나는 전화기에서 눈을 떼고 동생을 내려다보았다. 마치 바람이 빠져버린 풍선처럼 그를 살아 있게 하고 둥둥 뜨게 하던 그 무언가가 사라져버린 것처럼, 동생은 생기 하나 없어 보였다. 갑자기 그가 울부짖기 시작했다. 나는 동생이 첫 번째 숨을 쉬는 순간부터 함께 있었지만 이렇게 소리를 지르는 모습을 본 적이 없었다. 동생이 짐승같이 울부짖어 나는 두려웠다. 그를 붙잡았지만 반응이 전혀 없었다. 우리 셋은 그 방에 함께 있었으면서도 더 이상 함께 있지 않았다. 고통이 동생을 온전히 그만의 장소로 데리고 가버렸다. 티시는 놀란 나머지 눈물에 젖은 눈을 크게 뜬 채 꼼짝도 않고 가만히 있었다. 나는 이렇게 빨리, 이렇게 엄청난 날것 그대로의 고통에 마주친 아이가 그것을 어떻게 수용해 낼 수 있을지 걱정스러웠다.

그다음 해 다른 세상 사람들이 계속 삶을 이어가는 동안 여동생과 티시와 나는 슬픔의 장막을 함께 걷어내고자 노력하는 여성들의 작은 군대를 이루고 있었다. 나는 그 첫해에 티시의 깊이와 부드러움이 형성되었다는 생각을 종종 하게 된다. 여전히 아이는 다른 사람의 고통을 목격하면 눈물에 젖은 눈을 크게 뜨고 꼼짝도 않고 지켜보는 사람이 되었다.

동생은 미래의 가족을 위해 힘들게 마련한 집에서 나와 우리 집 지하실의 작은 손님방으로 옮겼다. 나는 그 방을 동생에게 어울리게 새로 꾸미고 싶었다. 그러나 동생은 거절했다. 그는 자신의 슬픔 속에, 우리 집 지하실에 자신의 집을 만들고 싶어 하지 않았다. 자신이 이곳을 잠시 방문한 것뿐임을 명확히 하고 싶어 했다. 동생이 벽에 건 유일한 물건은 내가 준 작고 푸른 십자가였다. 거기에는 "너를 위해 준비해 둔 계획들을 내가 알기에. 네게 희망과 미래를 주고자 하는 그 계획들을."이란 글귀가 새겨져 있었다.

매일 저녁 동생은 일터에서 돌아와 우리와 저녁을 먹고 최선을 다해 웃으며 아이들과 놀아주고는 했다. 그러다 밤이 되면 지하실 그의 방으로 걸어 내려갔다. 어느 날 저녁 동생을 따라 지하실로 내려가 문 밖에 섰다. 노크를 하려고 하는 순간 나는 그가 흐느끼는 희미한 소리를 들었다. 그때 나는 동생이 있는 곳에 내가 갈 수 없음을 깨달았다. 슬픔은 지하실의 외로운 손님방에 있다. 그 누구든, 심지어 동생이라 할지라도 그곳에 함께할 수가 없다.

나는 방문에 기대어 마룻바닥에 앉았다. 나는 동생을 혼란케 만들고 상처를 입히는 어떤 것과 동생 사이에 자리하기 위해, 그 모든 과정을 지키고 경계하기 위해 내가 지닌 모든 것, 내 몸과 나의 현존을 동원하였다. 그곳에서 몇 시간을 머물렀다. 나는 아주 오랫동안 밤의 불침번을 서기 위해 그 방문 앞으로 되돌아가곤 했다.

1년 뒤 동생은 그 방을 나와 계단을 걸어올라 우리 집 현관문을 열고 나갔다. 그리고 기업의 변호사직을 그만두고 아동 성범죄자를 기소하고 과부에게 빼앗긴 땅을 되돌려주는 일을 하기 위해 르완다로 갔다. 나는 동생이 떠나는 모습을 두려움과 경외심으로 지켜보았다. 그리고 그를 소중하게 여기는 새로운 남자와 결혼을 하기 위해 돌아오는 것도 지켜보았다. 분명 함께 진실하고 아름다운 가정을 이뤄나갈 것이다.

몇 년이 지난 다음에도 나는 지하실로 내려가 손님방 문을 응시하며 생각하곤 한다. 이 작고 어두운 방이 고치 같네. 그동안 저기에서 동생은 완벽한 변태를 겪었으니.

슬픔은 우리를 새롭게 떠오르게 만드는 고치다.

작년 리즈가 사랑해 마지않는 짝이 깊은 병에 걸려 죽어가기 시작했다. 나는 멀리 떨어져 있었기에 그저 매일 메시지를 보낼 수 있을 뿐이었다. "난 네 방문 밖에 앉아 있어."라는.

어느 날 엄마가 전화를 걸어 물었다. "리즈는 좀 어떠니?"

나는 어떻게 대답해야 할지 잠시 생각하다가 이내 대답할 수 없음을 깨달았다. 왜냐하면 엄마가 잘못된 질문을 했기 때문이다.

나는 말했다. "엄마, 엄마가 해야 할 질문은 '리즈는 좀 어떠니?'가 아니야. '리즈는 이제 누구니? 슬픔에서 깨어나면 어떤 사람이 되어 있을까?'라고 질문해야 하지 않을까."

슬픔은 모든 것을 산산조각 낸다.

스스로 산산조각이 나게 내버려두었다가 다시 조각조각 함께 모은다면, 어느 날 잠에서 깨어났을 때 완벽하게 재조립되어 있음을 깨닫게 될 것이다. 당신은 다시 온전하고 강해질 것이다. 갑작스럽게 새로운 형태, 새로운 크기가 되는 것이다. 고통 속에 잠겨 실제로 주저앉아 본 사람들에게 일어나는 변화는—한 시간 남짓 지속되는 부러움의 조각이든 수십 년 지속되는 슬픔의 협곡이든—혁명적이다. 그런 변혁이 일어난다면 당신의 낡은 대화, 관계, 패턴, 사고 혹은 삶은 더 이상 당신에게 들어맞을 수가 없다. 그것은 마치 뱀이 허물로 되돌아가려고 하는 것이나 나비가 고치 속으로 들어가려고 하는 것과 다를 바가 없다. 당신은 혼자 힘으로 얻어낸 새로운 눈으로 주변을 둘러보고 모든 것을 새롭게 본다. 이제 되돌아갈 수가 없다.

슬픔을 조금이나마 덜어내는 유일한 방법은 거기에 완벽하게 굴복하는 것이다. 초인종이 울리기 전에 존재했던 자신의 어느 한 부분이라도 붙잡아두고자 하는 것은 저항일 따름이다. 때로는 다시 살기 위해 완벽하게 죽게 내버려두어야만 한다. 우리 자신이 완벽하게, 말 그대로 새롭게 태어나도록 해야만 한다.

슬픔이 초인종을 울리면 굴복하라. 달리 할 수 있는 것이 없다. 택배는 완벽한 변혁이다.

침입자

몸이 회복되기 시작했을 때, 내 문제는 너무 많이 먹고, 마시고, 약을 너무 많이 먹는 것이라고 생각했다. 그러나 과도하게 먹고 마시고 투약하는 것은 문제가 아니라 사실 비효율적인 해결책이라는 것을 알게 되었다. 문제는 임상적 우울증과 불안증이었다. 우울하고 불안해지는 것은 이요르와 티거(「곰돌이 푸우」에 등장하는 인물들—옮긴이)가 되는 것과 거의 비슷하다. 항상 너무 침체되어 있거나 너무 고무되어 살아가는 것 같다. 지금, 그리고 여기에서 일어나는 삶의 수위와 맞추기 위해서는 항상 고군분투해야 한다.

우울과 불안은 감정이 아니다. 감정은 다시 나 자신에게로 돌아오게 만든다. 그러나 우울과 불안은 몸의 저격수여서 나를 빨아들여, 거기에 있는 것처럼 보이지만 사실 어디론가 사라진 상태가 된다. 다른 사람들은 여전히 나를 볼 수 있지만 어느 누구도—나 자신을 포함하여—나를 느낄 수가 없다. 정신 질환이 비극적인 것은 내가 슬프기 때문이 아니라 내가 아무것도 아니라는 데 있다. 정신 질환은 나 자신의 삶을 그리워하게 만든다.

　나에게 우울증은 잊고 지우고 천천히 꺼져 마침내 무의 상태가 되는 것이다. 나는 글레넌에게서 뛰쳐나온 것 같고, 이번에는 영원히 사라져 아무것도 남아 있을 것 같지 않은 공포감만 남는다. 우울은 나의 활기찬 색조들을 모두 가져가버리고 회색, 회색, 회색 일색이 될 때까지 강타한다. 결국 나는 너무 낮게 가라앉은 나머지 제대로 작동하지 않게 된다. 그런데 꺼져가면서도 자잘한 일들—설거지를 하고 아이들을 학교에 데려다주고 웃어야 할 때는 미소를 짓는 등—을 조금씩 해낼 수는 있다. 그런데 모든 일들은 그저 강요된 것들뿐이다. 나는 응답하는 대신 연기를 한다. 요점을 잊었기 때문이다. 아마도 이것이 우울한 사람들이 예술가가 되는 이유일 것이다. *"요점이 뭐죠?"*라는 질문에 대답하는 힘을 되찾기 위해 우리는 모래 함정에 빠지는 동안에도 펜과 종이로 땅을 긁어댄다.

　우울증이 아래로 끌어내리는 느낌이라면 불안은 위에서 서성거리는 흔들림이다. 지금 이 글을 쓰면서도 나는 불안한 시기의 한 가운데에서 몇 주를 보내고 있다. 내가 불안감 속을 둥둥 떠다닐 때는 강박에 사로잡혀 있을 때다. 다음 강연, 아이들, 집, 결혼, 몸, 머리 스타일 등에 대한 강박증이다. 불안은 *어떤* 것에 대한 통제의 결핍에서 오는 두려움이며, 강박은 나의 해결책이다. 글쓰기는 너무 낮게 가라앉을 때 땅을 긁어대는 것이며, 강박은 너무 높은 곳에서 맴돌 때 땅을 긁어대는 것이다.

　아내가 내 팔을 잡고 말할 때까지 나는 불안을 잘 감추어왔다고 생각했다. "보고 싶었어. 한동안 먼 데 있었잖아." 물론 우리는 말 그대로 한시도 떨어지지 않고 서로의 옆에 붙어 있었다. 불안을 안고 사는 것—겁에 질린 채 살아가는 것—은 그 순간에 뛰어들어, 내 몸속에 안착하여 존재하는 것을 불가능하게 만든다. 나는 그 순간 속에 있을 수가 없다. 왜냐하면 다음 순간이 가져올 것이 너무 두렵기 때문이다. 나는 준비를 해야만 한다.

얼마 전 한 친구가 치과에서 충치를 떼우는 것을 설명하며 이렇게 말했다. "내가 가장 싫어하는 것은 고통 자체가 아니야. 정말 싫은 것은 고통을 예측하고 기다리는 거야. 나는 땀을 흘리고 겁에 질려서 몹시 아픈 그 순간을 기다리고 있어. 엄청나게 아프진 않지만 항상 그렇게 아플 것 같은 느낌이 들어." 내가 말했다. "맞아. 그게 바로 내가 항상 느끼는 거야."

어떤 사람이 끊임없이 각성 상태에서 살다가 실제로 일이 잘못되면, 그것에 대해서는 잊어버린다. 완전한 공황 상태에 빠진다. 2초 만에 15가지에서 100가지 걱정이 새롭게 밀려온다.

아이들이 2분 늦는다고?

누구나 죽는다.

동생이 30초 동안이나 문자 답장을 하지 않았다고?

죽은 게 틀림없어.

개가 기침을 해?

거의 죽었구나.

애비가 탄 비행기가 연착을 한다고?

그래, 어쩐지 잘 풀리더라니. 결코 사실일 리가 없지. 내가 행복하도록 삶이 내버려둘 리가 없어. 모든 것이 죽음이야.

좋은 소식은 내가 몸의 저격수들을 제압하는 수많은 방법들을 알아냈다는 것이다. 내가 이 분야의 전문가임을 입증해 보라고? 나는 임상적으로 우울증에 걸린, 영감을 주는 강연자다. 나는 불안증에 걸린 사람이라고 진단을 받았으나 나의 주된 일은 사람들에게 다 괜찮아질 거라고 설득하는 것이다. 내가 이런 사람이 될 수 있다면 누구나 무엇이든 될 수 있다는 것을 기억해 두시길.

너무 높거나 낮게 사는 사람들에게 주는 5가지 전문적인 조언

1. 제발 약을 복용하라

내겐 렉사프로가 있고, 그 약 덕분에—모든 개인적인 성장 등 등도 함께—더 이상 포도주와 오레오로 자가 치료를 할 필요가 없어졌다고 믿고 있다.

내가 가장 좋아하는 노래도 이렇게 시작한다. "예수님은 나를 사랑해. 렉사프로를 주신 것만 봐도 알 수 있지."

한때 가족 게임을 하는 동안 체이스가 당시 내 남편에게 이런 질문을 읽어주었다. "만약 당신이 섬에 갇히게 된다면 누구를 데려가겠습니까?"

크레이그가 말했다. "네 엄마."

체이스가 말했다. "좋습니다. 그럼 가져갈 물건을 하나 고른다면?"

크레이그가 말했다. "엄마의 약들."

우리가 죽었을 때 '가장 고통받았던 여자에게 주는 상' 같은 게 있으리라고는 생각하지 않는다. 그렇지만 만약 이런 트로피가 존재한다 해도 난 원하지 않는다. 만약 처방약을 먹는다고 당신에게 이러쿵저러쿵하는 사람들—부모, 형제, 친구, 작가, 정신적인 스승 등—이 있다면 의사 면허증을 보여달라고 하자. 만약 면허증을 보여주고 어쩌다 보니 당신의 주치의가 되었다면 귀를 기울여 들어도 된다. 만약 면허가 없다면 그들에게 친절하게 꺼지라고 말하라. 그들은 의족을 목발이라고 부르는, 두 다리를 가진 사람들이다. 그들은 어둠 속에서 당신과 동행할 사람이 아니다. 당신은 할 일을 하면 된다. 그것이 덜 고통받고 더 오래 살 수 있는 길이다.

2. 그놈의 약 먹는 걸 중단하지 말라

약을 먹기 시작하고 시간이 조금 지나면 기분이 나아짐을 느끼게 될 것이다. 어느 날 아침에 일어나 약을 보면 이런 생각이 들 것이다. *내가 무슨 생각을 하고 있었지? 난 완벽하게 정상적인 인간이야. 더는 이런 약 따윈 필요 없어!*

조금 나아졌다는 느낌이 들어 약을 끊는 것은 엄청난 폭우 속에서 안락하고 보송보송하게 당신을 지켜주는 튼튼한 우산 아래 서 있으면서 이렇게 생각하는 것과 같다. *우아, 하나도 안 젖었네. 이 번거로운 우산을 내던져야 할 때야.*

계속 마른 채로 살아 있어라.

3. 기록하라

우리에게 일어나는 현상은 이런 것이다. 집에 있으면 아래로, 아래로, 아래로 가라앉기 시작하거나 위로, 위로 둥둥 떠다니다가 사라져버린다. 흐릿해지고 겁에 질려간다. 우리는 나쁜 상황에 처해 있다. 그러면 의사나 심리치료사에게 도움을 받기 위해 예약을 한다. 예약은 며칠 후다. 우리는 기다린다.

아주 조금씩, 매일매일 기분이 나아지기 시작한다. 예약한 날 아침 샤워를 하고 차에 오르면, 내가 누구고 3일 전에는 무엇을 느꼈는지 기억조차 할 수 없다. 그래서 의사를 보며 생각한다.

가라앉은 나 자신을 설명하는 것이 불가능해요. 거의 기억하지도 못해요. 그게 진짜였을까요? 우린 결국 "모르겠어요. 슬퍼져요. 다른 사람들도 그렇겠죠? 지금은 괜찮은 것 같아요." 이런 식으로 말하고 치료를 끝낸다. 그리고 도움을 받지 못한 채 나온다.

며칠 후 우리는 집에 있다. 그리고 다시 가라앉았다가 떠올랐다가를 반복한다. 계속되는 반복……

회색으로 가라앉기 시작하면 전화나 공책을 꺼내 당신의 가라앉은 자아가 되어 괜찮은 듯한 자아에게 메모를 남겨라. 지금 바로 어떤 느낌인지를 쓰라. 에세이나 소설을 쓸 필요는 없다. 그저 메모일 따름이다. 여기 가라앉은 자아가 쓴 내 메모 중 하나가 있다.

> 전부 회색이다.
> 어떤 것도 느낄 수가 없다.
> 온전히 혼자다.
> 아무도 나를 모른다.
> 너무 피곤해서 더는 쓸 수가 없다.

노트를 안전한 곳에 던져두라. 그리고 예약을 하라. 약속 장소로 갈 때 가라앉은 자아가 쓴 노트를 가져가라. 의사와 마주보고 앉았을 때 기억을 해내거나 번역할 필요가 없다. 그저 이렇게 말하기만 하면 된다. "안녕하세요. 이게 저예요. 샤워를 하고 '상태가 좋아 보이는' 나나 위로 올라와 있는 나를 위한 도움은 필요 없어요. 그런데 *가라앉은 나*는 도움이 필요해요." 노트를 꺼내 건네줘라. 가라앉은 자아의 친구이자 대변인이 되는 한 방법이다.

그리고 다시 자신으로 돌아왔을 때에는 또 다른 메모를 써라.

몇 달 전 나는 비에 젖지 않았기에 우산을 던져버렸다. 그로부터 2주 후 아이들에게 딱딱거리며 백만 번째 잔소리를 퍼부었고, 나의 사람들은 겁먹은 눈으로 곁눈질하며 나를 보고 있었다. 나는 건성으로 점심을 만들고 글을 썼다. 지금은 어떤 태도를 보였는지 기억할 수가 없다. 나는 또 다시 정신이 나갔음을 깨달았다. 하지만 나 역시 혼란스러웠다. 어쩌면 이런 모습이 실제 나일지도 몰라. 나는 기억할 수가 없다.

그래서 보석상자를 찾아서 나의 둥둥 떠다니는 자아가 내게 썼던 노트를 꺼냈다.

　글레넌에게,
　넌 네 삶을 사랑해. (대체로)
　티시의 머릿결 냄새는 널 녹여버려.
　노을을 볼 때마다 마음을 송두리째 빼앗겨.
　넌 하루에 스무 번이나 웃어.
　넌 평범한 곰들보다 더 많이 마법을 봐.
　넌 사랑받고 있다고 느껴. 넌 사랑받고 있어. 열심히 싸워온 아름다운 삶이 네 삶이야.
　　　　　　　　　　　　　　　　　—글레넌

나는 의사에게 전화를 걸었고 다시 약을 먹기 시작했으며, 나 자신을 다시 되찾았다.

자신을 성심껏 돌봐라. 자신을 지키기 위해 죽을 듯이 싸워

라. 그러고도 잃어버리면 되찾기 위해 무슨 일이든 하라.

4. 버튼을 알고 있어라

금주를 위해 내가 전념하는 것은 나 자신과 함께 지내는 것이다. 다시는 나를 포기하고 싶지 않다. 하다못해 잠깐이라도.

몇 년 전 나온 스테이플스 광고를 기억하는지? 사무실에 있던 한 무리의 사람들이 무언가에 스트레스를 받으면 어디선가 붉은색 "쉬움easy" 버튼이 나타난다. 누군가가 그 버튼을 누르면 사무실 전체가 스트레스가 없는 곳, 고통이 없는 곳으로 이동하곤 했다.

"쉬움" 버튼은 손을 뻗기만 하면 우리 앞에도 나타난다. 왜냐하면 그 버튼은 우리를 일시적으로 고통과 스트레스가 없는 곳으로 데려가주기 때문이다. 단 장기적으로 작동하지는 않는다. 그 버튼이 실제로 하는 역할은 스스로를 포기하게 만드는 것이기 때문이다. "쉬움" 버튼은 우리를 가짜 천국으로 데려다준다. 가짜 천국은 항상 지옥이라는 것이 밝혀진다. 당신은 나중에 "쉬움" 버튼을 누르기 전보다 숲에서 길을 더 많이 잃는다고 느낄 것이다. 내가 기분이 나쁠 때마다 더 나빠지는 대신 나아지게 만드는 무언가를 하고 싶다는 결정을 내리기까지 40년이 걸렸다.

나는 사무실 벽에 "쉬움 버튼과 재설정 버튼"이란 제목으로 손으로 쓴 메모를 붙였다.

왼쪽에는 나 자신을 포기하게 만드는 일들이 있다.

오른쪽에는 재설정 버튼이 있다. 조금이라도 더 나 자신으로 남아 있게 하는, 내가 할 수 있는 일들이 있다.

쉬움 버튼	재설정 버튼
진탕 술 마시기	물 한 잔 마시기
폭식하기	산책하기
쇼핑하기	목욕하기
신랄하게 비판하기	요가하기
비교하기	명상하기
불쾌한 리뷰 읽기	해변에서 파도 보기
설탕을 왕창 들이마시고	강아지와 놀기
정신줄 놓기	아내와 아이들을 안아주기
	휴대전화 감추기

재설정 버튼은 사실 아주 사소한 것들이다. 엄청나게 대단한 생각은 나처럼 기분이 오르락내리락하는 사람에겐 슈퍼맨의 크립토나이트 같은 약점이 된다. 모든 것이 끔찍하고 내 삶이 싫어질 때 그리고 새로운 직업, 새로운 종교, 새로운 집, 새로운 삶이 필요하다고 확신할 때 나는 저 목록을 보고 내게 정말 필요한 것은 사실 한 잔의 물이라는 것을 기억해낸다.

5. 우리가 최고라는 것을 기억하라

나는 예술가이자 활동가다. 그래서 내 친구들은 대부분 우리 문화가 정신적 질환이라고 규정한 것과 싸운다. 이들은 지구상에서 가장 생동하고 열정적이고 친절하고 매혹적이며 지적인 인간들이다. 그들은 우리가 열망하도록 훈련받은 유형과는 다른 삶을 살아간다. 그들 대다수는 집에 콕 박혀 어둠 속에서 며칠을 보내는 것도 포함하여, 말과 정책을 붙잡고 씨름하며 희망과 소중한 삶을 위해 펜대를 잡고 살고 있다. 이런 삶은 쉽지 않다. 그러나 깊이 있고 진실하고 의미 있고 아름다운 경우가 많다. 나는 조금이나마 정신적으로 아프지 않은 사람들과는 함께 즐기지도 않는다는 것을 알아차리기 시작했다. 조금의 불안이나 우울증도 없는 사람들에게 어떤 악담을 하려는 것이 아니다. 그저 나 자신이 그들에게 특별한 호기심을 느끼지 못할 따름이다. 나는 우리 "미친 것들"이 최고라는 생각을 하게 되었다는 것뿐이다.

이것이 바로 우리들 가운데 많은 이들이 약을 먹는 데 저항하는 이유다. 왜냐하면 내면 깊숙한 곳에서 우리는 사실상 멀쩡한 사람들이라고 믿고 있다. 정신 질환이 있는 우리는 우리의 마법이 질병 속에 있다고 믿는 의미에서만 "아픈" 사람들일 뿐이다. 나도 그랬다. 지금도 여전히 그렇다. 사람들이 "좋아질 거야."라고 말하면 나는 그 말을 '다른 사람들처럼 해.'라고 들었다. 내가 부끄러움에 머리를 숙이고 내 방식은 위험하고 잘못된 것이며, 다른 사람들의 방식이 훨씬 낫고 올바른 것이라고 선언하기를 기대한다는 것을 알았다. 나는 병이 나아서 무리에 참여하고 규칙을 따르기로 되어 있었다. 어떨 때에는 내 방식대로 사는 것이 너무 힘들어 그렇게 살 수 있기를 지독하게 원하기도 했다. 어떨 때에는 세상 속에서 가볍고 즐겁게 살 수 없는 나의 무능함이 화학적인 문제라고 받아들이고 다른 사람들처럼 세상에 편입되었으면 했다. "내가 졌어."라고 말하고 인정하고 싶었다. *세상 사람들아, 당신들 잘못이 아니야. 내가 문제야. 내가 도움을 받을게. 나는 더 나아져야 해. 나는 당신들의 과학이 필요해.*

하지만 다른 때─텔레비전 뉴스를 틀거나 어떻게 사람들이 서로를 대하는가를 자세히 보았을 때─나는 눈을 치켜뜨고 생각한다. 문제는 내가 아닐지도 몰라. 어쩌면 당신들, 세상 사람들이야. 내가 세상에 적응하지 못하는 무능한 사람이 된 것은 내가 미쳤기 때문이 아니라 주의를 기울이는 사람이기 때문인지도 몰라. 있는 그대로의 세상을 거부하는 것은 미친 짓이 아닌지도 몰라. 진짜 미친 짓은 이런 세상에 굴복하는 건지도 몰라. 세상이 돌아가는 모양을 보고도 괜찮은 척하는 것은 내가 달고 싶어 하는 영광의 배지가 아닐 거야. 아마 조금 미쳐 있다는 말이 정확하게 맞을지 몰라. 어쩌면 세상에는 시적이기까지 한 나같은 인간이 필요한지도 몰라.

이런 상태─불안, 우울, 중독─는 나를 거의 죽일 뻔했다. 그러나 그것들은 나의 초능력이기도 하다. 나를 중독으로 이끌었던 감수성은 나를 정말 멋진 예술가로 만드는 감수성이다. 내 피부 속에는 나를 존재하기 어렵게 만드는 불안이 있다. 그 불안은 고통에 빠진 수많은 사람들이 세상에 발붙이기 어렵게 만드는 것이기도 하다. 그리고 그것이 나를 끈질긴 활동가로 만든다. 내 삶의 전반부 동안 나를 태웠던 불은 지금 내가 세상을 밝히기 위해 사용하는 불과 정확히 같다.

잊지 마라. 우리에겐 그들의 과학이 필요하다. 왜냐하면 그들에게는 우리의 시가 필요하기 때문이다. 우리는 더 즐거워 보이고 정상을 지향하고 편안해 보일 필요가 없다. 우리는 그저 자신이 되면 된다. 우리는 자신을 구해야 한다. 왜냐하면 우리가 세상을 구해야 하기 때문이다.

안전지대

나는 그게 직업이나 운명이기나 한 듯이 상처받은 마음 그대로 지내왔다. 고통은 내가 세상에 진 빚이고 슬프게 살아가는 것이 안전하게 살아가는 방식인 것 같았다. 자기 부정은 나의 가치, 선량함, 존재할 권리를 얻기 위한 방법이었다. 고통은 가장 안락한 안전지대였다. 그러다 마흔 살에 새로운 방식을 시도해 보기로 결심했다.

나는 애비를 선택했다. 나 자신의 기쁨을 선택했다. 시인 메리 올리버Mary Oliver가 약속한 대로 나는 착해질 필요가 없으며, 내 몸이라는 부드러운 동물이 사랑하는 것을 사랑할 수 있다는 사실을 믿기로 했다.

그 선택은 나와 애비에 대한 사랑 때문이었지만 한편 호기심 때문이기도 했다. 나는 고통이 그랬듯이 기쁨도 나를 가르칠 수 있을지 궁금했다. 정말 알고 싶었다.

나는 기쁨의 길을 선택한 것이 궁극적으로 나를 가르치게 될지 확신할 수가 없다. 기쁨을 선택하는 것이 내게는 새로웠다. 그러나 나는 이만큼—행복해지는 것은 좋은 일이라 생각할 만큼—이나 배웠다. 나는 더 가벼워지고 명료해지고 강해지고 훨씬 생기 있다고 느낀다. 나는 아직 쓰러지지 않았다. 나를 놀라게 한 한 가지는 '내가 행복해질수록 내 아이들도 더 행복해지는 듯하다.'는 것이다. 나는 모성과 순교에 관해 훈련받았던 모든 것을 지워가는 중이다. 결혼식 방명록에 아들은 이렇게 썼다. "애비 아줌마가 오기 전에 엄마는 11시가 넘으면 떠들지도 못하게 했어요. 고맙습니다." 사랑이란 당신을 붙잡는 것이자 동시에 자유롭다고 느끼게 해야 한다. 그 새로운 믿음이 내 아이들이 지켜나갈 믿음이 되기를 나는 바란다.

그리고 또 기쁨을 선택하는 것이 나를, 그리고 내 삶을 더 쉽게 사랑하도록 만든다는 것도 배웠다. 그런데 그것이 세상 사람들이 나를 사랑하는 것을 더 어렵게 만드는 듯하다.

최근 어떤 행사에서 강연을 했다. 한 여성이 청중석에서 일어나서 무대 위에 서 있는 나를 향해 마이크를 잡고 말했다. "글레넌, 나는 당신의 글을 정말 좋아했어요. 당신이 겪은 고통, 당신의 삶이 얼마나 힘겨웠는지를 듣는 것이 내겐 많은 위로가 됐어요. 그러나 최근 당신이 새로운 삶을 살기 시작한 다음부터 좀 달라진 듯싶어요. 솔직히 말하면 당신과 공감하기가 점점 더 힘들어요."

"예." 내가 말했다.

"이해해요. 나는 지금 예전보다 행복합니다. 그렇게 많이 스스로를 의심하지도 않고, 그것이 나를 더 확신을 갖게 만들고 더 강하게 만들어요. 그래서 고통은 줄어들었죠. 나는 세상이 기쁨과 확신에 찬 여자보다 고통받는 여자를 더 쉽게 사랑한다는 것을 알게 됐어요."

그것은 내게도 역시 힘든 일이다.

언젠가 티시의 축구 경기를 보는 중이었다. 상대 팀의 한 여자아이가 내 눈에 계속 거슬렸다. 관중석에 앉은 같은 팀 엄마들도 마뜩잖게 생각한다는 것을 그들의 몸짓이나 흘기는 눈길에서 알 수 있었다. 나는 왜 이 아이가 우리의 화를 돋우는지 주의 깊게 살펴보았다. 그리고 그 아이가 머리를 꼿꼿하게 치켜들고 조금 으스대며 걷는다는 것을 알아차렸다. 아이는 뛰어났고, 자신도 그것을 알고 있었다. 아이는 자신의 힘과 재능을 알고 있다는 듯이 자주, 그리고 열심히 공을 잡으러 뛰어들었다. 경기를 뛰는 내내 웃고 있었고 이 모든 것이 아주 쉬운 듯이 보였으며, 자신의 인생을 즐기는 것처럼 보였다. 그 모습이 나를 짜증나게 만들었다.

여자아이는 열두 살이었다.

나는 불편한 감정에 빠져 있다가 깨달았다. 내가 이 여자아이에게 내보이는 반사적인 반응은 내가 받아온 훈련의 직접적인 결과였다. 나는 강하고 확신에 차 있으며 행복한 여자아이들과 여자들을 싫어하고 불신하도록 단련되어 있었다. 우리는 모두 그렇다. 어떤 연구는 남자가 더 강하고 더 성공하고 더 행복해할수록 많은 사람들이 그를 신뢰하고 좋아한다는 것을 증명한다. 그러나 여자가 강하고 행복하면 할수록 사람들은 그를 덜 좋아하고 덜 신뢰한다. 그래서 우리는 *"여자들도 정당한 자리를 차지할 권리가 있다!"*라고 선언한다. 그런데 여자가 자신의 정당한 자리를 차지했을 때 우리의 첫 번째 반응은 이것이다. *"저 여자는 정말…… 오만해."* 우리는 확신에 찬 여자에 관해 이렇게 말하는 사람이 된다. "모르겠어. 설명할 수가 없어. 그 여자는 그냥…… 호감이 가지 않아. 왜 그런지 이유는 몰라.'

나는 그 이유를 설명할 수 있을 것 같다. 그것은 우리가 받은 훈련의 결과가 잠재의식 속에서 작동하기 때문이다. 강하고 행복하고 확신에 찬 여아아이와 여자는 암묵적인 규칙을 깬다. 여자란 자고로 스스로를 의심하고 내성적이고 소심하고 사과에 익숙해야 한다는 우리 문화의 규칙 말이다. 그 규칙들을 깨부술 만큼 대담한 여자들은 우리를 화나게 만든다. 지시를 따르지 않는 그들의 뻔뻔한 반항과 거부는 그들을 다시 케이지에 넣고 싶게 만든다.

여자아이들과 여자들도 이것을 감지한다. 우리는 호감을 얻고 싶다. 우리는 신뢰를 얻고 싶다. 그래서 누군가를 위협하고 경멸을 불러일으키지 않도록 강점들을 누그러뜨린다. 우리는 우리의 성취를 언급하지 않는다. 우리는 칭찬을 흔쾌히 수용하지 않는다. 우리는 의견을 누그러뜨리고 모호하게 하며 중요하지 않은 듯 깎아내린다. 우리는 으스대며 걷지 않는다. 우리는 끊임없이 양보한다. 길에서도 조금 비껴 걷는다. "난 알아."라고 말하는 대신 "그런 것 같아."라고 말한다. 우리의 아이디어가 의미 있다고 전제하는 대신 말이 되는지를 묻는다. 우리는…… 모든 것에 용서를 구한다. 탁월한 여성들 사이의 대화는 가장 난장판으로 만든 사람이 트로피를 받는 대회인 양 종종 변질된다. 우리도 존경받기를 원하나 그보다 훨씬 더 사랑받고 수용되기를 원한다.

언젠가 오프라 윈프리와 저녁을 먹은 적이 있다. 그가 내게 활동가로, 작가로, 그리고 엄마로서 내 삶에서 가장 자랑스러운 것이 무엇인지 물었다. 나는 혼란에 빠져 웅얼거리기 시작했다.

"오, 전 자랑스럽지가 않아요. 고마움을 느껴요. 그 어떤 것도 실제의 제가 아니에요. 전 그저 대단한 사람들에게 둘러싸여 있어요. 믿을 수 없을 정도로 운이 좋았고, 중얼중얼……."

그가 자신의 손을 내 손에 올리며 말했다. "그런 식으로 말하지 말아요. 겸손해할 필요가 없어요. 마야 안젤루가 말하곤 했어요. '겸손은 배워서 꾸며내는 것이다. 겸손한 척이 아니라 겸허해야 한다. 그리고 겸허함은 내면에서 우러나온다.'라고."

나는 오프라 윈프리가 내게 한 말을 매일 생각한다. 그는 멍청하고 약하고 어리석게 구는 것은 당신 자신과 나, 그리고 세상에 해를 끼친다고 말한 것이다. 당신의 존재보다 부족한 척하려면 완벽하게 존재하는 다른 여자들에게 허락을 구해야 한다. 겸손과 겸허를 혼동하지 말라. 겸손한 척하는 것은 우스꽝스러운 거짓말이다. 연기. 가면. 속이는 게임. 우리에겐 그럴 시간이 없다.

*겸허*humility란 말은 라틴어 humilitas에서 파생되었다. 그것은 "이 땅에서of the earth"를 뜻한다. 겸허하다는 것은 당신이 누구인지 아는 것에 바탕을 두고 있다. 그것은 당신이 되고자 했던 것—원래 창조되었던 대로 높고 강하고 웅장하게 자라고 뻗어나가고 완전히 봉오리를 펼치는 것—이 되어야 하는 책임을 함축한다. 나무가 시들고 움츠러들어 사라지는 것은 명예롭지 못하다. 여자가 그렇게 되는 것 역시 명예로운 일이 아니다.

나는 실제의 나보다 더 강한 척한 적이 결코 없다. 그래서 단언컨대 실제 약한 것보다 더 약한 척하지도 않을 것이다. 나는 다른 여자들에게 겸손한 척하라고 더 이상 요구하지도 않을 것이다. 나는 다른 여자들의 약점과 고통에서 위안을 찾고 싶지 않다. 나는 다른 여자들의 기쁨과 성공 속에서 영감을 찾고 싶다. 왜냐하면 그것이 나를 더 행복하게 만들기 때문이다. 우리가 계속해서 강한 여자들을 사랑하고 지지하고 투표하는 대신 싫어하고 헐뜯는다면 우리에게 강한 여자라고는 남아나지도 못하게 될 것이기 때문이다.

즐거워하고 확신에 찬 여자가 으스대며 세상을 활보하는 것을 보고 내가 일차반응을 하더라도 나는 나 자신을 용서할 것이다. 왜냐하면 그것은 내 잘못이 아니라 그렇게 훈련받았기 때문이다.

일차반응은 이것이다. *빌어먹을, 도대체 저 여자는 자기가 뭐라도 된 줄 아는 거야?*

이차반응은 이것이다. *맙소사, 저 여자는 자신이 치타임을 알고 있어. 할렐루야.*

접착제

양육을 하는 나와 같은 세대의 부모들이 자식들의 운동에 지나친 강박관념을 가지고 있다는 것을 나는 항상 가혹하게 비판해 왔다. 아이들이 공을 차거나 손을 짚고 공중돌기를 하는 것을 보기 위해 아이들을 데리고 전국을 쏘다니며 주말을 허비하는 것도 모자라 애써 번 돈까지 쓰는 부모들이 불쌍했다. 한 친구가 아이가 받아온 대학 장학금에 대해 말할 때마다 나는 말하곤 한다. "정말 대단하다!" 그리고 생각한다. '그런데 적어도 무용복과 무릎 보호대와 호텔 비용으로 그만한 돈을 쓰지 않았니?' 아주 오랫동안 내 아이들에게 운동을 시키는 목표는 평범했다. 나는 아이들이 체육 시간에 당황하지 않도록 어느 정도 배워두기를 바랐을 뿐이다. 재능이 넘치거나 나의 주말을 망치지 않을 정도로만.

딸들은 어렸을 때 체조를 배우고 싶어 했다. 그래서 우리는 일주일에 한 번 동네 체육관으로 차를 타고 갔다. 아이들이 뒹굴고 발끝을 세워 걸을 때 나는 책을 읽다가 틈날 때마다 고개를 들어 "잘 했어, 내 딸!" 하고 외치기만 했다. 체조 코치가 연습이 끝난 후 내게 와서 이렇게 말하기 전까지는 완벽한 시나리오였다. "따님들은 진짜 장래가 밝아요. 일주일에 세 번 연습해야 할 시기가 됐어요." 나는 그를 보고 미소 지으며 고맙다고 말했다. 그리고 생각했다. *새로운 운동을 물색해야 할 때군!* 그다음 주 우리는 축구팀에 합류했다. 압박감이나 실제 배우는 것이 없었기에 딸들은 재미있게 놀았다. 나는 우리의 평범한 목표를 계속해서 충족할 수 있으리라 확신했다.

그런데 이혼을 한 뒤 티시가 생기를 잃어가기 시작했다. 나는 티시가 서서히 음식에서 위안을 찾고 점점 더 많은 시간을 제 방에서 혼자 보내는 모습을 지켜보았다. 티시가 몸을 조금 더 움직일 필요가 있다는 것은 알고 있었지만 아이에게 이렇게 제안하는 것이 역효과를 빚을 수 있다는 것도 경험으로 알고 있었다. 티시는 열 살이었다. 내가 폭식증에 빠진 것은 열 살 때였다. 내 아이는 낭떠러지에 서서 떨어질 듯 비틀거리고 있었다. 나는 두려웠다.

어느 날 밤 애비와 소파에 앉아 말했다. "아이한테 다시 심리상담을 받게 해야 하지 않을까 싶어."

애비가 말했다. "난 반대야. 내 생각엔 머릿속으로 더 깊이 파고들기보다 벗어나는 게 좋을 것 같아. 많이 생각했는데 난 티시가 엘리트 여행 축구팀에 도전해 봤으면 싶어."

나: 방금 뭐라고 한 거야? 티시를 *몰라?* 개는 집에 불이 나도 달리지 않을 아이야. 그 축구팀 여자아이들은 태어날 때부

터 축구를 했어. 고맙지만 안 돼. 우린 아이에게 모욕감을 주자는 게 아니야. 돕자는 거지.

애비: 티시는 타고난 지도자 감이야. 축구에 관해 이야기할 때 눈에서 불꽃이 튀어. 티시가 좋아할 것 같아.

나: 그럴 리가 없어. 티시는 지금 너무 약해. 만약 제대로 해내지 못하면 완전히 무너지고 말 거야.

애비: 만약 제대로 *해낸다면?* 그리고 그것이 티시를 일으켜 *세운다면?*

애비는 나 모르게 평생을 축구선수로 지냈던 크레이그에게 전화를 걸었고 순식간에 상황은 2 대 1이 되었다. 계획은 티시에게 접근해서 내 의지와 더 나은 엄마의 판단을 거스르며 엘리트 여행 축구팀에 도전해 보겠느냐고 묻는 것이었다. 어느 날 방과 후에 우리 셋은 티시를 앞에 앉혔다.

아이는 얼어붙어 우리를 무서운 기색으로 바라보았다. 이혼 후 아이들은 한동안 투쟁 아니면 도피라는 극단적 반응을 보였다. 아이가 물었다. "무슨 일인데요? 더 나쁜 소식?"

크레이그가 말했다. "아니야. 더 나쁜 소식은 없어. 네가 여행 축구팀에 도전해 볼 의향이 있는지 궁금해서."

티시가 킬킬거렸다. 우리가 함께 웃지 않자 아이도 웃음을 멈추었다. 아이는 처음엔 크레이그를 그리고 나를 보았다. 그런 다음 아이의 눈이 애비에게 고정되었다.

티시: 잠깐. 진심이에요?

애비: 그래.

티시: 정말 내가 해낼 수 있을 거라고 생각해요?

나는 이렇게 말하려고 입을 열었다. '괜찮아, 딸. 사실은 거기 여자애들은 너보다 훨씬 더 오래 연습을 했어. 그냥 시도해 보는 것만으로 대단히 용기 있는 일이야. 우린 결과에 매달리지 않을 거야. 그냥 한번……'

그러나 내가 말하기도 전에 애비가 티시의 눈을 미동도 않고 바라보며 말했다. "그래. 난 네가 해낼 수 있다고 믿어. 넌 잠재력과 열정을 가지고 있어. 누군가는 그걸 해내고 있어. 너라고 못할 게 뭐겠니?"

오, 세상에. 나는 생각했다. 이 여자는 무모해. 도대체 무슨 말을 하고 있는지. 젠장 아무 생각이 없어.

티시는 애비에게서 눈을 떼지 않고 말했다. "좋아요. 한번 해 볼게요."

"대단해." 크레이그가 말했다.

"멋지다." 애비가 말했다.

전방에 위험! 나는 생각했다.

우리 셋은 티시를 보고 웃었다.

테스트는 4주가 남았다. 티시, 애비 그리고 크레이그는 그 동안 초등학교 운동장에서 슈팅을 연습했고, 거실에서는 여자 국가대표팀 경기를 텔레비전으로 보았다. 애비와 크레이그는 훈련 전략을 짜는 문자와 이메일을 주고받았다. 티시와 애비는 끊임없이 경기에 대해 대화를 나누었고, 축구가 우리 집의 공식적인 제2언어가 되었다. 둘은 매일 함께 달리기 연습을 했는데 결코 순조롭게 진척되지는 않았다. 티시는 계속 불평을 늘어놓으며 내내 울었다. 어느 날 오후 둘은 땀에 젖은 채 헉헉대며 현관으로 들어왔다. 티시는 곧장 쿵쾅거리며 계단을 뛰어 올라갔다.

방문이 쾅 하고 닫히기 전에는 비명을 질러댔다. **"난 못 해! 싫어! 이렇게는 못 한다고!"**

나는 얼어붙었다. 이 위험한 실험은 실패했고 우리는 공식적으로 아이의 삶을 망쳐버렸다. 이젠 티시에게 어떤 약을 처방해야 할지 생각해야 했다. 또 다시.

애비가 나를 돌려세워 내 눈을 보았다. "괜찮아." 그가 말했다. 그는 윗층을 가리켰다. "저거? 제대로 되고 있는 거야. 저 방에 가지 마. 조금 있음 내려올 거야."

티시는 조금 뒤 눈시울이 붉어진 채 조용히 내려왔다. 아이는 소파에 앉은 애비와 나 사이에 앉았다. 우리는 한동안 텔레비전을 보았다. 중간에 광고가 시작될 때 텔레비전에서 눈을 떼지 않고 애비가 말했다. "내가 선수일 땐 하루도 빠짐없이 달리는 게 너무 싫었어. 항상 그것 때문에 울었지. 그래도 했어. 거기에 맞추지 못하면 대단한 선수가 되지 못한다는 걸 알고 있었거든. 그래도 그게 그렇게 싫더라."

티시가 고개를 끄덕이며 물었다. "내일은 언제 달리러 갈 거예요?"

몇 주가 흘러 이제 우리는 첫 번째 테스트를 받기 위해 티시를 태우고 간다. 나는 스트레스 해소에 좋다는 차가 가득 담긴 거대한 머그잔을 양손으로 감싸 쥐고 있다. 운동장에 도착하니 다른 여자아이들은 반짝이는 여행용 유니폼을 입고 있고, 티시는 여름 캠프용 티셔츠와 체육복 반바지를 입었다. 게다가 티시는 다른 여자아이들보다 적어도 30센티미터는 작아 보인다. 내가 이런 사실을 지적하자 애비가 말한다. "뭐라고? 아니야. 그렇지 않아. 여보, 티시에 관한 한 당신은 당신 마음대로 신체를 변형해 내는 증후군에 시달리고 있어. 자세히 봐. 티시는 다른 아이들만큼 커." 나는 눈을 가늘게 뜨고 말한다.

"음. 글쎄 티시는 *내면*도 더 어릴 것 같은데."

애비가 말한다. "아니야. 그렇지 않아, 글레넌. 아니야."

티시, 애비, 크레이그와 나는 옹송그려 모인다. 티시가 나를 본다. 눈가가 젖어 있다. 나는 숨을 죽인다. 애비가 나를 향해 눈을 크게 떠 보인다. 나는 말하고 싶다. '아가, 이건 전부 잊어 버려. 엄마는 널 이해해. 돌아가서 아이스크림이나 사 먹으러 가자.' 이렇게 말하는 대신 나는 말한다. "널 믿어, 티시. 이건 해내기 힘든 일이야. 우린 힘든 일도 해낼 수 있어."

아이는 우리에게서 등을 돌려 천천히 운동장으로 움직이기 시작한다. 나는 아이가 내게서 점점 멀어져, 아주아주 어려운 일을 향해 걸어가는 모습을 지켜본다. 내 인생에서 이렇게나 뜨거운 감정이 솟구친 적이 없었다. 아이는 아주 작아 보이고 운동장과 아이의 앞에 놓인 과제는 엄청나게 커 보인다. 아이는 계속 걸어가고, 내게서 멀어져 경기장 옆 다른 여자아이들이 앉아 있는 벤치로 간다. 벤치로 다가가자마자 아이와 우리는 깨닫는다. 아, 세상에. 아, 세상에. 아, 세상에나. 벤치에는 아이가 앉을 빈자리가 없다. 아이는 그 옆에 어색하게 선다. 아이는 손을 어떻게 해야 할지 모른다. 아이는 귀퉁이에 있다. 선택된 아이들의 동그라미 바깥에 있다. 아이는 거기에 속해 있지 않다. 아이는 그들 중의 한 아이가 아니다.

애비가 내 손을 잡는다. "당신 괜찮아?"

나: 아니. 이건 실수야.

애비: 이건 실수가 아니야.

나는 손을 잡아 빼고 기도한다. *제발, 하느님. 존재하신다면 저 아이들이 제 딸을 소중히 대하게 해주세요. 저 아이들이 제 딸을 동그라미 안으로 초대하게 해주세요. 딸아이가 공을 잡을 때마다 공이 골대로 들어가게 해주거나 뭐든 축구의 기적이 일어나서 우리 아이가 어떻게든 이 팀에 들어가게 해주세요. 만일 이 모든 일이 실패하면 지진이라도 일으켜주세요. 그렇지만 제발, 하느님, 무엇보다 이 일이 빨리 끝나게 해주세요. 내 심장이 견딜 수가 없습니다.*

테스트가 시작된다. 티시는 자기가 무엇을 하는지조차 모르는 듯하다.

아이는 종종 공을 놓친다. 다른 여자아이들처럼 재빠르지도 않다. 아이는 몇 번이고 애비를 쳐다본다. 애비는 웃어주고 고개를 끄덕인다. 티시는 계속 시도한다. 몇 번 좋은 기회를 잡기도 한다. 패스에 성공하기도 한다. 애비는 아이가 운동 감각을 가지고 있으며, 경기에 대한 이해가 다른 여자아이들의 능력보다 뛰어나다고 말한다. 그러나 아이에게 이 시간은 혹독하다. 내게도 마찬가지다. 경기가 끝나고 우리는 함께 차에 올라탄다. 티시는 집으로 돌아오는 내내 조용하다. 잠시 후 나는 몸을 돌려 말한다. "아가?"

애비가 내 손을 잡고 아니라고 고개를 젓는다. 나는 다시 몸을 돌려 돌아오는 내내 잠자코 있는다.

우리는 다음 날 다시 테스트를 받으러 간다. 그리고 다음 날에도. 그렇게 일주일 동안 테스트를 받는다. 금요일 밤 우리는 코치에게서 이메일을 받는다. "티시는 배워야 할 것이 아주 많습니다. 그러나 티시는 열정이 있고 열심히 노력하는 선수이자

지도자입니다. 우리에겐 그런 점들이 필요합니다. 우리는 티시에게 우리 팀의 일원이 되어달라는 제안을 드립니다."

나는 놀라움에 손으로 입을 가리고 내용을 정확하게 이해했는지 두 번 세 번 이메일을 읽고 또 읽는다. 애비도 내 어깨 너머로 똑같이 하고 있다. 나는 그를 향해 몸을 돌려 말한다. "오, 하느님! 당신은 어떻게 알았어?"

애비의 눈에 눈물이 고인다. 그가 말한다. "나도 몰랐어. 3주 동안 밤잠을 제대로 못 잤어."

크레이그, 애비 그리고 나는 티시를 앉혀놓고 다 함께 말한다.

"네가 해냈어." 우리가 말한다. "팀에 들어가게 됐어."

테스트를 치른 지 몇 년이 지났다. 지금 우리는 전국 여기저기 아이를 태워다주느라 주말을 보내고, 기름값과 호텔비, 토너먼트 경기와 축구화에 돈을 쓰는 부모가 되어 있다.

티시는 모범이 되고 싶은 게 아니라 자신이 될 수 있는 최고의 선수와 팀원이 되고 싶어 하기에, 지금은 강하고 단단하다. 티시가 강해질수록 팀도 더욱 아이에게 기댈 수 있다. 티시는 몸을 목적 자체로 생각하지 않고 목적을 위한 수단으로 여긴다. 티시는 몸과 마음이 설정한 목표—친구들과 함께 게임에서 이긴다—를 달성하는 수단으로써 몸을 활용한다.

티시는 지금 리더다. 아이는 훌륭한 운동선수가 있는 한편 훌륭한 동료도 있다는 것을 배웠고, 둘이 항상 일치하지 않는다는 점도 알게 되었다. 아이는 팀 동료들을 관찰하고 각자에게 필요한 것을 판단한다. 누가 아프고 누구에게 격려가 필요한지 알고 있다. 매번 게임이 끝나면 이기든 지든 차 뒷좌석에 앉아 집으로 가는 중에 동료들에게 문자를 보낸다. "괜찮아, 리비. 누구라도 그 공을 잡을 수가 없었을 거야. 우린 다음번에 해낼 거야. 우린 널 사랑해." 여자아이들의 부모가 내게 이메일을 보내기도 한다. "티시에게 고맙다고 전해주세요. 그 아이는 내 딸을 위로해 주는 유일한 사람이에요."

티시는 지금 운동선수다. 엄청난 사건이 중학교 교실을 휩쓸 때에도 티시만은 심하게 뒤흔들지 못했다. 왜냐하면 중학교 교실 복도는 티시가 자신의 정체성을 발견하는 장소가 아니었기 때문이다. 아이는 자신의 사회적 삶에서 거짓 드라마를 만들어 낼 필요가 없었다. 왜냐하면 아이는 항상—승리의 긴박감과 패배의 쓰라림이 있는—경기장에서 진짜 드라마를 만들어가고 있기 때문이다. 언젠가 체이스의 친구에게 티시가 하는 말을 들었다. "아니야. 난 인기가 없어. 축구선수거든."

축구가 내 딸을 구했다.

내가 축구를 하지 못하게 말리는 데 실패함으로써 내 딸을 구했다.

최근에 크레이그와 애비 그리고 나는 춥고 비가 내리는 경기장에서 티시의 팀 경기를 보며 앉아 있었다. 여자아이들은 흠뻑 젖어 얼어 있었지만 누구도 내색을 하지 않았다. 나는 언제나처럼 티시를 자세히 보고 있었다. 아이의 다리와 얼굴은 군더더기 하나 없었다. 아이의 특징인 긴 꽁지머리는 완벽했고 진분홍색 헤어밴드는 긴 꽁지머리에서 빠져나온 머리카락을 단단하게 묶어주었다. 다른 팀이 이제 막 점수를 냈다. 아이는 숨을 몰아쉬며 다시 자신의 위치로 돌아가려고 애쓰고 있었다. 달리면서 아이는 수비수들에게 소리쳤다. "가자! 이번에는 막자!" 경기가 계속되었다. 공이 티시에게 왔다. 아이는 공을 잡아서 공격수인 아나이스에게 패스해 주었다. 아나이스가 득점했다.

여자아이들은 아나이스를 향해, 서로를 향해 달려갔다. 그들은 운동장 한가운데에서 만났다. 10대 초반의 여자아이들 무리가 뛰어오르고 얼싸안고 서로를, 자신들의 팀을 그리고 자신들이 흘린 땀을 축하했다. 부모들 역시 환호성을 질렀지만 아이들은 우리가 내지르는 소리를 듣지 못했다. 그 순간 이 땅 위에는 그들 말고는 아무도 없었다. 자신들을 우리가 어떻게 느꼈는가는 전혀 중요하지 않았다. 중요한 것은 그들이 어떻게 느끼느냐는 것이었다. 그들에게 경기는 공연이 아니었다. 진짜였다.

경기가 끝나고 애비와 크레이그, 나는 차로 걸어왔다. 차들이 나란히 주차되어 있었다. 우리는 비를 피하기 위해 차에 탔다. 팀의 짧은 모임이 끝난 후 티시는 친구 시드와 함께 우리 쪽으로 걸어왔다. 서두르지 않았다. 왜냐하면 추위조차 느끼지 못했기 때문이다. 우리가 있는 쪽에 도착하자 둘은 포옹하고, 시드는 자기 엄마에게로 갔다. 티시가 인사를 하려고 애비의 차창 밖에 섰다. 크레이그와 함께 그 집으로 갈 예정이기 때문이다. 이 집 저 집 옮겨다니는 것은 모두에게 여전히 힘겨운 일이다. 이혼은 길을 찾아가기 어렵다. 모든 가족들이 길을 찾아가기가 어렵다. 그러나 티시는 어려운 일을 해낼 수 있다는 것을 안다.

비가 계속 쏟아져 내렸다. 그러나 차창에 담겨 있는 티시의 얼굴은 빛으로 넘쳐난다.

아이가 말했다. "멜 코치님이 별명을 지어줬어. 앞으로 날 딱풀이라고 부르겠대. 공이 풀로 붙인 듯 나한테 붙어 있다고. 오늘 벤치에서 나를 부를 때 이렇게 소리쳤어. '딱풀, 안으로 들어가.'"

크레이그의 창문이 열렸다. 그도 아이의 이야기를 들었다. 그는 나와 애비에게 웃어 보였고, 우리는 그 웃음을 되돌려주었다. 티시는 우리들 사이에 그저 서 있다. 반짝이며, 접착제처럼.

행운

애비와 처음 사랑에 빠졌을 때 우리 사이에는 수천 미터 거리와 백만 개쯤 되는 장애물들이 있었다. 우리 앞에 놓인 현실은 우리가 미래를 함께하는 것이 불가능하다고 말하고 있었다. 그래서 우리는 피부로 느껴지는 진실하고 아름다운, 보이지 않는 질서에 관해 서로 말하곤 했다. 우리의 상상에는 항상 서로와 함께 바다가 있었다.

어느 날 밤 애비는 잠들기 전 다른 바닷가에서 내게 이렇게 편지를 썼다.

"이른 아침이야. 나는 선착장에 앉아 해가 뜨는 것을 보고 있어. 아직 잠에 취한 당신이 잠옷 차림으로 커피 두 잔을 들고 나를 향해 걸어오고 있는 것이 보여. 우리는 나란히 선착장에 앉아. 나는 말뚝에 등을 기대고 당신은 내 가슴에 안겨 있어. 물고기들이 뛰어오르고 해가 뜨는 것을 지켜봐. 우리가 있을 곳은 없지만 우리는 함께야."

사태가 어려워질수록 더 자주 우리는 애비가 상상한 그날 아침으로 되돌아가곤 했다. 선착장, 그, 나, 김이 오르는 머그잔 속 커피. 그 이미지는 보이지 않는 질서였고 우리를 앞으로 이끌었다. 우리는 믿음을 가지고 있었다.

1년 후 애비가 우리 여섯 명—아이들, 크레이그 그리고 나와 애비—을 위한 저녁 식사를 준비했다. 애비와 내가 함께 산 멕시코 만의 끝자락에 위치한 집 뒤뜰에서 우리 모두는 함께 식사를 했다. 멋진 저녁이었다. 하늘은 보라색과 오렌지색으로 물들었고, 산들바람이 쉼 없이 따스하게 불어왔다. 우리는 먹고 소리 내어 웃었으며 같이 식탁을 치웠다. 크레이그는 일요일 저녁에 열리는 축구 경기 때문에 먼저 떠났고, 아이들은 설거지를 마치고 텔레비전을 보기 위해 소파에 앉았다. 우리 집 강아지 허니는 엠마의 무릎 위에 앉았고, 애비는 도일 멜턴 웜독(글레넌과 애비의 성을 따서 지은 이름이다.—옮긴이)이라 이름 붙인 선착장으로 나갔다. 나는 애비가 말뚝에 등을 기대고 앉아 운하를 바라보는 모습을 집 안에서 지켜보았다. 두 잔의 뜨거운 차를 마련해 그에게로 걸어갔다. 그는 인기척에 뒤를 돌아 나를 발견하고 활짝 웃었다. 그가 기억하고 있음을 알았다. 우리는 선착장에 나란히 앉았다. 내 등을 그의 가슴에 기대고 그의 등은 말뚝에 기댄 채. 그리고 우리는 깊은 보랏빛으로 물드는 노을과 하늘, 뛰어오르는 물고기를 보았다.

집 안으로 들어가기 전 우린 노을을 배경으로 사진을 찍어서 잠시 뒤에 그 사진을 SNS에 올렸다. 누군가 댓글을 달았다. "이야, 함께 이런 삶을 누린다니 당신은 정말 운이 좋군요."

나는 대답했다. "맞아요. 우리는 엄청나게 운이 좋아요. 이런 삶을 살기 전부터 이런 걸 상상해 온 것도 사실이에요. 그래서 우린 함께 이 삶을 만들어 갈 100만 분의 1의 기회를 위해 우리가 가진 모든 것을 포기했어요. 지금 우리가 가진 이 세상은 어디에서 뚝 떨어진 것이 아니라 만들어낸 거예요. *더 용감할수록 더 많은 행운을 얻게 되는 법이죠.*"

윙윙

나는 낭만적인 영화를 싫어했다. 텔레비전에서 그런 영화를 하면 초대받지 않았던 파티 사진들을 보고 있는 것처럼 묵직한 통증을 느끼고는 했다. 나는 낭만적 사랑은 그저 디즈니 만화의 헛소리일 뿐이라고 나 자신을 다독였지만 채널을 돌리기 직전 항상 어떤 갈망을 느끼고는 했다.

불가지론자인 애비가 예복을 차려입고 깊은 목소리에 빛나는 눈으로 노래하는 교회 성가대를 볼 때 느끼는 감정과 같은 그런 갈망.

나는 항상 신의 사랑을 빛나는 눈으로 보고 있었다. 나는 믿는 사람이었다.

애비는 항상 낭만적 사랑을 빛나는 눈으로 보고 있었다. 그역시 믿는 사람이었다.

애비가 좋아하는 영화는 「로미오와 줄리엣」「노트북」 등이다. "난 우리가 서로를 찾아냈다는 걸 믿을 수가 없어."라고 내가 말하면 그는 "난 믿을 수 있어. 난 당신이 항상 거기에 있다는 것을 알았어."라고 말한다.

나는 몰랐다. 나이 마흔이 되기까지 사랑에 빠진 적이 없었기에 낭만적 사랑에 대해서도 몰랐다. 그러던 내가 인생이란 길을 걸어가던 중에 토끼 굴로 빠져버렸다. 이것이 사람들이 사랑에 빠졌다고 말하는 이유다. 발밑에 있던 단단한 땅이 갑자기 사라졌기 때문이다.

사랑에 빠지자 대학 다닐 때 친구들과 함께 환각버섯을 먹었을 때와 같은 느낌을 자주 받았다. 버섯의 효력이 작동하기 시작하면, 우리는 같이 토끼 굴 속으로 떨어졌다. 갑자기 비틀거리는 모두와 연결되어 있는 느낌, 취하지 않은 모든 사람들과 단절되었다는 느낌을 받았다. 나와 친구들은 사랑의 비눗방울 속에 갇혀서 다른 어느 누구도 우리에게 다가서거나 이해할 수 없었다. 나는 취하지 않은 사람들이 안됐다고 느꼈다. 그들은 우리가 아는 것을 몰랐고, 우리가 느꼈던 것을 느끼지 못했으며, 우리가 사랑한 것처럼 사랑하지 못했다. 그들을 정상인이라 불렀다. 우리는 그들 중 누군가가 다가오면 서로에게 속삭이고는 했다. "조심해. 저 여자 정상이야."

그것이 오랫동안 나와 애비를 제외한 모든 사람에 대해 느꼈던 감정이었다. 나는 길을 따라 내려오는 사람들을 보며 생각한다. *그들은 몰라. 우린 특별하고 그들은 너무나 정상이야.* 그러던 시절에 내가 말을 나눌 수 있었던 유일한 정상인은 여동생뿐이었다. 그는 내가 술에 취했을 때 내가 한 것과 똑같은 말을 내게 들려줬다. 그는 머리를 옆으로 기울이며 이렇게 말했다. "조심해, 언니. 언니는 지금 뭘 하고 있는지 전혀 몰라."

나는 생각한다. 오, 맙소사. 동생은 이것이 거쳐가는 하나의 단계라고 생각한다. 동생은 내가 사랑을 찾았고, 이제 영원히 특별하고도 다른 사람이 되었다는 사실을 이해하지 못한다. 이것이 내가 놓치고 있었던 것이다. 이것이 삶이 힘들었던 이유다. 나는 이 한 가지를 가지고 있지 않았기 때문이다. 이제 나는 더 좋아졌다. 지금 이 모습이 바로 원래의 내 모습이다. 나는 나이자 애비다.

어느 날 밤 애비와 나는 소파에 앉아서 서로 끌어안고 입을 맞추며 사랑의 도피에 관해 논의하고 있었다.

애비가 말했다. "우린 똑똑하게 처신해야 해. 우리 뇌는 지금 크리스마스 트리처럼 불이 환하게 들어와 있어."

나는 그에게서 물러났다. 나는 혼란스러움을 느꼈다. 마치 환각버섯을 같이 먹은 친구가 취한 와중에 나를 보고 세금 문제를 도와줄 수 있느냐고 묻는 것 같았다. 나는 애비가 나를 버리고 나 없이 정상이 되어버린 것 같아 외로워졌다. 그가 우리 사랑이 인간적인 것이 아니라 화학 작용이라고 말하기라도 한 듯이 짜증이 치밀었다. 우리 사랑이 마법이 아니라 과학이라고 말하는 것처럼. 나는 우리 사랑이 두뇌에 불을 켜기 위해, 그리고 수십 년 동안 삶에서 도피하기 위해 사용했던 마약과 정반대라고 느꼈다. 나는 우리가 서로 약을 먹이지 않고도 서로를 치유하고 있다고 생각했다. 나는 우리가 시드와 낸시(격렬하고 파괴적인 연애로 유명한 '섹스 피스톨스'의 베이시스트 시드와 그의 여자 친구 낸시를 가리킨다.—옮긴이)가 아니라 줄리엣과 줄리엣이라고 생각했다.

애비가 말했다. "이 시작 부분이 당신에게는 언제 끝날지 걱정이야."

"무슨 말이야?"

"지금껏 당신은 한 번도 사랑에 빠진 적이 없어. 그래서 이걸 경험해 본 적이 없지. 나는 있어. 사랑은 변해. 나는 변화를 원해. 내가 전에는 결코 가져보지 못했던 부분. 지금 이 시작은 현실적인 부분이 아니야. 다음 부분, 우리가 빠져들기를 멈추고 나란히 안착하는 것, 그게 진짜야. 이게 다가오고 있어. 나는 그걸 원해. 하지만 막상 그게 다가와서 우리가 안착하게 될 때, 그때가 두려워. 당신은 실망하고 당황할지도 몰라."

"나도 당신이 말하는 것과 같은 걸 느끼고 있어. 우린 지금 어떤 식이든 주문에 걸려 있지만 곧 주문은 사라질 거고, 지금보다는 덜 사랑하게 될 거야."

"내가 말하는 것은 곧 주문을 벗어던지고 지금보다 더 많이 서로를 사랑해야 한다는 거야."

몇 달 뒤 나는 우리 사랑의 환각버섯 약효가 떨어지기 시작했음을 알아챘다. 나는 애비를 나와 분리된 애비로 보기 시작했고, 나 자신이 다시 정상이 되고 있다고 느끼기 시작했다. 내게 이 사실은 비극이었다. 왜냐하면 나 자신이 되어야 하는 것으로부터 마침내 구해준 사람이 그라 생각했기 때문이다. 이제 영원히 우리가 될 수 없을 것이라 생각했다. 그가 옳았다. 나는 공황 상태에 빠졌다. 어느 날 밤 나는 그에게 이런 시를 썼다.

색

2년 전
당신은 진주빛 흰색이었어요
나는 한밤중 짙은 파랑이었고

우리는 하늘색이 되었죠

진주는 사라지고, 한밤중도 사라지고

오직 하늘색뿐

그러나 지금, 가끔, 당신은 떠나요

모임, 친구, 회의, 공연을 하러

당신이 떠나면 나는 다시 홀로 남겨져요

당신은 진주를 가져가버렸고, 나는 다시 한밤중이에요

이것이 옳다는 것, 알아요

한밤중은 내가 만들어내는 것임을

잠시 나는 생각해요. 내가 없어졌다고

떠나버린 내가 그리워요

시작의 끝은 다시 존재할 것이고

우린 나란히 아름답고 강해질 거예요

그러나 당신과 나 사이에서(진주와 한밤중의 사이에서)

나는 하늘색을 더 좋아하게 되었어요

지금 그 시를 보며 생각한다. 글레넌, 넌 항상 자신을 찾길 갈망했고, 너 자신을 버릴 준비가 되어 있었어. 넌 보여지길 원하지만 또 사라지길 몹시 원하기도 해. 넌 영원히 **"여기 내가 있어."**라고 소리 지르고 그와 동시에 사라져버리길 간절히 원해.

애비와 나는 2년 동안 정상인으로 살았다. 우리는 이제 다음 단계에 놓여 있다. 처음의 윙윙거리는 소리는 사라졌지만 때때로 우리는 다시 하늘색이다. 영원한 상태는 더 이상 존재하지 않는다. 잠깐씩 왔다가 달아나버리는 순간들이 있을 뿐이다. 그 순간은 우리가 사랑을 나눌 때, 부엌에서 입술을 훔칠 때, 아이들이 놀라운 일을 저질러 서로의 눈을 바라볼 때 찾아온다. 대부분 우리는 각자의 색이 있다. 이것은 아름답다. 왜냐하면 실제로 서로를 바라볼 수 있기 때문이다. 나는 연애 감정과 사랑에 빠지는 것이 아니라 한 사람을 사랑하겠다고 결심한다. 나는 사랑 속에서 길을 잃지 않고 나를 찾기를 원한다. 나는 사라지기보다 존재하고 싶다. 나는 영원히 한밤중으로 존재할 것이다. 그래도 괜찮다.

모래성

어떤 여자에게 당신이 누구냐고 물어보라. 그러면 그녀는 자신이 사랑하는 사람, 자신이 보살피는 사람, 그리고 자신이 하는 일을 말할 것이다. *나는 엄마, 아내, 언니, 친구, 직장 여성이다*라고. 우리가 역할에 따라 자신을 규정한다는 사실로 인해 세상이 계속 돌아갈 수 있다. 그러나 한편 역할로 자신을 규정하는 것은 우리를 불안하고 두렵게 만들기도 한다. 만약 자신을 아내로 규정하는 여자가 있는데 배우자가 떠나버린다면 어떻게 될까? 만약 자신을 어머니로 규정하고 있는데 아이들이 대학을 가버리면 어떻게 될까? 만약 직장 여성인데 회사가 없어지면 어떻게 될까? *우리가 누구인가*는 영원히 우리와 동떨어진 채 존재하며, 그 때문에 우리는 평화롭지 못하고 두려움 속에서 살아간다. 우리는 너무 아등바등 매달리고, 열심히 볼 필요가 있는 것에 눈을 감고, 물어야 할 질문은 회피하며, 친구, 반려자,

아이들이 우리를 규정하기 위해 존재하는 것이라고 수백 만 가지 방식으로 주장한다. 우리는 모래성을 쌓고는 필연적으로 다가오는 밀물을 두려워하면서 그 성 안에 살려고 버둥거린다.

"내가 사랑하는 사람은 누구인가?"라는 질문에 답하는 것으로는 부족하다. 우리는 자신의 삶을 살아야만 한다. 자신의 삶을 살기 위하여 모든 여자는 대답할 수 있어야만 한다. *내가 사랑하는 것은 무엇인가? 무엇이 나를 살아가게 만드는가? 내게 아름다움이란 무엇이며, 언제 나는 아름다움으로 충만한 시간을 가질 수 있는가? 이 모든 역할들 아래에 있는 영혼은 누구인가?* 모든 여자는 저마다 밀물이 닥치기 전에 이 질문들에 답해야만 한다. 모래성은 아름답다. 그러나 그 속에서만 살 수가 없다. 왜냐하면 밀물이 밀려오기 때문이다. 그것이 밀물이 하는 일이다. 우리는 기억해야만 한다. 나는 성이 아니라 건축가다. 나는 분리되어 있지만 온전한 전체이다. 여기에서 눈을 수평선에 두고 햇살을 어깨에 쬐며 밀물이 오기를 환영한다. 집을 짓고 또 다시 집을 짓고, 활기차게. 가볍게. 결코 변하지 않고. 항상 변화하며.

기타

늦은 오후 나는 9시간의 하루 일과에서 벗어날 준비를 하고 있다. 그때 애비가 서재로 머리를 내밀며 말한다. "여보! 있잖아. 나 아이스하키를 시작할 거야! 월요일 밤에 하는 리그를 찾았어. 지금 장비를 고르는 중인데 너무 흥분돼."

나: 잠깐, 뭐라고? 아이스하키를 할 줄 알아?
애비: 아니. 그래도 어릴 때 해봤어. 오빠들이 나를 골대 앞에 세워 뒀어. 가만히 서 있으면 퍽이 내 몸에 맞고 튕겨져 나가곤 했어. 정말 재미있었어.

재미.
나는 '재미'란 말이 혼란스럽다. 애비는 항상 내게 묻는다. "뭘 할 때 재미있어?" 나는 공격적인 질문이라 생각한다. 뭐가

재미있냐고? 난 재미로 뭘 하지 않는다. 나는 어른이다. 나는 집안일을 하고 일을 하고 쓰레기 같은 텔레비전을 본다. 영원히 반복해서.

그러나 아직 신혼이기에 나는 상냥하게 반응한다. "멋지다, 당신!"

애비가 미소를 띠며 내게 다가와 볼에 입을 맞추고는 현관문으로 걸어간다. 나는 컴퓨터를 뚫어져라 본다. 여러 질문이 떠오른다.

왜 그는 재미있는 일을 하려고 하지? *재미*를 위해 쓸 시간과 돈은 누가 가지고 있는 거지? 내가 당신에게 답을 말해주지. 이 집에서 나를 제외한 모두야. 크레이그는 축구를 하고 체이스는 사진을 찍고, 딸아이들은…… 모든 것을. 나를 제외한 모두가 어떤 일을 가지고 있다. *뭔가* 재미있는 걸 할 시간이 있다니 좋겠군.

'좋은 일인 건 사실이잖아.'라는 생각이 빈정거림을 멈추게 만든다. 항상 그렇다.

흠. 어쩌면 괜찮은 일인지도 모르지. 아마 재미있으니까 다들 한 가지씩 뭔가를 하고 있는 걸 거야.

나도 그 한 가지를 찾아볼까?

나는 앉아서 내가 항상 원했던 한 가지 일에 대해 생각한다. 록 스타. 나는 록 스타들이 정말 부럽다. 내가 갖지 못한 한 가지 재능을 가질 수 있다면 노래를 택할 것이다. 어렸을 때 나는 머리빗을 들고 거울 앞에 서서 공연장의 마돈나로 변신하곤 했다. 지금은 가수 핑크^Pink^다. *차안에서, 혼자서. 난 핑크, 가장 핑크해. 핑크보다 더 핑크하다고. 난 짙은 자홍색.*

이윽고 나는 내 아내와 마돈나와 핑크가 초인종을 누르고 택배를 배달한 것임을 깨닫는다. 나는 그들 모두가 정말 부럽다. 부러움은 내가 다음에 할 일을 가리키는, 빨간색으로 반짝이는 화살표다. 나는 휴대전화로 "기타 교습. 플로리다 네이플스"를 검색해 본다. 링크를 따라간다. 나는 우리 집에서 몇 킬로미터 떨어진 작은 악기 가게에서 고등학생들을 가르치는 기타 선생님을 찾아낸다. 나는 그에게 전화를 건다. 그리고 첫 번째 수업 시간을 잡는다.

애비가 앞문을 통해 들어올 때 나는 생기 있게 튀어 오르며 현관으로 가 그를 맞이한다.

나: 금요일 오후에 아이들 좀 봐줄 수 있어?

애비: 물론이지. 그런데 왜?

나: 기타 수업 받기 시작할 거야. 난 평생 록 스타가 되고 싶었어. 이제 록 스타가 되어볼 거야. 기타를 배울 거고 노래도 작곡하고 싶어. 파티 같은 델 가면 기타를 꺼내고 사람들을 불러 모아 다 같이 노래를 부를 거야. 내 음악으로 함께 어울리기 전까지는 다들 흩어져 있었고 외로웠던 사람들이 진짜 행복해할 거야. 그러면 다들 이렇게 생각하겠지. 저 여자 정말 멋진데. 그럼 난 누군가의 눈에 띌 수 있고 수천 명의 관객 앞에 서 있는 나를 발견할 수도 있을 거야. 당신 지금 내가 노래를 못한다고 생각하지? 그러나 그게 요점이야. 나는 잘하기 때문이 아니라 잘 못하기 때문에 사람들에게 영감을 주는 록 스타가 되고 싶다는 거야! 무대 위에 있는 나의 음악을 들으면서 '나도 저 여자처럼 노래할 수 있음 좋겠다.'가 아니라 '좋아. 저 여자가 무대에서 노래할 수 있다면 나도 뭐든지 할 수 있을 것 같아.'라고 생각할 수 있도

록.

애비: 좋아, 자기야. 지금 자기가 한 말을 정리해 볼게. 기타 레슨을 시작할 것이다. 이건 멋져. 그리고 섹시해. 아, 그리고 우리가 이젠 *파티*에도 참석하기 시작할 거라고 들었는데, 맞아?

나: 그건 아니야.

나는 기타 배우는 것을 좋아한다. 힘들지만 또 다른 나의 가능성, 나를 조금 더 인간적이라 느끼도록 가능성을 열어준다. 이 경험에 어울리는 말이 '*재미있다*'일 수 있겠다 생각한다. 그러나 그러한 재미를 얻기 위해서는 산 정상의 순교지에서 내려와야만 한다. 나는 고단한 일 한 가지를 덜어내야만 한다. 도움을 요청해야 한다. 도덕적인 높은 위치에서 몇 단계 내려와야 한다. 아마 "가장 고통받는 여자" 대회에서도 몇 점을 잃을 것이다. 나는 자신을 기쁨과 거리를 두려는 헌신에 정비례하여 다른 사람의 기쁨에 대해 불만을 가졌다. 그러니 내가 원하는 일을 더 자주 할수록 사람들은 저마다 원하는 일을 한다는 사실을 유연하게 받아들이게 될 것이다.

나는 최근 인스타그램에서 록 스타로 데뷔식을 치렀다.「모든 장미는 가시가 있어」라는 곡을 연주했는데, 매디슨 스퀘어 가든의 좌석수보다 세 배나 많은 사람들이 시청했다. 그 기분이란, 간단히 말하자면 짙은 자홍색이었다.

머리 땋기

전남편에게는 여자 친구가 있다. 몇 달 전 우리는 만나야 할 때가 되었다고 의견을 모았다. 우리 셋은 동네 레스토랑에서 아침을 같이 먹기로 했다. 내가 먼저 도착했고 벤치에 앉아 휴대전화를 만지작거리며 기다렸다. 마침내 두 사람이 다가오는 모습을 보고 나는 일어섰다. 그는 웃었고 가볍게 포옹을 나누었을 때 머리에서 알 수 없는 꽃향기가 났다.

우리는 물가 근처 자리를 요구했다. 그와 크레이그는 같은 쪽에 앉았고 나는 반대쪽에 앉아 지갑을 옆자리에 놓았다. 웨이터에게 뜨거운 홍차를 주문했다. 웨이터는 하얀 주전자에 담긴 차를 탁자로 가져다주었다. 마땅히 할 말이 떠오르지 않아 작고 흰 찻주전자에 관해 말했다.

"이것 좀 봐요. 정말 귀엽죠? 1인용 찻주전자예요."

그다음 주 나는 우편으로 온 박스를 열어보았다. 그 안에는 작고 흰 찻주전자가 두 개 들어 있었다. 크레이그의 여자 친구가 보내준 것이었다.

딸들이 아빠 집에 가면 그도 딸들과 함께 거기에서 지낸다. 그는 딸들의 머리를 솜씨 좋게 땋아준다. 나는 내 딸들의 머리를 어떻게 땋는지 전혀 모른다. 시도를 해본 적은 있다. 그러나 뭉치고 삐져나와 도저히 봐줄 수가 없었다. 그다음부터 우리는 말총머리를 고수하고 있다. 어린 딸의 복잡하게 땋아내린 머리를 볼 때마다 나는 생각한다. *그는 사랑받고 자란 것 같아. 어머니의 보살핌을 잘 받은 것 같고. 그는 자신이 하는 일이라면 무엇이든 엄마가 알고 있는 어린 소녀처럼 보인다. 한때는 자신이 하고 있는 일이 무엇인지 알았던 10대 여자아이였겠지. 고등학교 때는 친구도 많았을 거야. 둘러 앉아 서로 머리를 땋아주면서 깔깔거렸겠지. 선택된 무리의 일원이었군.*

크레이그와 여자 친구가 아이들을 우리 집에 내려주면 우리는 현관에 둥그렇게 둘러선다. 우리는 다정하지만 또 어색하다. 나는 농담을 너무 많이 하고 너무 자주 웃고 너무 시끄럽게 말한다. 우리는 각자 할 수 있는 최선을 다한다. 때때로 거기에 서 있는 동안 그는 딸들을 끌어당겨 팔로 감싸 안고 머리를 만지작거린다. 이런 일이 일어날 때 애비는 내 손을 꼭 잡아준다. 크레이그와 여자 친구가 떠날 때 나는 딸아이들을 다시 내 쪽으로 가깝게 끌어당긴다. 그들은 그동안 잘 보살핌을 받은 것 같아 보인다. 내가 모르는 꽃향기가 난다.

아이들, 애비 그리고 나는 지난번 추수감사절 날 아침에 일찍 일어났다. 그리고 모두들 차에 올라타고는 시내에서 열린 '칠면조처럼 달리기 대회'에 나갔다. 가는 중에 체이스가 우리에게 짤방을 읽어주었다. "나의 가장 큰 걱정은 추수감사절 아침에

'칠면조처럼 달리기' 대회에 나가는 가족과 결혼하는 것이다."

크레이그와 여자 친구는 거기에서 만나기로 되어 있었다. 출발선에 섰을 때 크레이그와 체이스가 선두 무리로 갔다. 그들의 목표는 이기는 것이다. 크레이그의 여자 친구, 딸들 그리고 나는 뒷줄에 자리를 잡았다. 우리의 목표는 어쨌든 완주하는 것이다. 애비는 모두를 챙길 수 있는 위치인 가운데쯤에 자리를 잡았다. 그의 목표는 모두가 각자의 목표를 달성하게 하는 것이다.

경주가 시작됐다. 한동안 우리는 모여서 달렸다. 그러다 이내 흩어졌다. 반환점을 돌았을 때 나는 크레이그의 여자 친구가 내 앞에서 달리는 것을 보았다. 나는 항상 사람들이 비유적으로 말하는 "속도를 올리는 일"을 생각해 왔지만 이번에는 갑자기 말 그대로 내 발이 속도를 올리는 것을 느꼈다. 나는 경보는 하지 않고 내달리기 시작했다. 힘차게 달리기 시작했다. 땀이 나고 헐떡거리면서 힘차게 달린 나머지 단거리 경주를 하는 듯했다. 크레이그의 여자 친구에게 접근했을 때는 자신을 앞서가는 나를 볼 수 없도록 가장 왼쪽으로 몸을 뺐다. 저 멀리 앞에서 티시가 혼자 달리는 것을 보았지만 나는 속도를 늦추지 않았다. 나는 아이도 앞질러 뒤에 두고 달렸다. 무릎이 아파오기 시작했다. 그러나 무릎 때문에 속도를 늦추지는 않았다. 나는 결승선을 넘었고 크레이그의 여자 친구를 이겼다. 그것도 다리를 쭉 뻗어서.

호흡을 가다듬기 위해 애쓰면서 물병을 집어 들고 딸들을 기다리려고 다시 결승선으로 갔다. 나는 한꺼번에 밀려들어 오는 완주자들을 살피다가 애비, 티시, 엠마 그리고 크레이그의 여자 친구가 결승선을 함께 통과하는 모습을 보았다. 애비는 벌써 결승선을 통과했지만 다시 되돌아가서 모두가 함께 결승선을 통과하게 한 것이다. 그들은 깔깔거리며 행복해했다. 애비가 한쪽 끝에, 크레이그의 여자 친구가 다른 쪽 끝에 있었고 엠마와 티시는 둘 사이에 있었다. 누구도 나의 부재나 승리를 알아채지 못한 듯했다.

며칠 뒤 나는 주차장 진입로에 서서 크레이그에게 전화를 걸었다.

내가 말했다. "당신 여자 친구가 티시에게 사랑한다고 했다더라. 조금 과한 것 같지 않아? 그는 당신 여자 친구지 티시 엄마가 아니잖아. 우리 모두에겐 일정한 경계가 필요해. 당신도 그가 그 거리를 지키도록 도울 필요가 있어. 만약 그가 떠나기라도 하면 우리 아이들이 받을 상처는 어떡해?"

나는 그가 계속 머물러 우리 아이들을 사랑하는 것이 훨씬 더 두렵다.

우리는 올해 크리스마스에 함께 저녁을 먹었다. 나는 크레이그에게 전통적인 애플파이를 가져오라고 했다. 그와 여자 친구는 대신 딸기 디저트를 가져왔다. 티시가 애플파이는 어디 있냐고 물었을 때 나는 어깨를 으쓱하며 아이에게 말을 꺼내지 못하게 했다. 저녁을 먹은 다음 우리―강아지도 포함해서―는 가족사진을 찍었다. 사진을 찍고 난 다음 크레이그의 여자 친구가 말했다. "좋아. 이제 표정을 웃기게 만들어 찍어보자." *왜 그런 제안을? 우린 그런 사진 안 찍는다고.* 그런데 세 아이들은 모두 동의했고 결과적으로 그 사진이 최고로 잘 나왔다. 그런 다음 우리는 앉아서 딸기 디저트를 먹었다. 세 아이 모두 우리가 먹어본 가장 훌륭한 크리스마스 디저트라고 말했다.

다음 날 크레이그의 여자 친구가 우리의 미친 사진을 온라인에 게시했다. 그는 사진 밑에 이렇게 썼다. "함께 끌어안아주고,

상냥하며 재치 있고 함부로 평가하지 않는 사랑, 거리를 둘 필요가 없는 사랑을 찾게 된 것에 감사드린다.”

언젠가 나는 그에게 내 딸들의 머리를 땋는 법을 배우려고 한다. 언젠가 나는 그와 애비에게서 아이들을 잘 키우는 법에 대해 배우려고 한다. 머리 땋는 법을 배우듯.

두 번째

간혹 애비와 나 사이에 갈등이 고조될 때 우리는 말을 멈추고 심호흡을 하고 서로에게 말한다.

"좋아. 이것을 첫 번째 결혼이라고 하지 말자. 두 번째 결혼이라고 치자." 이 말은 이제 자동 운항을 멈추자는 뜻이다. 배운 것을 활용하여 적용해 보자. 조심하고 현명하게 행동하고 각자의 자아는 젖혀두고 우리가 같은 팀이라는 것을 기억하자. 이제 우리가 더 잘 알게 되었으니 더 잘 하자는 것이다.

나는 나 자신을 첫 번째 결혼 생활의 정신적 감독으로 표현하고는 했다. 난 우리 이야기에 대한 비전을 가지고 있었지만 크레이그가 그것을 망쳐버렸다. 지금에서야 나는 각자가 저마다의 이야기를 가지고 있었기 때문이라는 것을 이해하게 되었다. 어느 누구도 다른 사람의 이야기 속에서 조연 배우로 만족할 수는 없다. 그런 척할 수는 있겠지만 안에서 끓어올라 밖으로 표출되는 하위 플롯들을 항상 가지게 될 것이다.

나는 대체로 잘 통제하는 편이다. 나는 사태를 통제하기를 원한다. 그렇게 된 까닭은 두렵기 때문이다. 어떤 일은 너무 위태롭게 느껴진다. 어렸을 때 나는 음식과 몸을 통제함으로써 내가 한층 안전하다는 느낌을 얻고는 했다. 지금도 그렇게 한다. 그러다 나이를 먹고 아내이자 엄마가 된 이래 안전을 위해 통제해야 할 또 다른 것을 찾아냈다. 바로 내 사람들이다. 삶은 무섭고 두렵기 때문에 내가 사랑하는 사람을 통제하는 것이 책임감 있게 대처하는 것이라 느꼈다.

두려움이란 요인 외에도 사태를 통제하고 싶도록 나를 이끄는 다른 것이 또 있다. 그것은 내가 아주 현명하고 창조적이라는 스스로에 대한 믿음이다. 나는 정말 아주 훌륭한 아이디어를 가지고 있으며, 사람들은 그 말만 잘 들으면 최선의 결과를 얻게 된다고 믿고 있다. 이런 통제를 우리는 지도력이라 부른다.

오랫동안 나는 내 사람들을 통제하며 이끌었고 그것을 사랑이라 불렀다. 나는 내 사람들이 피투성이가 될 지경까지 "사랑했다." 내가 사랑하는 사람들의 인생에서 나의 역할은 다음과 같았다. 나는 모두의 희망과 꿈을 실현하기 위해 존재한다. 그러니 잠자코 앉아서 내가 너희를 위해 만든 희망과 꿈의 방대한 목록을 들여다보아라. 내가 아주 주도면밀하게 만든 것이니 나를 믿어라. 나는 너희를 겪어보았기에 너희 스스로 아는 것보다 너희를 더 잘 **안다**. 너는 내가 머릿속에 주입한 무엇이든 할 수 있다! 자, 이제 시작하자!

그러나 우리는 다른 사람의 관점에서 느끼고 알고 상상할 수가 없다. 이것이 내가 이제야 이해하려고 노력하는 것이다. 이걸 나에게 가르치고 있는 사람이 내 아내다. 내 아내는 통제 불능이다.

어른이 된 이래 내가 사랑했던 그 누구보다 나는 아내를 격렬하게 사랑한다. 그를 만나기 전 나는 죽음조차 두렵지 않았다. 그런데 지금은 죽음을 떠올리는 것만으로도 공황 상태에 빠진다. 죽음 그 자체 때문이 아니라 그와 함께 있지 못한다는 생각 때문이다. 내게 죽음은 오직 애비를 그리워하게 되리라는 두려움일 뿐이다. 내가 애비를 가장 사랑한다는 것은 그를 최대한 통제해야만 한다는 것을 수반한다. 나는 그를 위한 나의 모든 꿈들을 실현하고 싶다. 나는 정말 최선을 다하고 싶다. 그 목적을 위해 나는 그와 공유하고 싶은, 양보할 수 없는 좋은 아이디어들을 가지게 되었다. 그가 무엇을 해야 하고, 무엇을 입고 먹어야 하고 어떻게 일해야 하고, 잠을 자야 하고, 무엇을 읽어야 하고 들어야 하는가에 대한 모든 것들을. 그러나 나의 훌륭한 아이디어들을—공공연하게 혹은 은밀하게—나누려고 노력할 때마다 그는 어떻게든 내 의중을 미리 알고 나를 불러 조목조목 거절한다. 그는 이런 일을 부드럽게 처리한다. 그는 이런 식으로 말한다. "여보, 난 당신이 지금 뭘 하는지 알아. 노력해주는 당신을 사랑해. 그런데 고맙긴 하지만 싫어. 나는 괜찮아."

결혼을 하고 첫 1년 동안 나는 이것이 정말 신선하고 흥미로운 도전이라고 생각했다. 내가 할 일은 그에게 접근할 새로운 방식을 찾는 것이라고 생각했다. 결혼 1년차에 애비가 자신의 삶의 주인이라고 계속해서 고집을 부리는 문제를 두고, 여동생과 나눈 실제 대화가 여기 있다.

나: 알았어. 무슨 말인지 알겠어. 그렇지만 만약 그가 자신을 위해 생각한 아이디어보다 그를 위해 생각한 내 아이디어

가 훨씬 더 나은 게 *사실*이라면? 그런데도 그의 아이디어가 좋은 *척해야* 해? 그저 웃으며 애비가 마음대로 하게 내버려 둬야 해? 보기 좋게 실패하고 난 다음에야 내 아이디어로 다시 해본다고? 얼마나 오래 이렇게 시간을 낭비하면서 가식을 이어가야 하는 거니?

동생: 세상에! 만약 그게 언니 방식이라면 그래, 그렇게 해. 성공할 때까지 그렇게 최대한 속이려고 노력해 봐.

그래서 나는 그렇게 했다. 나는 웃으며 속였다. 그가 이끌어 가도록 내버려두었다. 그러나 그것은 나의 감추어진 리더십 전략이었을 따름이었다. 나는 우리가 함께 진실을 볼 때까지 그의 방식대로 해보기로 했다. 꽉 채운 1년 동안 내가 좋다고 생각하는 계획을 실행에 옮길 때에는 자발적이었다. 내가 회의적이었을 때에도 우리는 사람들을 믿었다. 승산이 없다고 이미 계산이 끝났을 때조차 우리는 커다란 위험을 감수했다. 나는 실패가 뻔해서 영원히 우리를 원망하게 될 일들조차 아이들이 시도해 보도록 했다.

한동안 우리는 마치 삶이 실제보다 덜 불안정한 것처럼, 사람들이 본 모습보다 더 나은 것처럼, 우리 아이들이 내가 믿는 것보다 더 강건한 것처럼, 마치 "일이 대개 잘 풀리고 있"는 것처럼 살았다. 그것은 무모하고 우스꽝스럽고 무책임했다. 무릇 저절로 풀려나가는 일이란 없다. 문제를 해결하는 사람은 나다. **내가 해결해야 한다.** 내가 아무것도 하지 않으면 그것은 전혀 작동하지 않을 것이다. 그저 혼란만 있을 뿐이다.

나는 불안을 진정시키기 위해 심호흡을 많이 하고 매일 요가 연습을 시작했고 내가 마침내 구할 수 있도록 사태가 걷잡을 수 없어질 때까지 기다렸다.

나는 계속 기다렸다.

젠장, 그런데 *계속* 잘 풀렸다. 나는 더 행복하다고 느끼기 시작했고 우리 아이들은 더 용감해지고 친절해지고 편안해졌다. 우리의 생활은 더 아름다워졌다. 솔직히 그것은 지옥처럼 짜증 나는 일이었다.

이제야 나는 애비도 좋은 아이디어를 낼 수 있다는 것을 안다.

나는 통제와 사랑에 대해 그동안 믿어왔던 것을 재규정하고 있다. 이제 어쩌면 통제는 사랑이 아닐지도 모른다고 생각한다. 통제는 실제로 사랑의 반대말일지도 모른다고 생각한다. 왜냐하면 통제는 신뢰를 위한 여지를 남겨두지 않기 때문이다. 그리고 신뢰가 없는 사랑은 사랑이 아닐 수도 있다. 나는 어쩌면 사랑이란 다른 사람도 역시 느끼고 알고 사랑한다는 것을 신뢰하는 것이 아닐까 하는 생각을 곱씹고 있는 중이다. 어쩌면 사랑이란 다른 사람들이 느끼는 것을 존중하는 것이고, 그들이 알고 있는 것을 신뢰하는 것이며, 그들이 자신의 피부에 맞닿아 있는, 삶을 위한 보이지 않는 질서를 가지고 있음을 믿는 것일지도 모른다.

어쩌면 사랑하는 사람들 속에서 나의 역할은 그들을 위한 가장 진실하고 가장 아름다운 삶을 상상하고 그 방향으로 그들을 밀어붙이는 것이 아닐지도 모른다. 나는 그저 그들이 느끼고 알아가고 상상하는 것이 무엇인지 묻기만 하면 되는 것인지도 모른다. 그리고 그들의 관점이 나와 아무리 다를지라도 내가 그들*의 비전*을 지지하기 위해 할 수 있는 일이 무엇인지를 묻는 것이다.

사람을 신뢰하기란 두려운 일이다. 만약 사랑이 조금도 두렵지 않고 통제할 수 있다고 한다면 그것은 결코 사랑이 아닐 것이다.

다른 사람들이 자유롭게 내버려두는 것이야말로 스스로 자유로워지는 것이다.

아이디어

저녁을 먹고 난 어느 날 밤 나, 애비, 크레이그, 여동생, 여동생의 남편 존과 몇 시간 동안 식탁에 앉아 있었다. 음악이 들리고 있었고, 아이들은 강아지 허니를 쫓아 거실을 돌아다녔다. 우리들은 홍차나 와인을 홀짝홀짝 마시며 배가 아프도록 웃어댔다.

나는 허니를 무릎에 올리고 크레이그를 향해 말했다. "당신에게 하고 싶은 말이 있어."

식탁의 모두가 조용해졌다.

"그날 기억해? 18년 전. 우리가 현관에 나란히 앉아─나는 아침 입덧으로 메스꺼워하고, 당신은 충격으로 메스꺼워했던─어찌해야 할지 고민하던 그 날 말이야.

당신이 침묵을 깨며 어떤 말을 했는지 기억해?

당신은 말했어. "계속 생각하고 있었어. 만약 우리가 결혼하지 않는다면? 따로 살면서 아기를 번갈아 키운다면?"

당신은 알고 있었어.

내가 임신한 사실을 알기 1주일 전에 친구 크리스티가 물었어. 앞으로 당신과 어떻게 할 거냐고. 나는 말했지. "우린 헤어져야만 해. 이어질 수가 없어. 신체적으로나 감정적으로나 안 돼. 그냥 그런 게 없어."

나도 알고 있었어.

그렇지만 나는 이런 생각을 하고 있었어. 가족이 어떻게 보여야 하고 무엇을 원해야만 하는지, 어떤 사람이 되어야 하는지. 나의 상상력은 우리가 앎을 잠식하게 내버려두었을 때 위험한 것이 되었어.

그때를 생각하면 우리는 너무 어렸고 두려웠어. 우리는 앎이 결코 사라지지 않는다는 것을 아직 알지 못했어. 앎은 내면에 머물러 있을 뿐이야. 견고하게 자리 잡아 움직이지 않지. 앎은 단지 내리는 눈이 그치듯 때를 기다리고 있는 거였어.

앎을 무시해서 미안해. 우리는 서로 맞지 않았어. 그래도 우리는 노력했어. 그렇게 하는 것이 옳은 일이었기 때문에. 그래야 한다고 생각했기 때문에. 그렇게 해야 한다고 내가 생각했기 때문에. 그러나 옳다고 해서 진짜가 되는 것은 아니었어. 당위는 케이지일 뿐이야. 야생이 본질이야.

우리의 앎은 내내 옳았어. 지속되어 온 것이고. 여기 당신의 아이디어대로 시도하는 우리가 있잖아. 서로 맞지 않는 두 사람이 함께 아이를 키우는 팀이 된 거야.

이다음에 당신이 할 일이 무엇이든 당신이 생각한 것이길 바라. 당신에게 억지로 강요된 것이 아닌. 당신의 남은 삶이 당신 생각에서 나온 것이기를 바라. 당신은 당신이 알고 있다는 것을 알아. 당신은 좋은 아이디어를 가지고 있어, 크레이그."

경기장 벤치

아내와 전남편은 매주 수요일 밤 같은 성인 축구팀에서 뛴다. 저녁을 먹은 후 우리는 간이의자와 간식을 차에 싣고, 아이들과 나는 경기장 옆 벤치에 앉아 아빠와 보너스로 얻은 엄마가 함께 득점을 하기 위해 뛰는 것을 지켜본다.

몇 주 전 아이들과 내가 경기장 벤치에 앉아 있었는데 나이든 부부가 우리 옆에 앉았다. 부인이 딸들을 가리키며 물었다. "딸들인가요?"

"예, 그래요." 내가 말했다.

"아이들 아빠는 저기서 뛰고 있고요?"

"네. 저 사람이에요." 나는 크레이그를 가리켰다.

"모두 어디서 살아요?"

"여기 네이플스에서 살아요. 따로따로. 남편과 지금은 이혼한 상태예요."

"우아. 그런데도 여전히 그가 경기하는 걸 보러 오다니 놀라운데요!"

"예, 우린 그의 경기를 보는 걸 좋아해요. 또 딸들의 엄마도 뛰고 있어요. 그 사람을 보러 온 거기도 해요."

여자가 혼란스러워 보였다. 그가 말했다. "아! 생각났어요, 당신이 바로 그 엄마군요."

내가 말했다. "예, 맞아요! 저 사람이 딸들의 다른 엄마고요."

나는 애비를 가리켰다. 여자는 자세히 보았다. "맙소사!" 그가 말했다. "저 여자는 애비 웜백과 똑같이 생겼어요."

"저 여자가 애비 웜백이에요." 내가 말했다.

그가 말했다. "우아! 당신 전남편이 애비 웜백과 결혼했나요?"

"비슷해요! *내가* 애비 웜백과 결혼했어요."

그가 내 말을 이해하는 데 1분이 걸렸다. 꽉 찬 1분 동안 그는 조용했다. *셸라.* 낡은 구조에서 나온 생각들이 불에 타고 새로운 질서들이 내면에서 태어나고 있었다.

이윽고 그가 미소를 지었다.

"오! 와우." 그가 말했다.

티시가 첫 번째 한 말은 "와우"였다. 버지니아의 12월, 이른 아침에 나는 아기 침대에서 티시를 안아 창가로 데려갔다. 내가 커튼을 들어 올렸고, 우리는 모두 뒷마당이 하얗게 덮여 있는 것을 보았다. 아기가 처음 마주한 눈이었다. 티시는 눈이 커져서 손을 뻗어 찬 유리창을 만지려고 했다. 그리고 말했다. "와우."

사람들이 우리 가족을 마주치면 눈이 커지고 "와우."라고 말한다. 이러저러한 어조로. 이전에는 정확히 우리 같은 가족을 본 적이 없기 때문이다. 우리 가족은 특별하다. 왜냐하면 각자 특별한 사람들이기 때문이다. 우리는 다른 누군가가 만든 청사진에 따라 살지 않는다. 따라서 자신을 그 안에 끼워 맞추려고 안간힘을 쓰지도 않는다. 우리는 우리의 가족을 거듭거듭―각자의 내면으로부터―창조하고 또 재창조한다. 우리 가족은 영원히 그렇게 계속해 나갈 것이다. 그래서 각자 항상 성장하고 성장할 여지가 있으며 여전히 함께 있을 것이다. 따라서 우리의 가장 진실한 자아들은 붙잡혀 있음과 동시에 자유로움을 느낀다. 그것이 내게 가족의 본질이다. 우리 모두가 붙잡혀 있기도 하고 자유롭기도 한 곳.

단계

8년 전 심리치료사의 사무실에서 나는 배신으로 인한 분노에 대처하는 전략을 찾고 있었다. 심리치료사가 말한다. "불안감이 당신을 통제하고 있어요. 그건 당신이 머릿속에서 길을 잃었다는 걸 뜻해요. 당신은 스스로가 원하는 것이 무엇인지 몰라요. 그렇게 끊어져버린 상태예요. 어떻게 해서든 당신 몸속으로 다시 들어가는 방법을 기억해 내야 해요."

그는 내게 요가를 배워보라고 제안한다. 다음 날 아침 스튜디오로 가는 길에 나는 궁금하다. *왜 내가 내 몸을 떠나 이렇게 위험한 마음속에 살게 되었을까?* 나는 30도가 넘는 방에 매트를 깔고 앉아 그 이유를 즉각 기억해 낸다.

마음이 고요해지자 곧 눈이 나리는 듯, 나는 몸속으로 가라앉는다. 나는 가려움과 동요와 짜증을 느끼기 시작한다. *이것이 내가 내 몸을 떠난 이유다!* 왜냐하면 나는 피부로 싸인 부끄러움과 두려움 덩어리이기 때문이다. 나는 내 몸을 방문하고 싶지도 않다. 여기에 사는 건 훨씬 더 싫다. 그러나 지금 나는 꼼짝 못하고 있다. 요가 매트의 둘레가 나의 세상 전부다. 다른 여자들은 조용하다. 벽에는 읽을 만한 것도 걸려 있지 않다. 탈출구가 없다. *내 전화기는 어디 있지? 저기 문이 있다. 나는 나갈 수 있다. 이유를 댈 필요도 없다.*

강사가 들어온다. 그런데도 나는 탈출 계획을 짜느라 그가 "가만히 있으면 알게 된답니다."라고 말하는 것조차 무시한다. 그는 한 번 더 말한다. 나는 정말 알고 싶다. 내가 놓치고 있는 것이 무엇인지, 다른 사람이 알고 있는 것은 무엇인지, 그들이 대처할 수 있도록 도와주고 그들로 하여금 그냥 살 수 있게 해주는 것이 무엇인지. 나는 그것을 알고 싶다.

그래서 젠장, 알 때까지 매트 위에 있었다.

내가 알 때까지 중독 상태에 머물러 있었던 것처럼.

내가 알 때까지 결혼 생활에 머물러 있었던 것처럼.

내가 알 때까지 종교에 머물러 있었던 것처럼.

내가 알 때까지 고통과 부끄러움 속에 머물러 있었던 것처럼.

그리고 지금은 안다.

나는 소파에서 친구들 사이에 앉아 커피를 마시고 있다. 내 강아지는 친구 사스키아의 무릎에서 자고 있다. 우리는 모두 애슐리가 몸이 아플 때까지 뜨거운 요가 교실에 있었다는 이야기를 듣고 있다. 그가 "그 문은 잠겨 있지도 않았어."라고 말하자 방은 정적에 잠겼다. 애슐리는 중요한 무언가를 말했다. 사스키아는 개의 머리를 쓰다듬는다. 카린은 눈을 가늘게 뜬다. 나는 이렇게 생각한다.

내 30대의 진실은 *"매트 위에 가만히 있어, 글레넌. 가만히 있는 것이 당신을 만들어내고 있어."*였다.

40대의 진실은 *"나는 만들어졌어."*였다.

나는 다시는 가만히 있지 않을 것이다. 결코 다시는. 내게 나 자신을 버리라고 요구하는 방이나 대화나 혹은 관계나 제도 그 무엇이든. 내 몸이 내게 진실을 말하면 나는 믿을 것이다. 나는 이제 나 자신을 신뢰하기에 자발적 것이든 혹은 침묵으로 용인한 것이든 혹은 오래된 것이든 그 무엇에도 더는 고통받지 않을 것이다. 나는 가만히 있어야 한다고 생각하는 내 왼쪽과 오른쪽의 여자들을 볼 것이다. 왜냐하면 그들에게는 그런 시간이기 때문이다. 왜냐하면 사랑과 하느님과 자유의 본질을 알게 되기 전에 그들이 아는 것은 사랑과 하느님과 자유의 본질이 아님을 알아야 하기 때문이다. 왜냐하면 지금 그들은 알고자 하기 때문이다. 왜냐하면 그들은 전사들이기 때문이다. 나는 그들이 이 단계를 통과하도록 돕기 위해 나의 모든 힘과 연대를 보낼 것이다. 그다음 나는 내 매트를 집어 들고 천천히, 신중하면서도 가볍게 걸어 나갈 것이다.

왜냐하면 이제 막 태양이 빛나고 있고, 미풍이 서늘하고, 그리고 이 문들은 잠겨 있지도 않다는 것을 기억해 냈기 때문이다.

인간

내가 가장 좋아하는 성서 구절에는 하느님을 이해하고 정의하기를 간절히 바라는 일군의 사람들에 관한 시편이 있다.

그들이 묻는다. 당신은 무엇입니까?

하느님이 말한다. *나는 나이니라.*

그들이 말한다. 무엇입니까, 당신은?

하느님이 말한다. *나는 나이니라.*

글레넌, 당신은 무엇입니까?

당신은 행복한가요?

당신은 슬픈가요?

당신은 기독교인인가요?

당신은 이단자인가요?

당신은 신앙인인가요?

당신은 의심하는 사람인가요?

당신은 젊은가요?

당신은 늙었나요?

당신은 선한가요?

당신은 나쁜가요?

당신은 어두운가요?

당신은 밝은가요?

당신은 옳은가요?

당신은 틀렸나요?

당신은 깊은가요?

당신은 얕은가요?

당신은 용감한가요?

당신은 약한가요?

당신은 산산조각 났나요?

당신은 온전한가요?

당신은 현명한가요?

어리석은가요?

아픈가요?

치유되었나요?

상실했나요?

찾았나요?

동성애자인가요?

이성애자인가요?

미쳤나요?

총명한가요?

케이지에 갇혔나요?

야생인가요?

인간인가요?

살아있나요?

정말인가요?

나는 나입니다.

나는 나입니다.

나는 나입니다.

감사의 말

이 책이, 그리고 내가 존재하는 이유는 여기에 열거하는 사람들 때문이다. 이들은 매일 나와 나의 작업이 생명력을 갖도록 숨결을 불어넣어 준다.

애비 : 만약 당신이 새라면 나 또한 한 마리 새입니다.

체이스 : 넌 우리 가족의 앎이야.

티시 : 넌 우리 가족의 감정이고.

앰마 : 넌 우리 가족의 상상력이야.

크레이그 : 우리 아이들을 완벽하게 사랑해 줘서, 내가 새로운 가족이란 작품을 만들 것이라고 한결같이 믿어줘서, 그리고 당신의 유머, 너그러움 그리고 지극한 선량함에 감사드려요.

엄마, 아빠 : 내가 내 길을 찾고, 나를 지켜 나가고, 내 삶을 사랑할 수 있도록 끈기 있는 용기를 보여줘서 고마워요. 내가 자신을 신뢰할 수 있게 될 것이라 믿어준 것도 고마워요. 엄마 아빠가 내게 준 선물을 그대로 손주들에게 물려줄게요. 아이들이 제 모습을 간직하면서도 자유롭게 살 수 있도록.

어맨다 : 내 인생의 가장 큰 행운은 지구상에서 가장 친절하고 용감하고 총명한 여동생을 둔 것이야. 내 인생의 복은 그 타고난 행운에서 온 것이라 믿어. 내가 금주할 수 있게 된 것, 나의 가족, 나의 경력, 활동가로서의 삶, 나의 기쁨과 평화 등 이 모든 것은 사실 네가 앞에서, 뒤에서, 또 옆에서 나와 나란히 걷고 있기 때문이야. 나라는 존재가 네게 기대고 있거든.

앨리슨 : 당신의 예술적 천재성은 여기에 쓰인, 그리고 저 바

깥으로 쏟아낸 나의 모든 언어에 스며들어 있어요. 그 모든 것이 당신이 있어서 가능했어요. 당신의 재능, 헌신, 충직함, 우정으로 내가 갈 길을 알려줘서 고마워요. 당신은 순금과도 같아요.

다이너 : 우리의 소명과 자매애를 위한 당신의 지속적인 헌신에, 당신의 두뇌와 마음에, 우리를 달나라로 보내준 것에 감사드려요.

리즈 B : 당신이 그들을 돌보고, 그들을 믿고, 그들을 위해 쉼 없이 일한 덕분에 헤아릴 수 없이 많은 여성들, 아이들의 삶이 달라졌어요. 나는 이렇게나 아름답게, 치열하게 자신의 하나뿐인 삶을 살아가는 사람을 본 적이 없어요. 〈투게더 라이징〉의 심장을 뛰게 해줘서 고마워요.

〈투게더 라이징〉의 자원봉사자들과 전사들 : 캐서린, 글로리아, 제시카, 타마라, 카렌, 니콜, 나탈리, 메건, 에린, 크리스틴, 애슐리, 로리, 크리스틴, 론다, 어맨더, 상심하는 데에서 그치지 않고 끊임없이 행동으로 옮기는 다리가 되어주어 고마워요. 그리고 크리스틴 B, 마리 F, 리즈 G, 우리의 활동에 전적인 신뢰를 보내줘서 고마워요.

휘트니 프릭 : 십 년 동안 나의 일을 돕는 챔피언, 옹호자, 그리고 홍보대사가 되어줘서 고마워요. 언제나 불명료한 아이디어를 신뢰해 주고, 그 아이디어가 현실이 되도록 도와줘서 고마워요.

마거릿 라일리 킹 : 당신의 끈기, 비전, 유머, 지혜 그리고 우정에 감사드려요.

제니퍼 루돌프 월시 : 전국적인 댄스파티가 될 때까지 우리의 보이지 않는 질서를 믿어줘서 고마워요.

케이티 니시모토: 당신의 사랑과 충직함에 감사드려요. 그리고 조용한 천재로 셀 수 없이 많은 진실하고 아름다운 일들의 이면에 있어줘서 고마워요.

키스 아저씨.

다이얼 출판사와 랜덤 하우스 출판사의 모든 분들 : 〈언테임드-나는 길들지 않겠다〉에 쏟아 부어준 재능과 열정에 감사드려요. 특히 지나 센트렐로, 아비데 바시라드, 데비 애로프, 미셸 자스민, 샤론 프롭슨, 로즈 팍스, 로버트 시크, 크리스토퍼 브랜드, 그리고 전설적인 고 수전 카밀, 고마워요. 그리고 오디오북을 마법처럼 만들어준 스콧 세라트에게도 감사드려요. 여러분 모두와 함께 한 팀을 이뤄 일할 수 있어 기뻤습니다.

리즈 G : 〈언테임드-나는 길들지 않겠다〉의, 치타의, 마법을 믿는 사람의, 나와 여성들의 수호자가 되어줘서 고마워요.

카린, 제시카, 애슐리 : 집에 틀어박혀 있거나 문자 답장을 보내지 않아도 여전히 나를 친구로 불러줘서 고마워.

캣, 엠마 : 가장 먼저 결코 길들지 않는 모습을 내게 보여줘서 고마워.

그리고 모든 길들지 않는 사람들을 위하여 축배를.

우리가 이들을 알 수 있기를.

우리가 이들을 일으켜 세울 수 있기를.

우리가 이들을 사랑할 수 있기를.

우리가 이들을 읽어낼 수 있기를.

우리가 이들에게 투표할 수 있기를.

우리가 이들이 될 수 있기를.

⌐뒤란에서 에세이 읽기 002

언테임드 UNTAMED 나는 길들지 않겠다

초판 1쇄 발행 2021년 4월 5일

지은이 글레넌 도일 **옮긴이** 이진경 **편집** 이현정 **디자인** 이경신 **인쇄** 아트인

펴낸이 김두엄 **펴낸곳** 뒤란 **등록** 2019년 7월 19일 제2019-000092호

주소 07208 서울시 영등포구 선유로49길 23 IS비즈타워2차 1503호 **전화** 070-4129-4505

전자우편 ssh_publ@naver.com **블로그** sangsanghim.tistory.com **인스타그램** @sangsanghim_publ

한국어판 ⓒ 상상의힘 2021
ISBN 979-11-969251-4-7 03330